高等职业教育改革发展研究

崔 岩 著

北京理工大学出版社
BEIJING INSTITUTE OF TECHNOLOGY PRESS

内容简介

本书由作者从事职业教育40年以来，特别是在高等职业学院工作24年来，在《光明日报》《中国教育报》《中国青年报》等报纸，以及《中国高教研究》《国家教育行政学院学报》《中国人民大学复印报刊资料——职业技术教育》《思想理论教育导刊》《中国职业技术教育》《职业技术教育》等杂志上所发表的55篇高等职业教育研究论文结集而成，书中所选论文，都是在高等职业教育改革发展的不同时期，结合承担的不同层级高等职业教育改革研究项目以及高等职业院校深化改革的实际，所进行的探索实践和理论研究的阶段性成果。这些成果，对于了解和把握国家高等职业教育改革发展政策"落地"的实践规律具有现实意义。

本书适用于高等职业院校的领导、二级管理部门负责人和有关人员、教师、高等职业教育研究和管理人员等阅读，同时也适用于想了解或需要了解高等职业教育改革发展的其他读者。

版权专有　侵权必究

图书在版编目（CIP）数据

高等职业教育改革发展研究 / 崔岩著. --北京：北京理工大学出版社，2022.12
ISBN 978-7-5763-1969-9

Ⅰ.①高… Ⅱ.①崔… Ⅲ.①高等职业教育-教育改革-研究-中国 Ⅳ.①G719.21

中国版本图书馆 CIP 数据核字（2022）第 258699 号

出版发行 /	北京理工大学出版社有限责任公司
社　　址 /	北京市海淀区中关村南大街 5 号
邮　　编 /	100081
电　　话 /	（010）68914775（总编室）
	（010）82562903（教材售后服务热线）
	（010）68944723（其他图书服务热线）
网　　址 /	http://www.bitpress.com.cn
经　　销 /	全国各地新华书店
印　　刷 /	三河市华骏印务包装有限公司
开　　本 /	710 毫米×1000 毫米　1/16
印　　张 /	17.25
字　　数 /	273 千字
版　　次 /	2022 年 12 月第 1 版　2022 年 12 月第 1 次印刷
定　　价 /	88.00 元

责任编辑 /	徐艳君
文案编辑 /	徐艳君
责任校对 /	周瑞红
责任印制 /	李志强

图书出现印装质量问题，请拨打售后服务热线，本社负责调换

作者简介

崔岩，男，汉族，1958年3月出生，陕西杨凌人，中共党员，二级教授，管理学博士，第十届和十一届国家督学、国家教材委员会大中小学德育一体化专家委员会委员、中国特色高水平高职学校和专业建设计划项目建设咨询专家委员会委员，陕西省有突出贡献专家。曾任陕西省水利学校副校长，杨凌职业技术学院副院长，渭南铁路工程学校校长，陕西铁路工程职业技术学院校长、党委书记，陕西工业职业技术学院院长、党委书记，现任陕西省职业技术教育学会会长。曾兼任全国高等职业技术教育研究会副会长、中国纺织教育协会副会长、全国机械职业教育教学指导委员会副主任委员、中国机械工业教育协会常务理事、陕西中华职教社副社长、陕西省职业教育集团化办学领导小组副组长、陕西哲学社会科学重点研究基地"西部现代职业教育研究院"学术委员会主任，现兼任教育部全国职业院校教学工作诊断与改进专家委员会副主任委员、全国职业教育集团化办学工作专家组副组长、全国现代学徒制工作专家指导委员会委员、中国职业技术教育学会常务理事、中国高等教育学会理事、陕西省教材委员会专家委员、陕西省高等院校设置委员会委员、陕西省高职院校教学工作诊断与改进专家委员会主任委员。

曾获全国职业教育先进个人、全国职业技术教育系统先进个人、陕西省职业教育先进个人、陕西高校全心全意依靠教职工办学的优秀党政领导干部等荣誉称号。作为第一完成人，先后获国家教学成果奖二等奖1项、陕西省人民政府教学成果特等奖和一等奖各1项、陕西省人民政府科学技术奖三等奖2项，陕西省人民政府第八、九届自然科学优秀学术论文二等奖各1项；曾主持、参加国家课题研究项目3项（其中主持国家863计划项目子项目1项），省级课题11项、厅局级课题10项；独著《网络技术》《农业信息化组织体系研究》《高等职业教育集团化办学研究》等专著5部，在《光明日报》《中国教育报》《中国青年报》以及《中国高教研究》《国家教育行政学院学报》《中国人民大学复印报刊资料——职业技术教育》《思想理论教育导刊》《电子科技大学学报》《西北农林科技大学学报》《中国职业技术教育》等公开发行的刊物发表研究论文93篇。

目 录

刍议高校领导班子能力建设 …………………………………………… 1
质量保证：成就高等职业教育具有中国特色、世界水准的源动力 ……… 10
类型定位视域下职业本科教育办学特色创建研究 …………………… 13
精准施策着力提高思想政治理论课教学质量 ………………………… 22
强化特色专业　打造高职品牌 ………………………………………… 28
毕业生召回制是否值得提倡——我们是探索者也是受益者 ………… 32
瞄准行业需求培养实用型人才 ………………………………………… 35
打造行业品牌专业　培养现代工业高素质技能人才 ………………… 37
提升服务经济转型升级能力 …………………………………………… 44
集团化办学的理性选择 ………………………………………………… 45
提升服务能力关键在于重点专业建设 ………………………………… 48
高等职业教育要做足"基本功" ………………………………………… 51
"后示范"时期，高职如何突破 ………………………………………… 53
高职毕业生入职清华园现象背后的沉思 ……………………………… 56
微言职教 ………………………………………………………………… 58
招生改革：高职如何应对？ …………………………………………… 60
实质进展急需制度改革 ………………………………………………… 61
找准技术技能人才培养改革的关键路径 ……………………………… 62
地方本科转型，建设高职本科的唯一路径？ ………………………… 65
打通"断头路"，职教本科需理性选择 ………………………………… 69
履行质量主体责任，高职如何找准"坐标系" ………………………… 70
创新发展，智造梦想挺起工业脊梁 …………………………………… 74

从"迎评"到"诊改",高职"蝶变"的路径 …………………………… 78
完善现代职教体系势在必行 ………………………………………… 82
创新高水平专业群建设路径 ………………………………………… 85
深化高职单独招生制度改革势在必行 ……………………………… 89
建立体系、统一标准 ………………………………………………… 92
高职院校如何办出特色 ……………………………………………… 96
职业教育就是就业教育 ……………………………………………… 98
带头抓好落实　推进高教强省建设 ………………………………… 100
千帆竞发劲风助　恰是扬帆远航时 ………………………………… 102
集团化办学必将成为高职教育创新发展的新常态 ………………… 108
对接产业,服务国家"一带一路"建设整合资源,推动陕西职业教育
　　协同创新 ………………………………………………………… 111
构建计算机网络技术专业教育新体系的研究 ……………………… 120
高职院校特色专业建设探析 ………………………………………… 129
高职院校人才培养模式创新的研究 ………………………………… 136
创新人才培养模式　打造行业品牌专业 …………………………… 143
基于行业标准的高职特色专业建设研究与实践 …………………… 150
西部高职院校特色专业建设的研究 ………………………………… 157
以订单培养为突破口　全力推进高职教育与产业对接 …………… 163
装备制造业职业教育集团化办学的探索与实践 …………………… 170
装备制造业职业教育集团化办学探究 ……………………………… 178
德国"双元制"职业教育发展趋势研究 …………………………… 185
基于行企校联合制定的专业人才培养标准建设高职特色专业的研究
　　与实践 …………………………………………………………… 192
创新发展职业教育 …………………………………………………… 200
高等职业院校招生制度改革的有效途径分析 ……………………… 202
"中国制造2025"背景下的现代职业教育发展战略 ……………… 209
"一带一路"建设视野下推进我国高职教育特色化、国际化发展的
　　若干思考 ………………………………………………………… 213
实践创新:铸就中国特色高等职业教育品牌 ……………………… 219

中、德工程师培养模式的比较分析……………………………………… 223
德国应用科技大学运行机制的分析研究…………………………………… 231
高职特色专业建设途径的探析……………………………………………… 240
创新校企合作培养模式 推进高职教育内涵建设………………………… 244
高职院校人才培养模式创新研究…………………………………………… 249
就业畅通是高职院校赖以生存和发展的前提……………………………… 256
附录一 其他公开发行刊物、网站发表的高职教育研究论文目录……… 263
附录二 公开出版的专著目录……………………………………………… 265
附录三 自然科学、社会科学期刊发表的研究论文目录………………… 267

刍议高校领导班子能力建设

崔 岩

摘 要：高校领导班子的能力建设，应从管全局、谋大事、出思路、抓战略、创建和谐校园等方面着手；制定党委领导下的校长负责制工作规则，用制度规范班子的领导行为；积极进行党内民主制度建设，不断增强决策的科学性和透明性；不断提高领导班子驾驭全局、科学决策的能力，化解校内矛盾、解决自身矛盾的能力，经营学校、领导发展的能力，应对突发事件、处理危机事件的能力，以人为本、创建和谐校园的能力，拒腐防变、廉洁自律的能力。

关键词：高等学校；领导班子；能力建设。

发表期刊：《国家教育行政学院学报》，2006（4）：18-22。

十六届四中全会关于科学发展观的提出，反映了我们党对执政规律和社会主义建设规律的认识达到了一个新的高度。树立和落实科学发展观，同加强党的执政能力建设有着密切的内在联系。目前，高等学校实行党委领导下的校长负责制，这是党中央通过总结建国以来我国高等教育改革和发展的经验而作出的一项重大决策。高校党委按照"集体领导、民主集中、个别酝酿、会议决定"的原则，实行集体领导。在这种体制下，落实科学发展观的实践就主要体现在加强高校领导班子的能力建设方面上来。

高校领导班子能力建设应从管全局、谋大事、出思路、抓战略、创建和谐校园等方面着手，不断提高领导班子驾驭全局、科学决策的能力，化解校内矛盾、解决自身矛盾的能力，经营学校、领导发展的能力，应对突发事件、处理危机事件的能力，以人为本、创建和谐校园的能力，拒腐防变、廉洁自律的能力。

一、党委领导下的校长负责制的实施，应体现在党委和行政的工作制度上，并用制度加以规范

高校党委领导是对学校工作的全面领导，党委在学校整个工作中发挥政治核

心作用。党委领导体制主要贯穿在以下三个方面：一是对教学、科研和行政管理工作实行宏观决策，支持校长独立地依法行使职权；二是对党务工作实行具体领导；三是对学校的各项工作实行有效的保证和监督。

校长负责是在党委领导下的负责，校长首先要向党委负责，即负责贯彻落实党委的决定和决策；同时还要向社会负责，保证对社会的教育公平和道德的承诺。因此，党委领导下的负责制绝非"党委领导"和"校长负责"简单相加，而是有着同一工作目标、不同工作内容，在工作方式方法和层次上互为补充和有机结合，是一种具有内在逻辑关系的统一领导整体。

党委书记和校长是学校的党政负责人。党委书记在党委集体领导中处于核心地位，起着关键作用。校长通常是党委的重要成员，在党内担任党委副书记职务，以便于沟通情况研究工作，主要工作职责是履行校（院）长职能。校长一般在党委领导中是重要的领导者之一，起着参与决策的重要作用，同时又是执行党委决定、在党委领导下开展行政工作的核心人物。在重大问题决策前，党委书记应与校长进行沟通与协调，达到原则共识后再提交党委班子集体讨论决定；校长应按照分工和职权把行政管理工作中的重大问题及时与党委书记通气，提交党委集体决定，并负责贯彻执行。高校作为一个大的基层单位，党委工作和行政工作既有分工又有合作，是相互交叉、相互渗透的一个整体。党委书记和校长要深刻领会体制的内涵，在工作中涵养党性和德性。

目前，高校领导班子的领导能力主要取决于党政一把手的素质、事业心和责任心，个人修养和个人魅力起着主导作用。高校还没有从工作制度上规范党委领导下的校长负责制，只是各个高校根据自己的实际情况制定办法，其内容千差万别。有些高校出现班子不团结的现象，主要是两个一把手不团结，这直接影响着领导班子能力的发挥。因此，应制定党委领导下的校长负责制的具体工作内容，用制度规范班子的领导行为。

二、积极进行党内民主制度建设，不断增强决策的科学性和透明性

党委领导是集体领导，班子内部要建立民主议事的制度，并形成对党政一把手的监督和约束机制，避免个人说了算，不断增强决策的科学性和透明性，以规避决策的风险。

党委和行政按照各自的工作职责研究、决定各种事项。研究问题时，在班子内按照民主集中制的具体内容、规范要求和运行程序审议决定问题。这一原则体现在两个方面：在党委领导方面，表现为党委集体领导，按照民主集中的原则进行会议表决；在校长独立行政方面，表现为行政班子研究决定问题时，校长要充分听取、尊重副校长的意见，要在集中正确意见、体现民意的前提下，实施校长的决策权和领导权。作为领导集体的班子成员都应该认真地执行这一原则。坚持民主集中制的原则，就会有好的思路、好的决策、好的管理、好的效果。

办好学校的事情，关键在领导班子，往往是党政一把手的行为决定着班子的能力。实际上，领导班子的能力应体现在每个成员身上，与每一位成员的能力紧密相连。如何将班子每个成员的个人能力转变为领导班子的整体能力，主要取决于书记的团结协调能力，与党政一把手的个人素质和道德修养密切相关。也就是说，书记要明白，校长要务实。面对改革发展稳定的繁重任务，要当好书记，应正确处理与身边一班人的关系，并从"统揽不包揽，放手不撒手，当'班长'不当家长"几个方面去把握：

（一）统揽不包揽

我国古代有"持其大纲，疏其节目，为其上术"的思想。书记应善于抓好全局性的大事，突出重点、主攻难点、善抓热点、关注"基层第一线"；严格执行集体领导下的分工负责制，日常事务让副手们去办，使其各司其职、各负其责，而不可事无巨细、事必躬亲，当"管家婆"。书记切不可"眉毛胡子一把抓"、撇开副手抓下边。统揽而不包揽，书记才有威信，班子才有凝聚力。

（二）放手不撒手

"一张一弛，文武之道"。一把手不放手，副手难动手；一把手能放手，副手成高手。抓住权力不放、什么都由个人说了算，或者对全局工作不管不问、不抓落实，这两个极端都是不负责任的表现。长此以往，必将影响工作的开展、事业的推进。书记应努力成为"帅"才，充分信任、支持、鼓励副手大胆工作。但是，放手又不能撒手。对每个副手的工作情况、付出的努力、克服的困难、做出的成绩，书记都应心中有数，切不可不管不问、放任自流。

（三）当"班长"不当家长

个人智慧再高也是有限的，只有兼听广纳，才能防止工作失误。在领导活动中，书记应坚持不搞"一言堂"，多搞"群言堂"，努力做到广开言路、集思广益，善于集中班子各成员的智慧；应宽宏大度，善于容人，有容言、容过、容才之量，善于团结意见不同的副手一道工作，努力做到互辅、互通、互亲、互敬、互信；应坚持言行一致，谨言慎行，严于律己，乐于闻过，勇于改过。只有这样，才能不断提高领导班子发展学校和建设学校的能力，不辱书记的使命。

党委书记和校长也要在实际工作中正确处理彼此之间的关系，强化党性和德性，树立信任意识、支持意识、大局意识、修养意识，并以此规范思想认识和行为；要坚持重大问题事先通气，情况变化及时通气，出现分歧主动通气，相互之间经常通气。书记、校长发生分歧时要做到遵循一个"体制"的原则、遵循一个真理的标准、遵循理解的品格、遵循一个友谊的基础。只有这样，党委书记和校长才能团结、合作、互谅、互进，促进体制建设和事业发展。

三、在提高领导班子的能力上下功夫，重点提高六个方面的能力

（一）驾驭全局、科学决策的能力

领导班子适应形势变化的需要，提高驾驭全局、科学决策的能力非常重要。提高领导班子驾驭全局、科学决策的能力，前提是坚持民主集中制原则。按照十六大"改革和完善决策机制"的要求，高校领导班子必须认真贯彻民主集中制原则，发扬民主，健全制度，不断改革和完善党委的领导方式，改革和完善领导班子的工作机制，努力提高领导班子科学决策水平和宏观驾驭能力。第一，不断完善集体领导下的个人分工负责制，坚持执行和不断完善党委领导下的校长负责制，实行集体领导班子的决策效率。第二，针对影响学校发展的难点和焦点问题，大兴调查研究之风，深入实际，倾听呼声，了解民意，集中民智，找出关键症结，厘清工作思路，把握工作重点，创造性地开展工作。第三，坚持民主生活会制度，积极开展批评与自我批评，使领导班子达到在党的政治纪律和组织原则基础上的团结、统一、和谐，不断增强凝聚力和战斗力。

坚持按照"十六字"方针的原则和程序，完善班子内部议事和决策制度，建立健全民主、科学的工作程序和决策机制。不断完善集体领导下的个人分工负责制，不断完善校长负责制执行过程中的监督程序，实行领导班子集体决策，提

高决策效率。班子所做出的决议，按照分工负责的原则由主管领导实施。班子成员之间既有明确分工，又相互合作、密切配合。班子的每个成员都不断增强全局观念和集体观念，自觉把个人置于组织的监督和领导之下，使领导班子的战斗力不断得到提高。

（二）化解校内矛盾、解决自身矛盾的能力

近几年高等教育处于跨越发展时期，各个高校由于规模快速扩张，出现了一些发展中的矛盾，其中很多涉及教职工和学生的利益，如果不很好地研究和解决，就会对学校的稳定和发展造成影响。领导班子要切实树立"教职工利益无小事"、学生是学校服务的中心的思想，做到"凡是涉及教职工、学生切身利益和实际困难的事情，再小也要竭尽全力去办"，使出现的一些矛盾在校内就得到解决。

领导班子成员之间，也可能因个人经历、对一些问题认识上的差异而出现矛盾，特别是书记和校长有时因某个具体问题出现看法上的不一致，要形成解决这些矛盾的机制，不断提高解决自身矛盾的能力。

（三）经营学校、领导发展的能力

提高执政能力和水平，已经成为我们党在新的历史条件下必须解决好的两大历史性课题之一。

有人说，我国高校是"计划经济最后一个堡垒"。这个说法是否恰当另当别论，但是大学的人事制度、分配制度乃至教学、科研体制等，都与目前的市场经济条件不相适应，大学的管理形式基本上沿用了计划经济时代的政府管理模式，也就是有些人讲的"学校管理行政化"。

随着管理体制改革的进一步推进，大学的自主权正在日益加强，大学已成为一个办学经营的实体，因此，"大学需要经营"这一理念实际上也已成为大学管理的一个核心。当然，这里提出的"经营"，指的并不是以营利为目的的一般意义上的"经营"，而是指大学必须要精心地运作和管理。这个词如果用英语表述，可能会更加清楚，我们所说的"经营"，是"Operation"而不是"Business"。这一点，对正处于一个巨大变革中的中国高等教育来说刻不容缓。

管理学校，核心是如何提高个体和群体的工作效率，完成目标任务；而经营学校，核心是如何提高学校的社会和经济效益，谋求生存发展，实现资本增值。

因此，经营学校与管理学校相比，更加关注学校在市场中的地位，做到"内外兼修"；更加强调服务、竞争和创新，谋求主动发展；更加努力去满足教师、学生和家长的需要，不断提升自己的信誉度和美誉度，提高市场份额。

但是，学校并不是追求利润的经济实体，"经营学校"只是一种时代要求，并不是学校的本质属性，学校的宗旨仍然是育人。基于这样的原因，我们谈学校的经营应该是富有教育特色的经营，是一种经营性的管理。

目前高校处于大发展时期，学校参与经济活动的范围和频率越来越大，在国家财力有限的情况下，对学校的经营管理主要体现在学校建设资金的筹措、对学校长远发展具有重大影响的外部关系的协调、学校内部分配制度的改革等方面。多元化筹集资金已成为各个高校的首要任务，争取政策支持、为学校的发展营造良好的外部环境也是学校的头等大事。在这些经济活动中，有些进程受社会大环境的影响，不是学校可以把握的。所以，发展和守法之间既有联系又有矛盾，如何正确地处理好这两者之间的关系，对学校领导班子是一个严峻的考验。在守法的前提下处理各种事情，学校才会有安全、稳定、持久的发展。

（四）应对突发事件、处理危机事件的能力

近几年由于高校扩招，校内各种资源日趋紧张，特别是学生的公共资源，各种突发事件、危机事件时有发生，如果不及时妥善处理，往往会在社会上对学校造成很大的负面影响。所以，领导班子应对突发事件、处理危机事件的能力尤为重要。

要树立"以生为本，安全第一"的思想，注重安全和心理健康教育，消除各种安全隐患，杜绝校园暴力，确保学生的人身安全。加强学校的保安保卫，开展安全自救演练，完善"安全管理规定"，制定"突发事件应急预案"和"建筑及设施安全管理措施"，对"问题学生"耐心帮教，开设心理辅导室和咨询信箱，针对学生的生理、心理特点，加强心理疏导，让学生以平和的心态学习和生活。同时，教师要优化自己的情感，以健康的情感去感染、教育、鞭策和激励学生，与学生平等、友好地相处，化解学生之间、师生之间的矛盾与摩擦，创建安全稳定、健康和谐的成长环境，培养学生的积极心态、坚强意志和健康人格，促进学生全面和谐发展。

（五）以人为本、建设和谐校园的能力

以人为本，创建和谐校园应与全面落实科学发展观结合起来，从师生最现

实、最关心、最直接的利益入手，切实解决师生工作、学习、生活中的突出问题，让师生享受教育教学的成果，得到发展、提升的实惠。以法规、道德、政策和舆论的力量，有效调控师生的差异，确保学校稳定和谐，实现学校全面、协调、可持续发展。

和谐校园的生存与发展，教师是根本，班子是关键，党政一把手是灵魂。学校领导班子要建立健全的、专业化的管理机构，以和谐的理念和方法激励教师主动发展。党政一把手要任人唯贤，率先垂范，容人容事，淡化权力意识，实施集中领导、分层管理、权责到人。坚持刚性制度约束与人性化的人文管理的和谐统一，改变单靠"硬性"的行政指令要求教师完成教育教学任务的做法，在依法依规、坚持原则的基础上，把各种任务、要求和教师的态度、感情、利益、发展的需要结合起来，以公平的信念创造各尽所能、各得其所的激励和分配机制。围绕教师关注的热点问题，如评优、职称晋升、基建、财务收支等，建立公正、公开、透明的管理机制，健全和落实教代会、校务公开制度，给予教师知情权、参与权和监督权，全力营造融洽、和谐的人际关系和民主平等、团结尊重的校园环境。教师人心顺、主人翁意识增强，就会自觉地把自己和学校的发展紧密地结合在一起。

学校要以教师发展为本，制定教师培训的近期、中期和长远发展目标。要全面、发展、辩证地看待教师，承认教师客观的差异，公平调控差异。对有小毛病的教师，不求全责备，以尊重人、激励人、关爱人、发展人为前提，为每个教师智慧和才能的发挥创造机会和条件，营造平等友爱、融洽和谐的人际环境，创设民主、积极向上的学术气氛。支持教师学历进修，分批选送教师参加业务培训，给教师成就事业的空间、发展的空间、创新的空间，发掘教师的潜能，激发教师的内部动力。同时，大力培植群体精神和群体意识，加强教师职业道德教育，帮助教师牢固树立敬业的精神和乐业的态度，最大限度地化解各种矛盾，以保护校园的和谐稳定。

以人为本，促进学生全面发展。引导学生自主管理，建设和谐班集体，让学生把自己的行为置于学校和班级同学的监督下，使学生在各种活动中认识自我，在管理中调节自我，在学习生活中完善自我，养成宽容谦和地对待他人、和谐地对待自然和社会的人格素养，形成友爱诚信、和谐奋进的班集体，促进学生全面和谐发展。

创建和谐的教育服务。完善教育设施，建设和谐的校园文化，开发教育资源,为学生搭建展现风采的舞台,使学校成为学生成长和发展的乐园。如设计校徽、悬挂国旗、校训、名人画像、名言警句,建设高标准的图书阅览室、实验室、科技活动室、电脑室、多媒体教室、生物园、地理园和水族角等,创办文学社、爱心社、英语角、校报、光荣榜、作业展等,举行艺术节、体育节、科学节及各类比赛,开设校本课程和开辟德育基地、德育展室、校园网站等。组织学生进社区、入工厂、下农村、蹲基地等进行社会实践和考察,以开放性、丰富性、多样性的教学内容激发学生的学习兴趣和求知欲望,为学生创造畅通、灵活、自由的学习、实践、体验、发展、创新的时间和空间,挖掘学生的潜能和创造力,培养学生的创新精神和实践能力。

(六) 拒腐防变、廉洁自律的能力

提高拒腐防变和抵御风险的能力,已经成为我们党在新的历史条件下必须解决好的两大历史性课题之一。近几年全国有些高校出现的腐败案件,虽然都是个案,但对高校造成的负面影响是很大的。所以,领导班子不断提高拒腐防变、廉洁自律的能力,对学校的发展至关重要。

加强党风廉政建设,首先要紧紧抓住党内监督的核心问题,把权力运行置于有效的制约和监督之下。党内监督的核心问题是制约和监督权力。党内监督的关键是对党政"一把手"的有效监督。这主要是因为,党政"一把手"地位特殊,作用不同于一般领导成员。党政"一把手"的水平如何、作风怎样、行为好坏,在某种程度上对领导班子作用的发挥起着决定性的作用,对学校的工作起着不可替代的关键作用。我个人认为,对学校主要领导的监督:一靠行之有效的制度;二靠自我严格要求;三靠校务公开,增加透明度,接受大家的监督;四靠班子内部的约束机制。

党内监督最有效的办法是靠制度。制度带有根本性、全局性、长期性。高校在制定财务监管、设备采购、基建项目招投标、干部选拔任用等制度时,要明确限制党政主要领导参与具体的操作过程,党政主要领导应根据审批权限开会研究确定项目运作的规范,其操作让相应的领导小组去实施。将对校长的离任审计改为任中审计,以审计行为规范管理行为,使财务管理中的问题在校长任中就能得到解决。

建立党风廉政建设责任制,形成党风廉政建设齐抓共管的局面。党政主要领导不但要管好自己,还要带好队伍,要建立党风廉政建设责任制,落实"一岗双

责"，形成党风廉政建设齐抓共管的局面。要加强对干部的考核与监督，做到领导干部的权力行使到哪里，领导干部的活动延伸到哪里，监督工作就推进到哪里。

高校领导班子能力建设是一项长期的任务，只有坚持一切从学校实际出发，坚持用制度管人、用制度管事，与时俱进、开拓创新，才能不断提高领导班子发展学校的能力，实现教育创新的目标，把班子建成一个干实事、谋实事的战斗集体。

参考文献

[1] 张述禹. 加强高校领导班子能力建设 [N]. 光明日报，2003-12-11.

[2] 梁金玺. 以人为本 创建和谐校园 [N]. 中国教育报，2005-03-15（6）.

[3] 王宪魁. 坚持科学发展观 加强党的执政能力建设 [J]. 求是，2004（22）：14-16.

[4] 董雷. 抓好制度建设 强化党内监督 [N]. 陕西日报，2003-11-20.

[5] 当好"班长"的要诀 [N]. 人民日报，2005-02-23.

[6] 陈光前. 自主发展：当代学校发展的走向 [N] 中国教育报，2004-09-21.

[7] 黄达人. 大学管理需要引进经营理念 [N]. 中国教育报，2004-09-13.

[8] 李荣，张嘉兴. 关于高校领导体制的再认识和实践探索 [J]. 高教领导参考（内部刊物），2005（6）：13-16.

质量保证：成就高等职业教育具有中国特色、世界水准的源动力

崔 岩

杂志专版：改革开放40年高等职业教育发展经验研究（笔谈）。
发表期刊：《中国高教研究》，2018（8）：30-35+108。

当前，我国高等职业教育已经步入一个崭新的质量变革时代，"优质""一流""特色""高水平"建设已然成为这个时代高职院校质量追求的目标。随着现代质量观念和社会对技术技能人才需求的变化，过去的质量保障体系必然被质量保证体系所取代，质量监控与评价必然转向诊断与改进，质量管理必然提升为质量治理，从而激发高等职业教育质量内生动力，升华质量文化，"质量保证"也就自然成为今后掀起高等职业教育质量变革的时代标志。

一、"质量"是高等职业教育改革发展的永恒主题

纵观高等职业教育发展历史，从1977年恢复高考后的"萌芽发展"，到20世纪80年代至90年代的"探索调整"和"地位确立"，再到21世纪初的"规模扩张"和近10余年的"内涵发展"与"创新发展"，高等职业教育改革发展整整历经了40年，但真正迈入快速发展轨道，实际也就近20余年。而"质量"始终是高职院校赖以生存的"价值"和无法回避的"主题"，其阶段性特征呈现出两大阶段的演变。

（一）注重"基础办学质量"的外延质量保证阶段（1999—2005年）

以1999年全国教育工作会议提出"大力发展高等职业教育"为标志，高等职业规模扩张成为时代发展特征。截至2005年，全国高职院校数量规模达到

1091 所，在校生平均规模达到 7666 人，高等教育毛入学率从 1996 年的 6% 提高到 2005 年的 21%，我国高等职业教育成为高等教育大众化发展的重要力量。这一时期，"办学规模"成为衡量高职院校办学基础能力的关键指标，以教育部高职高专人才培养工作水平评估作为判定标准，来衡量高职院校办学质量及办学水平。

（二）注重"项目建设质量"的内涵质量保证阶段（2005 年至今）

以 2006 年《教育部关于全面提高高等职业教育教学质量的若干意见》等一系列加强高职教育内涵建设和质量的政策文件为标志，十几年来，教育部、各省（自治区、直辖市）主管部门以质量项目作为引领，带动高职院校强化工学结合、校企合作等"项目型"内涵建设，不断提升高职院校办学质量。以 100 所国家示范校、100 所国家骨干校和若干省级示范校建设项目为龙头，百余个乃至上千个的重点专业、特色专业、精品课程、双师素质教学团队、教学科研项目、教学名师、技能大师、校企合作实训基地、协同创新平台等人才培养能力水平和办学实力指标，成为这一时期高职院校办学质量比拼和办学水平竞争的焦点。

二、"质量保证"是我国高等职业教育创新发展的"内生动力"

我国高等职业教育由内涵发展步入创新发展的新时代后，2015 年教育部相继印发《高等职业教育创新发展行动计划（2015—2018 年）》《职业院校管理水平提升行动计划（2015—2018 年）》，"两个行动计划"中确立了新时期高等职业教育保证质量的方向。同年教育部办公厅出台《关于建立职业院校教学工作诊断与改进制度的通知》，更加明确了今后一个时期我国高等职业教育是以内部质量保证体系建设为重点、教学质量诊改运行机制建设为核心、院校自我质量持续诊改为关键的内生质量保证转型发展阶段。在这种导向下，优质资源、办学特色成为高职院校的核心竞争力，人才培养质量的"符合性"与办学效益服务区域的"贡献度"等体现"适应社会需求能力"强弱的指标及其水平成为判断和衡量高职院校办学质量和办学水平的标准。自此，我国高等职业教育质量，由依赖政府外部控制下"外生的""一次性的""静态的""评出来的质量"予以保证，逐渐转变为以自我诊改为抓手的质量管理常态化机制，内部质量文化正在形成。

（一）诊断与改进：有效激发高职院校质量保证的内生动力

从外部评估到诊断与改进，可以说打破了高职院校长期以来依赖教育行政部门衡量质量的观念，打破了借助"质量工程"项目引导下"照猫画虎""照葫芦画瓢"的质量提升路径的依赖。未来要围绕创建具有世界水准的中国特色高水平高职院校和专业目标，建立全面提升各高职院校质量的内部质量保证体系。

（1）进一步提升质量理念。将质量的源动力聚焦于学校本身，回归质量初心，充分发挥质量要素的功能作用和学校自我保证质量的积极性和主动性。

（2）进一步优化质量机制。通过健全完善全面质量保证组织系统，构建系统化的质量目标与标准体系，完善全过程的质量监控系统、制度系统、资源系统、支持系统等，全面优化质量保证机制。

（3）进一步完善质量标准。以质量生成主体身份制定适合自身实际的标准，建立完善的目标链和标准链，以需求为导向建构保持质量提升愿景与动力的内部质量保证标准体系。

（二）质量治理：全面升华高职院校的质量文化

由过去高职院校主要依靠教育行政部门、学校行政组织、教学职能部门的力量来进行的"内部质量管理"模式向"内部质量治理"转变。这种转变的着眼点是促进各质量要素主体积极参与质量事务，人人做质量计划和质量自检，在程序上既自上而下，也自下而上，实现全方位的质量治理，实现"三全"（全员、全过程、全方位）育人，质量保证的重心逐步下沉，质量保证的水平不断提升。

建立高职院校教学工作自我诊改质量运行机制的同时，更为重要的是创建高等职业教育内生质量文化，这既是学校主动适应社会需求、寻求自我生存发展的现实需要，又是国家质量强国战略实施的紧迫需要，也是实现可持续发展、不断提升核心竞争力的根本保证，更是高职院校应对当前质量强国战略实施及质量变为基本策略。高等职业教育内生质量文化，呼唤着高职院校的责任、使命与担当。学校必须以教育部职业院校内部质量诊断与改进制度的落实为契机，将质量要素（校级领导、职能部门负责人、专业带头人、师生）、聚焦到物（专业、实训基地、课程、办学设施）、聚焦到质量产生的过程、聚焦到质量催生的结果，最终融入具有高职特色和学校特质的质量文化中，形成高职院校师生的自觉行动。

类型定位视域下职业本科教育办学特色创建研究

崔 岩

摘 要：职业本科教育由试点走向稳步发展的道路，对优化类型定位、建设现代职业教育体系具有十分重要的意义和深远的影响。试点本科职业教育的学校，既要传承职业教育的基因，又要改革创新蹚出一条有别于应用型本科教育的新路，还要防止成为高等职业专科教育和应用型本科教育机械相加的产物，切实解决技术技能人才培养层次不高的问题。要在国家制度供给的基础上进行顶层设计、破解难题，以提高适应性为着力点，科学找准自身定位，树立敢为人先的教育理念，创新产教融合人才培养模式，对接高端产业和产业高端设置专业，建设高水平"双师型"教师队伍，在传承创新的实践中探索形成职业本科教育办学特色。

关键词：职业教育；类型定位；职业本科；办学特色。

基金项目：陕西哲学社会科学重点研究基地"西部现代职业教育研究院"2021年度专项研究课题"社会网络对技术应用人才培养的影响及对策研究"（项目编号：ZJXH2021-09，主持人：崔颖）。

发表期刊：《中国人民大学复印报刊资料——职业技术教育》，2022（6）：68-71；《中国职业技术教》，2022（4）：28-32。

一、引言

职业本科教育由试点走向稳步发展的道路，对优化类型定位、建设现代职业教育体系具有十分重要的意义和深远的影响。2021年，教育部先后颁布职业本科学校设置标准、专业设置管理办法和专业目录，以规范职业本科学校的办学，特别是教育部提出在"十四五"期间"以优质高等职业学校为基础，稳步发展本科层次职业学校"，标志着我国职业本科教育经过多年的探索和实践，将由试点进入规范化的稳步发展阶段。但职业本科学校如何创新具有鲜明特色的办学模式和培养模式、坚定不移地走职业技术教育的发展道路，是创建职业本科教育办学特色亟待解决的问题。

二、职业本科教育的类型属性

现代职业教育体系构建过程中，职业本科教育是最薄弱和最关键的环节，已成为职业人才培养通道的瓶颈。如何突破瓶颈、完成贯通现代职业教育体系的历史使命？试点职业本科教育的学校，既要传承职业教育的基因、保持高等专科职业教育探索发展形成的内涵特征，又要改革创新、蹚出一条有别于研究型本科和应用型本科教育的新路。

（一）职业教育的类型定位

《国家职业教育改革实施方案》明确提出"职业教育与普通教育是两种不同教育类型，具有同等重要地位"。新修订的《中华人民共和国职业教育法草案》强调了职业教育对多样化人才培养、就业创业、经济社会发展和人力资源开发的重要性，同时明确了职业教育的类型定位。至此，国家层面完成了对职业教育类型定位的政策设计。

（二）职业教育的三个鲜明特点

职业教育具有三个鲜明的类型特点：一是面向人人的育人理念。职业教育是"大众教育"，而不是"精英教育"；是"合格教育"，而不是"淘汰教育"。二是校企合作、产学结合、双证融通的办学思路。职业教育以能力为本，切实培养学生综合职业能力。三是能力本位的课程体系。职业教育的课程是基于能力而不是基于知识来开发的；职业教育课程开发的程序，是从职业和职业能力分析开始而不是从学科知识开始；职业教育以职业能力需求为导向，以职业活动为单元组织课程。

（三）高等职业教育的类型属性

改革开放以来，我国高等职业教育从无到有、从小到大，闯出了一条适合中国国情、具有中国特色和世界水准的发展道路。

2006年教育部在全面提高高等职业教育教学质量的相关文件中，就明确了高职教育是高等教育的一个类型。近年来，高职教育基本形成了以专业目录、专业教学标准、课程教学标准、顶岗实习标准、专业仪器设备装备规范等五个部分构成的国家教学标准体系，服务经济社会发展的能力和社会吸引力不断增强。我国高等职业教育质量，由依赖政府外部控制下"评出来的质量"予以保证，逐渐转变为以自我诊改为抓手的质量管理常态化机制，进入高质量发展阶段。高等职业专科教育，已经成为我国类型教育的主体。

（四）职业本科教育在现代职业教育体系中的定位

改革开放以来，为适应经济社会发展，我国一直在探索职业教育一体化发展的路径，进行了职业教育体系建设的制度构建和政策设计，这是本科职业教育准确定位的基本遵循。

1. 高职教育专科与高职教育本科

1985年中共中央在《关于教育体制改革的决定》中首次提出构建职业技术教育体系的要求。2010年《国家中长期教育改革和发展规划纲要（2010—2020）》中明确提出，到2020年形成中等和高等教育协调发展的现代职业教育体系。2014年国务院在《关于加快发展现代职业教育的决定》中将高等职业教育划分为专科和本科两个层次，提出要建设中国特色、世界水平的现代职业教育体系，要求"接受本科层次职业教育的学生达到一定规模"，并由普通本科高校转型应用本科高校来举办本科层次职业教育。同时，教育部明确了高职教育属于新的高等教育类型，其特性和作用进一步清晰，制定了发展专科、本科层次职业教育规划。

2. 纵向贯通、横向融通的现代职业教育体系

2021年全国职业教育大会提出"打造纵向贯通、横向融通的现代职业教育体系"，通过学校、标准、评价的一体化，打通技术技能人才成长成才通道。教育部一体化设计了中职、高职专科、职业本科的专业目录。学校体系的一体化，将为类型教育提供有力的支撑。职业本科学校起步建设，如何"传承""创新"并创建办学特色，需要结合自身办学实际，在现代职业教育体系中找准定位。

三、职业本科教育的探索与实践

面对新一轮产业革命，有效贯通的中国特色现代职业教育体系建设至关重

要，而职业本科教育对体系建设尤为重要。什么是职业本科教育？职业本科教育与普通本科、应用本科、高职专科教育有什么区别？这是目前无论是理论上还是从实践上都亟待探索厘清的问题。

（一）职业本科教育的理论探索

我国本科教育应包含职业技术教育类型的理论研究，源于技术与科学的关系出现新变化，技术依靠科学又促进科学。在技术水平不断提高的同时，技术教育的层次也持续拔高并逐步出现不同层别。技术应用人才所特有的知识能力结构，逐步形成独具特色的课程体系，针对这个课程体系所实施的教育后来被联合国教科文组织定义为"技术教育"。本科教育从理论上逐步划分成研究、应用、职业等三种类型，但这三类本科的本质属性不同，发展逻辑存在差异。研究型本科和应用型本科源于学科的分化，逻辑起点是促进学科发展，属于普通教育序列。职业本科是随着技术技能复杂程度上升而出现的，逻辑起点是职业发展需求，属于职业教育序列。这三种类型本科教育培养的不同类型人才，形成了发现、设计、实施等三环节紧密相连的人才链。

（二）应用型人才分类

我国现代化既有各国现代化的共同特征，更有基于国情的中国特色，具有人口众多、共同富裕、和谐共生、和平发展的特点。与此特点相适应，我们应当树立科学育才观，从认识世界和改造世界把人才分为两类，一类是学术型，一类是应用型。应用型又分为工程型人才、技术型人才和技能型人才，总体看人才的结构是金字塔形的，其基础是应用型，其主体应是融入实体经济、扎根一线、能干实干的技术技能人才。目前，在我国现代化的进程中，应用型人才在数量和层次上的巨大缺口，必然带来高等教育的大变革。

（三）发展应用型本科教育的实践

2014年，教育部明确高等职业教育本科层次由地方普通本科高校转型举办。"十三五"期间，国家加大对地方普通本科高校向应用型本科转变的投入力度，推动应用型高校建设发展。

但引导普通本科高校向应用技术型高校转型而举办本科职业教育的政策设计，遇到了高职教育探索发展过程中相类似的问题，主要问题还是身份认同，因此必须开展一场"脱胎换骨"的教学革命。

(四) 职业本科教育的探索

1. 试点职业本科教育

从 2014 年以来,地方普通本科高校转型为应用型高校来承担职业本科教育的实践成效不明显。

2019 年国务院颁布的《国家职业教育改革实施方案》中要求"开展本科层次职业教育试点",同年教育部批准设置了首批 15 所本科层次职业大学作为试点学校,探索职业教育本科层次办学模式。

2020 年《提质培优行动计划》要求进一步明确各层次职业教育办学定位和发展重点,把发展本科职业教育作为完善现代职业教育体系的关键一环。2021 年国家"鼓励应用型本科学校开展职业本科教育",截至 2021 年 7 月,全国共升格、合并成立设置 32 所本科层次职业技术大学。

2. 规范职业技术大学办学

2021 年年初,教育部发布的职业技术大学设置标准、专业设置管理办法和专业目录,已经成为职业本科学校办学、专业设置的基本遵循。职成司拟定的《本科职业教育学校办学情况评议要点》《本科职业教育专业评议要点》,对职业本科学校的办学情况和专业进行评议,同时组织专家组对已招生的职业本科学校进行现场调研,召开专题研讨会,规范和引导职业本科学校坚持职业教育办学方向,改进试点工作中存在的问题,创建办学特色。

3. 稳步发展职业本科教育

2021 年召开的全国职业教育大会期间,习近平总书记重要指示中强调"稳步发展职业本科教育",标志着我国职业本科教育经过多年的探索实践后落地。"稳步发展职业本科教育,高标准建设职业本科学校和专业,保持职业教育办学方向不变、培养模式不变、特色发展不变",为发展职业本科教育提供了基本遵循。

(五) 职业本科教育试点存在的问题

在对职业本科学校办学情况评议、现场调研和专题研讨过程中,发现试点学校办学中主要存在以下三个方面的问题。

1. 对职业本科教育的培养目标认识较为模糊

虽然试点学校都有坚持职业教育办学方向的决心和信心，但对在实践中如何区分职业本科与应用型本科的培养目标，认识上较为模糊，存在模仿应用型本科办学或者"穿新鞋走老路"的现象。

2. 对规范职业本科大学办学的相关文件理解不够到位

试点学校不同程度上存在对教育部颁布的职业本科学校设置标准、专业设置管理办法两个规范职业本科学校办学的文件理解不够到位、执行不到位的问题，有的盲目照搬应用型本科学校的模式，与国家试点职业本科教育的政策设计不吻合。

3. 师资队伍建设乏力

一些学校对自身师资队伍建设缺乏长远规划，特别是民办学校"一老一少"现象较为严重，内部凝聚力不强，导致教师归属感不强，缺乏创新的动力。

四、职业本科学校创建办学特色的思考

职业本科学校能否得到社会的认可取决于能否办出特色，如何创建办学特色是职业本科教育试点的重要课题。要在国家制度供给的基础上进行"顶层设计"破解难题，以提高适应性为着力点，探寻具有职业本科教育特色的发展道路。

（一）科学找准自身定位

职业本科学校作为一种高等教育类型，为适应经济社会发展，体现自身价值，要有适合学校自身实际和发展需要的科学定位。应坚守职业教育的办学方向，既要避免对应用型本科教育的简单模仿，也要避免对高职专科教育的路径依赖，还要防止成为高等职业专科教育和应用型本科教育机械相加的产物，切实解决技术技能人才培养层次不高的问题。只有根据学校自身的办学条件和在服务行业、区域经济社会发展中的定位，确立职业本科教育办学目标，才能趋利避害，发挥优势，逐步形成自身的优势和特色。

（二）树立敢为人先的教育理念

职业本科学校承载"传承""创新"的使命，守正创新、敢为人先的教育理念对创建办学特色尤为重要。这种教育理念集中回答了"为什么办职业本科教

育、办什么样的职业本科学校,怎样办职业本科教育和如何培养高层次技术技能人才"这样一些根本性问题。

教育理念决定办学特色。职业本科学校的办学特色不是学校中标志性的实体,它是学校专业设置、教学内容、教学方法、教学制度、校园文化建设的选择所体现出来的独特的总体风格,是在学校先进教育理念影响下形成的。

(三) 创新产教融合人才培养模式

产教融合已从职业教育延伸到以职业教育、高等教育为重点的整个教育体系,远远超出了人才培养的范畴,被视为以人才发展引领产业转型升级的"助推器"、促进毕业生就业的"稳定器"、人才红利的"催化器"。职业本科学校要探索服务地方或行业经济建设的产教融合人才培养模式,推动学校系统性变革,与产业界围绕产业与技术变革中的核心要素,构建新型的学校和产业之间的协作育人关系,服务国家实现科技自主创新与高端智能制造技术变革,以深化产教融合、提升学校服务国家能力。

(四) 对接高端产业和产业高端设置专业

与高职专科教育相比,职业本科教育专业的学制、生源和要求等均发生了较大变化,需要按照新的需求明确培养定位、构建课程体系、组建教师团队、完善管理机制,并且需要重新制定相应的职业资格标准。要对接高端产业和产业高端设置专业、优化专业布局,服务国家发展战略,逐步形成具有自身特色的专业品牌,以特色专业的建设带动学校办学特色的形成。

(五) 建设高水平"双师型"教师队伍

培养高层次技术技能人才需要高水平"双师型"教师队伍支撑,要在原有"双师型"队伍建设的基础上提高建设水平,不仅要求教师掌握岗位技能,更应培训教师将岗位所需职业素养、跨专业素养和创新创造能力传授给学生,以提高学生的职业岗位适应能力。

要不断优化教师结构,专任教师应成为具备双师双能、具有较高学历和较强技术技能研发能力的"双师型"教师,对来自行业企业一线的技术人员、管理人员和高技能人才的兼职教师,应进行教育教学、教材教法等教育教学能力方面的培训,使专兼职教师成为掌握教育教学规律的高水平"双师型",以彰显职业本科教育的类型特色。

五、结束语

目前，我国在高等教育普及化的基础上，即将由"学历社会"向"技能社会"转型，试点本科层次职业教育打破了职业教育上升的"天花板"。职业本科学校能否在探索实践中改革创新出适应区域经济发展、具有自身特色的人才培养模式，对职业教育能否打好"翻身仗"至关重要。随着国家在优质高等职业学校"优中选优"设立本科层次职业学校政策的实施，以及到"十四五"末职业本科教育招生规模不低于高等职业教育招生规模10%的政策设计，职业本科教育即将在试点的基础上逐步实现科学规范的稳步发展。

参考文献

[1] 教育部关于"十四五"时期高等学校设置工作的意见：教发〔2021〕10号［A］. 2021-07-28.

[2] 潘家俊. 杨金土关于职业教育类型特点的论述评析［EB/OL］.（2020-07-08）［2021-10-09］. http://www.mve.cn/html/2020/zhzj-jt_0708/45747.html.

[3] 崔岩. 实践创新：铸就中国特色高等职业教育品牌［J］. 中国职业技术教育，2019（7）：110-112.

[4] 同［3］。

[5] 崔岩. 质量保证：成就高等职业教育具有中国特色、世界水准的源动力［J］. 中国高教研究，2018（8）：30-35+108.

[6] 教育部等六部门关于印发《现代职业教育体系建设规划（2014—2020年）》的通知：教发〔2014〕6号［A］. 2014-06-16.

[7] 杨金土. 我国本科教育层次的职业教育类型问题［J］. 教育发展研究，2003（1）：5-9.

[8] 赵文平，郭思彤. 职业能力导向的职业教育课程结构模式构建［J］. 职教论坛，2016（18）：5-10.

[9] 沙鑫美. 层次、类型、改革：本科层次职业教育的三个基本问题［J］. 职教论坛，2021（3）：43-49.

[10] 郝江震，白宇. 人口规模巨大的现代化（解析中国式现代化）[N]. 人民日报，2021-04-02（9）.

[11] 陈子季. 坚定不移沿着中国式现代化新道路 推进我国职业教育类型发展[N]. 中国教育报，2021-08-04（1）.

[12] 邓泽民. 为培养应用型人才探新路[N]. 光明日报，2021-08-26（7）.

[13] 同[5]。

[14] 崔岩. 地方本科转型，建设高职本科的唯一路径？[N]. 光明日报，2016-03-29（15）.

[15] 中共中央办公厅国务院办公厅关于推动现代职业教育高质量发展的意见：中办发〔2014〕43号[A]. 2021-10-12.

[16] 同[15]。

[17] 邢晖，郭静. 职业本科教育的政策演变、实践探索与路径策略[J]. 国家教育行政学院学报，2021（5）：33-40.

[18] 同[1]。

[19] 同[15]。

精准施策着力提高思想政治理论课教学质量

崔 岩

摘 要：针对陕西高职院校思想政治理论课听课及调研中发现的新问题，应把健全完善思想政治理论课建设的管理机制、加大思想政治理论课师资队伍建设力度、抓好抓实教研活动、促进思想政治理论课同现代信息技术高度融合等改进对策，作为提高思想政治理论课教学质量的重要举措。

关键词：高职院校；思想政治理论课；教学质量；问题；策略。

发表期刊：《思想理论教育导刊》，2017（9）：94-96。

按照教育部社科司下达的全国高校思想政治理论课"听课指导"工作方案及要求，本着"提升听课效率，突出调研质量"的原则，笔者从5月初开始至6月上旬，经过一个多月的时间，先后赴陕西省关中、陕北和陕南地区的高职院校，以教育部社科司提供的被听课院校的课表为准，走进每所学校的原生态课堂（未经任何专门准备、未加任何事先操练、原汁原味自然生成、常规常态具象真实的课堂），开展思想政治理论课"听课指导"工作。同时，通过随机走访师生、查看教案和作业、召开座谈会等方式进行调研，摸清了陕西省高职院校思想政治理论课堂教学的真实情况，发现了新亮点、新方法和存在的新问题，并提出了提高思想政治理论课教学质量和水平的改进对策。

一、新亮点

从听课的实际情况看，陕西省高职院校思想政治理论课课堂教学效果评价总体达到优秀，各校都能按统一要求开设该门课程，教学质量年专项工作安排得当、措施得力、落实到位，课程建设与改革整体推进效果显著。

（一）顶层设计与高职院校探索实践良性互动

教育部党组《2017年高校思想政治理论课教学质量年专项工作总体方案》

下发后，陕西省委高教工委立即召开全省高校思想政治理论课教学质量年专项工作推进会安排部署，建立了高教工委和教育厅领导深入全省高校思想政治理论课堂听课制度，出台了省属高校建立校、院（系）两级领导听思想政治理论课制度和联系教师制度，设立全省高校思想政治理论课特聘教授岗位，站位高、行动快、要求细、落得实。各级领导通过听课、调研，了解情况、掌握实情、发现亮点、找准问题，为提高课程教学质量奠定了基础。

各高职院校党委切实履行意识形态主体责任，党委主要负责同志站在听课工作第一线，勇于负责，靠前指挥。围绕思想政治理论课的建设和改革问题，各高职院校均以召开党委会专题研究、召开组织推进会广泛发动、开展座谈会深度调研等方式精准施策，把全面掌握学校思想政治理论课教学整体情况作为常态化工作，纳入党委会议事规程，并出台建立了相应的制度，计划周密、责任到人、行动迅速、成效明显，形成了统筹协调整合课内课外、校内校外各方面教学资源的工作机制。在顶层设计与高职院校有效探索实践的良性互动中，高职院校有力地促进了思想政治理论课在改进中加强，在创新中提高。

（二）思想政治理论课教学质量保障机制成效凸显

各高职院校能严格按照教育部印发的《高等学校思想政治理论课建设标准》，独立设置思想政治理论课教学科研部，一些学校还成立了马克思主义学院，将思想政治理论课必修课程在课时安排、学分设置、开课顺序及师资配置等方面，通过专业人才培养方案及课程建设标准等教学制度予以规范执行，并配套制定涉及思想政治理论课教学资源建设、师资队伍建设、课程评价标准、质量监控体系等相关方面的管理细则和实施办法，从而为思想政治理论课教学质量建立了保障机制。

（三）形成了各具特色的提升思想政治理论课教学质量的"组合拳"

各高职院校根据本校思想政治理论课教学质量提升工作机制和建设情况，在听课制度中均规定了特色条款，切实推动思想政治理论课教学质量的大提升，打出了一套包括建立常态化听课制度、建设精品在线开放课程、培养名牌教师、培育高水平教学科研成果的"组合拳"。

二、新方法

各高职院校思想政治理论课教学科研部都能够按照建设标准，带领和组织思想政治理论课教师全面开展教学建设和教研活动，引领思想政治理论课教师自觉坚持正确的政治立场和观点，牢固树立政治意识、大局意识、核心意识、看齐意识，充分反映马克思主义中国化最新成果，重视对学生的思想教育和行为引导，并注重教学方法和手段的灵活运用，课堂教学能充分应用现代信息技术，教师的主导作用和学生的主体作用得到有效发挥，课堂出勤率、抬头率、点头率及获得感大幅提升。

（一）实现教材体系向教学体系转化，把思想政治理论课讲"活"了

各高职院校思想政治理论课教师能充分利用"集体备课"这种行之有效的教研活动形式，针对教学理念、教材内容及教学方法，通过共同探讨、交流信息、集思广益、取长补短、相互借鉴，不断凝聚共识，实现资源共享，这不仅有利于强化教师之间的团队合作精神，而且有效减轻了教师由"单兵作战"式个体备课所带来的压力，并能很好地利用集体智慧而找准重点、突破难点、化解疑点，从而在"众人拾柴火焰高"的良好效应下，较好地促成教材体系向教学体系的有机转化。

教师在讲课中普遍不拘泥于教材内容，没有机械地解读教材理论体系，而是从整体上对教材体系融会贯通；能充分联系社会实际和学生的思想及行为现状对学生进行有效的教育和引导；充分展现和发挥个性风格，高度重视教学方法的有效探索和课程内容的精心编排，有效调动学生课堂学习的主动性和积极性。

（二）注重知识更新，把思想政治理论课讲"新"了

思想政治理论课是一门常讲常新的课程，教师能把握其特点，及时"捕捉"课程最新理论进展，及时更新知识内容，并有机融合于课堂教学内容之中，顺应了该门课的学科要求，有效弥补了教材内容滞后性缺陷。而且，大多数教师能与时俱进，不满足于现有的理论储备，不断更新知识，敢于创新创意，使课堂内容与社会现实紧密结合。

（三）充分运用现代技术辅助教学，把思想政治理论课讲"精"了

教师普遍能采用现代技术手段，辅助思想政治理论课课堂教学，这也是增强学生"获得感"的有效手段。虽然思想政治理论课教师普遍是文科出身，但各高职院校都能及时进行现代信息技术应用的培训，大多数教师对多媒体技术掌握熟练，有些多媒体课件制作水平很高，并开发了在线开放课程，建立了思想政治理论课教学资源库，有效引导学生的学习兴趣，线上线下混合式教学改革富有成效。

三、新问题

"05方案"实施以来，尽管各高职院校在机构设置、思想政治理论课师资队伍建设、课程建设与教学方法改革等方面取得了较大的进步，但仍然存在一些亟待解决的问题。

（一）传统教学方法的精华传承趋于弱化

真正的课堂教学改革或高效课堂的打造，绝对不能排斥或推翻历经代代传承而凝练的优秀传统教学方法。少数思想政治理论课教师对于现代与传统教学方法的最佳平衡度和结合点把握不够到位，未能做到兼收并蓄、取长补短、合理利用，在课堂教学中存在着"为创新而创新，为改革而改革"的现象。

（二）思想政治理论课教师的教学科研能力有待提高

少数高职院校思想政治理论课教师不进行学术研究，不注重教学科研能力的提高，导致偏离理论前沿、思想保守，缺乏时效意识和主动作为，仅仅满足于现有的知识储备，忽略了观念的更新，导致课堂内容与社会现实存在一定的脱节现象，对学生思想政治理论课的获得感有一定负面影响。

（三）教材内容相对滞后

在听课和调研中发现，教材内容特别是与时事政治相关的内容，没有及时补充变化的部分，没有反映现实情况。主要是因为现在使用的思想政治理论课教材是由教育主管部门指定专家统一编写并经过教育行政部门审定的，虽然理论阐述

透彻，逻辑结构严谨，但是课程体系和内容比较传统，理论讲述过多，教材编写在前，现实变化在后，最新研究成果和现实情况反映不出来，且案例较少，学生感觉枯燥乏味，有空洞之感。

四、改进对策

基于以上存在问题，笔者认为高职院校应该从进一步完善管理机制、不断强化师资队伍建设、开展丰富多彩的教研活动、推动思想政治教育与信息技术高度融合等方面入手，进一步加强思想政治理论课建设与改革，努力构建长效机制，切实发挥思想政治理论课在学校思想政治工作中的主渠道作用。

（一）健全完善思想政治理论课建设的管理机制

要通过价值引导、制度设定和行为激励的系统工程，将思想政治理论课教学质量和水平的提升，由"客观要求""外力推动"的"机械过程"，向"自我需求""内生驱动"的"机制过程"转化，由"职业过程"向"事业追求"提升，使"上好每一堂课"成为思想政治理论课教师精神上的最高享受和生命价值的最好追求。同时，大力凝聚和利用校内外各方面资源，积极推动各类课程与思想政治理论课同向同行，有机构建"思政课程"与"课程思政"互动互推格局，促使大学生日常思想政治教育与思想政治理论课建设深度融合，形成协同效应。

（二）加大思想政治理论课师资队伍建设力度

一是应在思想政治理论课教师的准入制度及退出机制方面把好进出"关口"，确保队伍的整齐度与整体质量。二是进一步加大该门课程教师外出学习培训力度，鼓励和支持教师"走出去"，积极选派教师外出参加各种高端培训，开阔视野，拓展知识，并通过召开部门内部交流汇报传达会，形成辐射效应，整体提高教师的理论水平和教学能力。

（三）抓好抓实教研活动

应坚持以集体备课为抓手，创造性开展教研活动，给教师创造一个常态化交流研讨的平台，鼓励教师之间进行思想上的交流与碰撞，就马克思主义理论前沿动态进行分析研究，就传统教学方法与现代教育教学理念的有效融合进行研讨和探索实践，在彻底改变教师"单兵作战"现象的基础上，有效克服由于教材内容的滞后性而造成少数教师理论储备不足的问题、教学方法简单化的问题，有效推动教材体系向教学体系转化，切实打造"教师热爱、学生真爱"的精彩思想政治理论课堂。

（四）促进思想政治理论课同现代信息技术高度融合

习近平总书记在全国高校思想政治工作会议上指出，要运用新媒体新技术使工作活起来，推动思想政治工作传统优势同信息技术高度融合，增强时代感和吸引力。在当前网络信息技术已经全面渗透于现代教育教学全过程的背景下，思想政治理论课教学必须做到在遵循基本教学规律的基础上，深度推进课程网络资源的开发整合与积极运用，持续提升教师现代信息技术应用能力，从而使思想政治理论课"配方"更新颖、"工艺"更精湛，"包装"更时尚，更能贴近学生的专业学习特点、思想实际、社会现实，让课本上"死"的知识与理论，实现"活"化升级，以此来提高思政课教学的亲和力及针对性，充分激发师生的积极性、主动性和创造性，从根本上改变课堂教学教条、刻板、沉闷的状况，真正把思想政治理论课讲"活"、讲"新"、讲"精"。

强化特色专业　打造高职品牌

崔　岩

发表报刊：《中国教育报》2008年12月4日第3版。

专业是高职院校服务经济建设的载体，也是高职院校联系社会的纽带。专业的改革与建设关系到高职院校服务于经济建设和社会发展的方向性和有效性，也关系到学校能否满足学生就业的需要，从而吸引到更广泛的生源以保持专业的相对稳定性。

特色专业应该是具有生命力、发展稳定、市场前景广阔的专业，同时具备了一定的历史文化积淀基础，专业配置力量较强，如集聚了一流的师资、拥有先进的教学设备和条件等。特色专业的建设任务是艰巨的，需要长期不懈地投入。

高等职业教育承担着为生产、建设、服务和管理一线培养高等技术应用性人才的重任。"高等"是类型，"职业"是属性，"高技能"是特色，内涵建设是核心，而专业建设，特别是特色专业建设则是内涵建设的龙头和坐标。

一、认识

专业是高职院校服务经济建设的载体，也是高职院校联系社会的纽带。专业的改革与建设关系到高职院校服务于经济建设和社会发展的方向性和有效性，也关系到学校能否满足学生就业的需要，从而吸引到更广泛的生源以保持专业的相对稳定性。

——专业彰显学校属性。高校的发展，往往以一个或几个专业的开办而起源，使其从产生之日起，就深深打上了专业的印记，进而划定了学校的类属。可以说，高校由专业而生，也是随专业而成长的。专业，特别是特色专业就是它走向社会的名片和标签。

——专业统领内涵建设。高校的功能就是育人、科研和服务，其中育人是主业。高职院校承担着为社会培养高素质技能型人才的重任。学校的育人过程，其实就是依据一定的办学条件，通过有效的教育过程，达到预期的育人效果。教育过程中体现的主要元素，包括办学模式、课程设置、师资队伍建设、实验实训条件保障、教学方法与手段等均与专业密切相关。因此，可以说，专业建设是核心，对学校是品牌，对办学是龙头。

——特色专业彰显学校特色。特色专业就是具有自身优势、能彰显自身办学特点的专业。它往往表现为学校的强势专业，跟学校的属性一脉相传，可以是重点专业，也可以是极具生命力的专业，还可以是朝阳型的专业。特色专业既具有传统优势，同时也与时俱进，但大多能彰显学校的办学特色。

——办学特色显现学校品牌。随着高等职业教育由规模扩张到内涵发展的转变，必将出现优胜劣汰、大浪淘沙的竞争局面。学校竞争靠品牌，树立品牌靠特色，办学特色靠专业，专业建设靠人才。只有以特色专业彰显办学特色，以办学特色显现学校品牌，才能走出一条具有生命力的可持续发展之路。

二、定位

特色专业应该是具有生命力、发展稳定、市场前景广阔的专业，同时具备了一定的历史文化积淀基础，专业配置力量较强，如集聚了一流的师资、拥有先进的教学设备和条件等。特色专业的建设任务是艰巨的，需要长期不懈地投入。

——特色专业的选择。对高职院校来讲，如何选择特色专业，我们认为，要在充分考虑学校自身实际的前提下，一看传统，二看实力，三看前景。选择的标准是：一是选择基础条件好、特色鲜明、办学水平和就业率高的专业；二是选择人才培养模式先进、工学结合等方面优势凸显的专业；三是选择高素质技能型人才紧缺的专业；四是选择能担当学院建设发展龙头的专业，能够有效构建国家、地方、学校三级重点专业建设体系；五是有大量高水平行业企业专家作支撑的专业；六是建立了完善的职业技能鉴定机构的专业。

——特色专业建设的原则。一是突出特色、就业率高的原则。高职院校首先要满足学生就业的需求，这是特色专业建设的前提和动力。二是整合资源、带动性原则。专业建设是高职院校内涵建设的着力点，高职院校要整合资源，以特色专业建设带动以相关专业为支撑的专业群建设。三是准确定位、前瞻性原则。专业建设必须与行业发展状况以及区域的社会发展和经济建设相联系，要遵循专自身发展的规律，在创新中保持优势。四是顶层设计、校企合作原则。特色专业建设作为创建特色高职院校的战略措施，起着"龙头"的作用，应通过人才培养模式的顶层设计与规范来实施。五是集中力量、重点突破原则。要集中力量抓特色专业的建设，科学规划，不搞平均主义。

——特色专业建设的目标。特色专业建设的核心是建设高水平、独具个性的专业，通过若干高水平的特色专业建设，形成若干个强势专业群，从而形成高职院校的办学特色。一要形成符合区域经济发展或行业经济发展需要，具有创新性、科学性、可操作性的专业人才培养模式和培养方案。二要培养一批在本专业领域有较深造诣的专业带头人和骨干教师，建成一支专业结构优化、具有良好的科研或专业技术背景、教学科研水平高、充满活力的专业教学团队。三要建成能贴近岗位技能要求、提高学生实践操作能力的优质专业核心课程、优秀教材和精品课程。四要形成校企合作的办学机制，建设"共建、共管、共享"型校内生产性实训基地、校外顶岗实习基地，建成一批融教学、培训、职业技能鉴定和技术研发于一体的实习实训基地。五要建成以相关专业为支撑的特色专业群，建立有效的教学质量保障和监控体系，保证专业建设可持续发展。

三、实践

近年来，我们坚持"以学生为本，教学做合一"的办学理念，认真实施"质量立校，人才兴校，专业强校，特色名校"的办学方针，紧紧依托铁路行业，发挥以铁道工程技术为主干的特色专业优势，走出了一条符合学院实际，切合行业发展需求，符合内涵建设需要的特色专业强校之路。

——建立适应行业或区域经济发展需要的专业培养目标调控机制。包括：培养目标随市场需求调整的工作机制，对毕业生进行回访和跟踪调查的工作机制，职业岗位能力需求变化和岗位人才需求数量变化的调研机制，培养目标的专门化方向和相应培养方案的调整机制。

——以精品课程建设提升特色专业建设水平。课程建设是专业建设的基础与核心，在优质课程建设的基础上构建精品课程体系，是提升特色专业建设水平的有效途径。一是大力加强精品课程建设，目前已建设了10门院级精品课程，2门省级精品课程；二是加大课程改革力度，目前已对首批10门课程按照"能力目标、项目训练、学生主体"的原则进行了改革；三是高度重视教材建设工作；

四是重视学生综合职业能力的培养；五是大力推进教学方法改革。

——建设一流的师资队伍打造特色专业。特色专业建设要以师资队伍的建设为核心环节，建设以"双师结构"与"团队"为特征的专业教学队伍，通过形成一支以专业带头人和骨干教师为核心、专兼结合的学术团队与梯队，促进特色专业的发展。一是加大教师教学能力、专业技能培训力度；二是建立青年教师实践锻炼制度；三是鼓励教师积极参与企业科研项目；四是有计划地安排青年教师参与校内实训基地的策划、设计与建设；五是为企业技术革新、项目研发等提供技术服务。

——积极探索"工学结合、顶岗实习"人才培养模式。人才培养模式改革是目前高职教育改革的重点，更是特色专业建设的突破口。经过不断探索和完善，我院逐步形成了符合市场需求的"两段三结合"人才培养模式和以工学结合为主要内容的校企合作模式。

毕业生召回制是否值得提倡
——我们是探索者也是受益者

崔 岩

发表报刊：《中国教育报》2009年4月29日第5版。

目前在全国公开向社会承诺实施"召回制"的高校不是很多，在已有的高校中又以高职院校居多。2003年学院公开向社会承诺实施毕业生"召回制"，当年有8名毕业生被召回。2004年、2005年学院又相继召回毕业生7名，2006年无毕业生召回，2007年召回准就业顶岗实习生8名。这些被召回的毕业生，均已顺利再就业。学院的"召回制"运行机制也日益完善。

我们认为，高校实施"召回制"，打破了"毕业即完事"的旧模式，克服了既无"售后"，更无"服务"的弊端，是对传统教育模式的挑战和更新。这也折射出学院教育的人性化，体现了学院教育的责任感，也反映的是学院"自醒、自重、自纠、自爱"的勇气和信心，更凸显的是学院教学体制的一个创新。

一、采取四项回炉措施

从2003年开始至今，许多学校对此一直慎重待之，或赞许，或反对，或沉默，我们认为这正是作为新生事物必经的一段历程。被召回的毕业生存在的问题因人而异，但有着明显的共性，大多存在理论实践脱节、知识面狭窄、实践动手能力弱、性格缺陷明显等问题。特别是工科类学生，如测量技能不强、制图识图能力弱、土建工程试验检测水平不高、计算机应用水平差，也就是用人单位常说的"上不了手"。针对这些问题，学院启动"回炉再造"工程，对"召回"的学生主要采取四项"回炉"措施。

一是借鉴"导师制"的做法，实行"一带一"有针对性的指导。学院组织由辅导员、专业教师、实训指导教师等组成"再培训帮扶组"，仔细分析每个学生存在的具体问题，安排专人"结对子"，通过谈心、走访原单位、同事等，了解第一手信息，寻找解决问题的办法，同时帮助他们正确对待面临的困难，认识自身的不足，树立信心，勇于面对现实。二是针对不同毕业生面临的问题，制定个性化的职业技能强化培训方案，由学生所在系牵头，明确责任人、培训计划、措施和考核方式，把各项工作落在实处。三是重点安排经验丰富的实践指导教师，针对具体的技能强化项目，现场指导被召回的学生，提高他们的专业基本功。四是强化考核环节，加强质量控制。在规定的专业技能综合训练之后，通过答辩、实际操作等形式对这些学生进行全面考核，作一次综合评定。考核合格者，学院安排送他们返回工地，或者重新推荐就业。

用人单位对学院实施"召回制"普遍称赞。多次到学院选聘人才的中铁隧道局集团人事部负责人说："陕铁院敢于承诺对毕业生实行'召回制'，是对自己教育实力有信心，对培养出的学生质量有信心的表现，虽然我们聘用的该院学生至今未被'召回'一个，但有'召回制'兜底，我们今后再招聘心里就更踏实了。"

二、影响的不只是就业

实施"召回制"固然会增加学院的教育成本，但从对教育负责、对学生负责和学院可持续发展的角度来考虑是非常值得的，也是"以学生为本"的办学理念的具体体现。

学院实施"召回制"，取得了八个方面的显著成效：一是获得广大学生和家长的信任；二是为用人单位吃了一颗"定心丸"，赢得了企业的信任与支持，更赢得了潜在的就业市场；三是为在校生敲了一次警钟，上了一堂活生生的"就业指导课"，促使他们更加珍惜难得的学习机会；四是明确了教学中存在的问题，促进教育教学改革不断深入；五是使学院办学理念进一步深入与内化；六是对教学质量的提高起到了推动作用；七是缩短了毕业生自身能力与岗位需求的距离，为学生更加自信地参与就业竞争提供了机会；八是树立了学院诚信就业的品牌，打出了学院走向全省乃至全国的第一张"名片"。

三、缺陷难免，探索有益

目前，陕西铁路工程职业技术学院毕业生招生就业进入良性循环，招生就业两旺，每年毕业生就业率达到96%以上。学院2005届道路桥梁工程技术专业毕业的刘战伟应聘到中铁五局，由于不能胜任工作被学院召回。学院针对他在工作中存在的问题，为他提供了专业技能和思想素质培训"套餐"。不久，他应聘到陕西华山路桥工程有限公司，很快成为公司的生产技术骨干。实施"召回制"使在校生明显意识到：拿到毕业证并不等于就有了工作证；学不到真本事捧到手的铁饭碗也会再丢掉；要想找到好工作，必须下苦功学到真本领！

实行"召回制"是为了"零召回"。"召回制"是一种有益的探索，是一种大胆的尝试，缺陷与不足在所难免。回顾总结6年的实践经验，我们认为，陕西铁路工程职业技术学院是"召回制"的探索者，更是"得益者"。

瞄准行业需求培养实用型人才

崔 岩

发表报刊：《中国教育报》2009年11月2日第7版。

如何根据行业发展的需要，培养具有较强创新精神和实践能力的高技能人才，是高职院校实现内涵发展面临的共性问题。

一、以行业需求为导向，加强专业群和课程建设

近年来，学院确立了"依托铁路行业，紧密结合市场，发挥以铁道工程为主干的集束型专业群优势，精致管理、做优做精、走内涵发展之路、实施品牌战略"的办学思路，以办学实力强、就业率高的铁道工程技术专业作为核心专业，以专业基础相通、技术领域相近、工程对象相同的道路桥梁工程技术、建筑工程技术等专业为支撑，通过调整、改革、整合等措施，开办了17个专业，形成了以"1+X+X"专业格局为特征的集束型专业群。其中，"1"是指优势明显的长线主干专业；第一个"X"是指围绕长线主干专业，拓宽专业服务面向的3个外延支撑专业，即铁道工程技术、道路桥梁工程技术、建筑工程技术3个专业；第二个"X"是指面向铁路、公路、城市交通、工业与民用建筑等行业的辐射拓展专业。

学院按照长线主干专业、相关支撑专业、辐射带动专业三级专业建设格局，不断加大课程改革和建设力度，形成了与专业建设相互吻合的课程建设体系。这种"基础课程相融相通、专业课程互相渗透、核心课程部分共融"的结构，充分体现出学院集束型专业群构架的鲜明特征。在课程体系改革方面，学院适当增加了部分现场急需的课程，满足生产需求。如在新修订的铁道工程技术专业教学计划中，新增了"工程爆破"课程，同时增加了道路桥梁概论、高速铁路概论、高速铁路施工或养护维修等专业的拓展课程。

二、以能力培养为目标，加强校内外实训基地建设

实训基地是培养具有创新意识、创造能力及实用型人才的实践场所，也是提高整体教学质量的根本保证。

学院根据所设专业以及学生培养目标，在实训基地建设中，瞄准长线主干专业加大投入力度，先后建成了具有现代企业先进水平的校内工程训练中心和一批校外顶岗实习就业基地。按照能力素质要求，以现场常用、实用、关键实验项目为基础，建成了由55个实验实训室、12个校内实训基地组成的校内工程实训中心，满足了各专业学生的实训需要。同时，根据专业群建设的需要，多渠道、多形式地与企业加强联系，选择专业对口、设备先进、技术力量雄厚、管理水平高、生产任务充足、人才需求潜力大的企业开展校企合作，与企业共建校企合作科研教育基地65个，其中铁路系统的基地达44个。这些基地丰富了学生的毕业实习、顶岗实习、技能强化训练的内容，使学生真正融入施工现场，实现了开放式实践教学的目的。

三、突出职业特点，实现校企文化互动融通

高职院校培养的是企业的一线员工，这一特点要求高职院校应建立具有行业属性和职业特点的校园文化，确保学生毕业后能迅速适应现代企业的管理理念和方法，顺利完成从"学生"到"企业员工"的角色转变。

在校园文化建设中，学院围绕铸就"陕铁院"品牌，开展具有铁路特色、体现校企合作的校园文化建设系列活动。在人才培养过程中，坚持理想信念教育着力传承铁路精神、养成教育着力发扬铁路传统、素质教育着力满足铁路施工企业对人才的职业素养要求、校企合作着力吸纳铁路企业文化，为培养铁路工程、基础设施工程建设急需的高素质技能型人才创造了良好的育人环境。

在校园环境布置上，突出铁路行业特点，以我国铁路干线和建筑工程专家的名字命名校内道路，设置具有铁路特色的食堂文化和楼道文化，让学生置身其中，接受铁路文化的熏陶。针对铁路施工企业要求员工能吃苦耐劳的要求，学院将劳动教育课作为一门必修课，将劳动教育课成绩作为学生奖学金评定、素质教育评分的依据之一，培养学生"苦得、累得、受得"的敬业精神，促进学生职业素养的提升。

打造行业品牌专业　培养现代工业高素质技能人才

崔　岩

发表报刊：《中国教育报》2010年8月5日第3版。

职业技术学院以国家示范院校建设为契机，创建办学特色，创新"工学六融合"人才培养模式，实施集团化办学体制改革试点，以国家示范专业引领全院各专业内涵建设，打造出在陕西乃至全国装备制造行业具有较大影响的品牌专业。

陕西省是装备制造业大省，国防工业、航空航天工业、装备制造业基础雄厚。在市场经济环境下，陕西省产业环境与东部和沿海相比，差异加大，高职教育面临的问题更多、挑战更大。如何在日益严峻的竞争中保持办学优势，做到人无我有、人有我优、人优我强、人强我特，是陕西工业职业技术学院一直在思考和探索的问题。

学院以国家示范院校建设为契机，积极主动地探索校企深度融合，推进工学结合人才培养模式创新，着力打造品牌专业、培育招牌教师、培养名片学生、铸就行业名校，瞄准行业需求培养实用性人才，增强社会服务能力。通过一系列改革，学院在全方位多层面开展校企合作、建立与行业企业紧密联系的体制机制、丰富校企合作内涵等方面取得了明显成效，人才培养水平不断提高。

一、改革人才培养模式，实施集团化办学体制改革试点

2008年陕西工业职业技术学院成为国家示范性高职院校立项建设单位，使学院站在了新的历史起点上。学院在示范建设过程中，创新人才培养模式，探索集团化办学的途径。

（一）创建"校厂一体、产教并举、工学结合"的办学特色

根据高职教育的发展定位，瞄准学生未来职业生涯的成才目标，通过多年的办学实践，学院在教学中强化实践能力和职业技能培养，积淀形成了"校厂一体、产教并举、工学结合"的办学特色。

陕西工业职业技术学院拥有国内同类院校中规模最大、工种最全、有各种生产设备460台套的校办工厂——咸阳机床厂，是国家定点工具磨床生产厂，拥有6大系列40多个品种，其中3种磨床荣获并继续保持着部优、省优称号，被国家确定为替代进口产品。部分产品远销美国、日本、德国、英国、俄罗斯等21个国家和地区，工具磨床占全国销量的40%，拥有6项国家专利、2项国家行业标准（磨床），6种为汽车、军工、航空航天等行业新开发的磨床填补了国内空白。校办工厂同时具有与学院专业结构、人才培养规格相匹配的生产性实训车间，可一次提供25个工种、300个实训岗位，学生顶岗实习接纳能力为600人/天，搭建了"校厂一体"的能力培养平台，营造了"产教并举"的能力培养环境，让学生足不出校园就能感受企业真实工作任务和环境的训练熏陶。

（二）创新形成"工学六融合"人才培养模式

近年来，学院创新人才培养模式，总结凝练出"工学六融合"的人才培养模式，建立了校企合作的体制机制，制定基于工学结合的人才培养方案。

"工学六融合"的人才培养模式是指"人才培养与企业需求融合、专业教师与能工巧匠融合、理论教学与技能培训相融合、教学内容与工作任务相融合、能力考核与技能鉴定相融合、校园文化与企业文化相融合"，这是完全渗透式的融合，其核心是"工学结合"。学院5个示范建设专业通过企业人才需求调研分析和专业特点，创新具有本专业特色的人才培养模式，制订以服务为宗旨、以就业为导向的人才培养方案，构建了基于工作过程或基于行业标准的课程体系，探索出高职院校专业建设与发展的有效途径。

机械制造与自动化专业的"学工合一、知技融通"人才培养模式、电气自动化技术专业的"实境教学、学训三合"人才培养模式、材料成型与控制技术专业的"全真载体、实境训能"人才培养模式、计算机应用技术专业的"双融通"人才培养模式、物流管理专业的"职教合一"人才培养模式等，这些人才培养模式的改革、探索、创新，其基础是现代工业企业对于人才的需求规格，其

作用在于不断提高各专业的人才培养质量。

（三）实施"校厂一体、产教并举、中高衔接、区域联动"的集团化办学体制改革试点

2009年6月，在省教育厅的领导和省机械行业工业联合会的指导下，由陕西工业职业技术学院牵头组建"陕西装备制造业职业教育集团"，该集团联合陕西省内外高等职业院校、职教中心，装备制造业的科研院所、大中型骨干企业、行业学会、咨询服务机构参加，按照自愿平等、资源共享、优势互补、互惠共赢、共同发展的原则，组成以联合办学为基础，以校企所、产学研合作为重点的职业教育联合体，探索集团化办学体制改革的新途径。

在集团化办学体制改革的过程中，学院制定了职业教育集团化办学制度框架，建立了集团化办学管理体制、运行机制以及评价体系。构建"人才共育、过程共管、成果共享、责任共担"的紧密型校企合作长效机制，通过资源配置等政策措施调动行业企业参与高等职业教育的积极性，探索"地方政府、行业企业合作办学、合作育人、合作就业、合作发展"的新型办学之路，形成了"优势互补、互惠互利、动态运行、有序发展"的合作模式，使产业与教育异质融通、共赢发展。

按照高等职业教育的"实践性""职业性"和"开放性"特点，职教集团和企业在各方面开展了全方位的合作。成员院校为成员企业提供企业文化宣传、员工培训、人力资源及科研开发支持。仅2010年，学院在集团内部企业顶岗实习的学生就达5000余人；在职工培训方面，学院在宝鸡众喜水泥有限公司举办"宝鸡众喜水泥有限公司职工培训班"，在学院为陕西柴油机重工有限公司、秦川机床集团有限公司等10家企业1000余名职工进行了1~2个月的技能培训，学院先后有56位教师到12家企业见习锻炼。2009年教师节前夕，宝鸡众喜水泥有限公司董事长王连生亲临学院设立了70万元的奖学金基金，开设"众喜水泥订单班"。目前，学院已与陕西法士特齿轮有限公司、福建信通建设有限公司等企业签订了订单培养协议，各合作企业在学院设立的奖学金已超过100万元。

学院在集团化办学改革过程中，探索出"分段轮换、交替穿插、半工半读"的"柔性化顶岗实习"模式，即在确保学生实习总量的前提下，根据企业实际用人需要集中或分段安排实习时间，解决了企业用工长期性和顶岗实习阶段性的矛盾。同时，按照用人单位的要求，为企业量身定做培养人才，学生一脚跨入校

门,就等于另一脚跨进了企业。今年年初学院举办的"2010届毕业生就业洽谈会",集团内部19家具有行业代表性的企业现场签约726人,今年的毕业生在集团内部企业就业已达1315人,职教集团已成为"合作就业"和提高集团从业人员素质的重要基地。此外,学院还为陕西中职学校培训骨干教师506人,发挥了示范建设的引领作用。学院还与陕西省机械研究院合作,开办"粉末冶金技术"专业,获教育部批准为全国高职高专目录外专业。职教集团在行业企业与高职院校相互促进、区域经济社会与高等职业教育和谐发展等方面发挥了积极作用,为区域经济的发展做出了应有的贡献,赢得了省教育厅、机械行业协会领导的充分肯定。

(四) 以国家示范专业引领全院各专业内涵建设

在"511"工程(5个重点建设专业与专业群、1个校内生产性实训基地、1个共享型专业教学资源库)建设过程中,学院就确立了辐射带动院内其他专业内涵建设的思路,加大了非示范专业的建设力度,以示范建设"511"工程5个重点专业和专业群为龙头,并利用示范专业的成功经验和做法,按照国家骨干高职院校建设标准,今年投资1000万元,建设院内示范专业。

课程建设是专业建设的基础,学院深入企业调研,进行典型工作任务分析、行动领域归纳;根据职业领域成长规律,进行学习领域转换及学习情境设计。在行业、企业、教育专家指导下,实施"岗位职业标准建设""课程标准建设""优质专业核心课程建设""特色教材建设"四项计划,构建基于工作过程系统化或基于行业标准的课程体系。

目前,陕西工业职业技术学院已建成2门国家级精品课程、16门省级精品课程、教育部教指委精品课程3门、省级优秀教材奖12本,获得陕西省政府教学成果奖8项,建成国家精品专业1个、教育部教学改革试点专业2个、省级重点专业8个。这些成绩的取得,实现了学院打造行业品牌专业的目标,突破了以往的课程改革固有思路,实现了理念上的超越。

(五) 建立三级递进的实践教学体系

实训基地建设是专业建设的保障,学院不断深化校企合作,构建"院内实验实训基地—校办实习工厂—校外实训基地"三级递进的实践教学体系与"基础训练—仿真锻炼—实际操练"三层递进的能力培养机制,优化配置院内实训资源，和企业共同规划、布局新建实训基地。

加大实训基地建设投入，加强校内生产性实训基地内涵建设，以制度为保障，开发制订实习标准、实训教材、实训指导手册、技能试题库和实训考核标准等，开展实训教学改革研究与实践，建成保障工学结合要求的实训基地配套管理体系。目前，10个二级学院均建成了各具特色的工程技术训练中心，其中4个成为省级实训基地。并与行业企业合作共建了百余个校外实训基地，与合作企业一起加强针对岗位任职需要的技能培训，大力提升了学生的技能操作水平和就业能力。

在实训基地硬件建设的同时，落实课程体系中相关实践内容，构建三个开放式训练平台（通用能力、专项能力和综合应用能力的训练平台），建成融教学、培训、职业技能鉴定和技术研发功能于一体的生产性、开放式、共享型专业综合性实习实训基地。

（六）全力推进师资队伍建设工程

按照"以德为先、崇尚技术、培育名师、打造团队"的理念，学院以"提升双师素质、优化双师结构"为建设重点，实施专业带头人培养计划、骨干教师培育计划、双师素质提升计划、兼职教师团队建设计划，在高级职称教师中培育教学名师，在中级职称教师中培育优秀教师，在青年教师中培育教坛新秀。学院近两年投资700余万元，用于教师培训学习和下企业锻炼，选派226人赴美、德、日、澳等国家及我国香港地区的知名院校、世界著名企业学习、研修，目的就是要转变教育教学观念，接受世界最前沿的高职教育理念，使教师在思维层面上与国际接轨。

通过鼓励教师考取行业职业资格证书、安排教师到一线企业参加实践锻炼、参与企业科技创新和技术培训等工作，形成双师素质教师培养机制；专业建设实施"双带头人"机制，课程建设团队中实行"双骨干教师"机制，聘请企业高级技术人员、管理骨干和能工巧匠为兼职教师，打造双师结构教学团队，不断提高教师的理论素养和工程实践能力。

陕西工业职业技术学院现有专兼职教师735人，博士、硕士研究生210多人，教授34人、副教授225人。通过以上工作，学院建成国家级教学团队1个、省级教学团队7个，有全国优秀教师2人，省级优秀教师3人，省级以上劳模、优秀教师45人，省级突出贡献专家2人，将院内专业带头人培养成为在行业和专业领域中有一定知名度的专家。

今年暑期，学院又派出60多名教师到全国各大知名企业进行生产实践的锻炼，让他们积累企业生产一线的宝贵经验。

（七）提高教学水平和实践能力

融合校企文化，不断提高学生的综合素质

学院培养的是工业企业的一线员工，这一特点要求学院应建立具有行业属性和职业特点的校园文化，确保学生毕业后能迅速适应现代企业的管理理念和方法，顺利完成从"学生"到"企业员工"的角色转变。

在校园文化建设中，学院围绕铸就"陕工职院"品牌，开展具有现代工业特色、体现校企合作的校园文化建设系列活动。在人才培养过程中，坚持理想信念教育着力传承工业精神、养成教育着力发扬工业传统、素质教育着力满足工业企业对人才的职业素养要求、校企合作着力吸纳工业企业文化，为培养现代工业企业急需的高素质技能型人才创造了良好的育人环境。

在校园环境布置上，突出装备制造行业特点，设立了"企业文化长廊"和"优秀校友风采展示"，展出55家合作企业单位和省内外行业骨干企业的经营生产理念、产品介绍和35名各条战线优秀校友的业绩，设置具有装备制造业特色的走廊文化和楼道文化，让学生置身其中，接受现代工业文化的熏陶，感受"职业目标在眼前、事业榜样在身边"。学院还着力推进"企业专家进校园"活动，先后邀请秦川机床集团有限公司龙兴元董事长、陕西机械研究院杜芳平院长、中船重工第十二研究所赵峰彦书记等企业专家、领导来校进行专题讲座，使学生了解行业企业发展现状和趋势，增强职业意识。开设"校友大讲堂"，邀请杰出校友以鲜活生动的事例为在校学生现身说教，为其今后顺利实现角色转换、走向成功提出有益建议。这些企业经营发展、个人事业奋斗的精髓理念浸润着学生的成长，既有助于人才培养质量的提高，也拉进了学院与企业的距离，加深了校企之间的感情，使得校企合作不断向纵深发展，特色校园文化建设取得了丰硕成果。

二、品牌专业建设的成效

品牌专业建设工程的实施，使学生的专业技能鉴定通过率、综合素质、就业率大幅提高，进一步提高了学院的社会知名度，对学院的发展产生了深远的影响。

（一）学生的专业技能明显增强

通过三级递进的技能训练，学生的专业技能大大增强。近两年，学院学生参加"全国大学生电子设计竞赛""全国大学生数学建模竞赛""大学生机械创新设计大赛""全国职业技能大赛"等国家级和省级以上大赛，先后获国家级技能大赛等奖项46项，其中获得国家级一等奖2项、二等奖9项，省级技能大赛获奖122项，其中多项竞赛是与本科院校同台竞技，学院学生同样摘取过一等奖，得到了兄弟院校的认可。

（二）毕业生就业率连年攀高

品牌专业建设带来丰硕的成果。近几年学院毕业生就业率连年保持在96%以上，今年达到98.49%，学院连续多年被评为"陕西省就业工作先进集体"。学院招生就业工作呈现出"出口畅、进口旺"的良好态势，2008年、2009年新生第一志愿上线率都超过150%。

（三）在陕西乃至全国装备行业铸就了"陕工职院"知名品牌

学院毕业生表现出较强的首岗适应能力、多岗迁移能力和可持续发展能力，以"下得去、留得住、用得上、干得好"的优良表现，得到了企业的高度认可，赢得了良好的社会声誉，在全国装备制造行业形成了"陕工职院"品牌，专业对口率不断提高，用人单位对学院毕业生综合评价的称职率为99.84%、优秀率54.65%，企业对毕业生的评价是："专业基础扎实，文化素养高；动手能力强，定位准确，吃苦耐劳，安心一线工作"。目前，学院已与国内500多家大中型企事业单位建立了长期、稳固的用人合作关系，毕业生面向机械制造、航天航空、石油化工等多个行业和领域，遍布全国29个省（自治区、直辖市）。

陕西工业职业技术学院在创新人才培养模式、打造行业品牌专业、培养现代工业高素质技能人才的探索之路上向前迈出了坚实的第一步，今后学院将发挥地处"关天经济带"核心区域的优势，借西安国际化大都市建设的历史机遇，充分利用优质教育资源，举全院之力，把学院建设成为国内高职示范名校。

提升服务经济转型升级能力

崔 岩

发表报刊：《光明日报》2012年8月27日第15版。

经过十多年的快速发展，我国高职教育已经占据高等教育的"半壁江山"，为高等教育从精英化走向大众化继而迈向普及化做出了巨大贡献，已经成为我国最大的"和谐工程"和"扶贫工程"。但高职教育在从规模扩张为特征的外延式发展向质量提升为核心的内涵式发展转变、从关注硬指标的显性增长向致力于软实力的内在提升转变的历史变革过程中，也存在着一些不容忽视的问题：一是高职教育作为我国高等教育改革发展中产生的新类型，国家层面的发展战略不是十分清晰，仍处于薄弱和边缘的位置；二是高职院校在发展过程中，出现的专业设置的盲目性倾向，导致同质化现象比较严重；三是受高考末尾批次录取招生政策的影响，社会对高职教育的认可度不高，直接影响高职院校的长远发展；四是我国高等职业教育发展历史较短、规模扩张过快，高职院校内部治理结构重构和现代大学制度建设明显滞后；五是高职师资队伍建设，与快速发展的高职教育及其培养高级技术技能型人才的新要求还不能完全适应。

在职业教育体系建设的新阶段，高职教育要实现创新发展，需立足提升服务经济转型升级能力，从以下方面持续推进：一是加强政府对高职教育的宏观调控。二是深化高职教育管理体制改革。高职教育的双重特性导致管理日益边缘化，急切需要设立专门机构，指导高职院校在高教体系中找准位置、错位发展，力求办出特色。三是探索建立高职教育多元化招生机制。四是积极推进现代大学制度建设。以章程制定试点为抓手，坚持传统继承与改革创新的协同共进，健全完善相应的规章制度，重构科学规范高效的内部治理结构，为高职院校内涵式可持续发展提供有力保障。五是加快高职师资队伍建设步伐。

集团化办学的理性选择

崔 岩

发表报刊：《光明日报》2012 年 10 月 16 日第 16 版。

作为我国教育改革发展中产生的高等教育新类型，高等职业教育获得了令人瞩目的新成就，被人誉为中国最大的和谐工程和扶贫项目。但是，高职教育存在的问题也不容忽视。被高职界自身"热炒"的浮华，广大民众的认可度不是很高。如：规模扩张与质量提升的不同步；管理能力与内涵发展需求的不同步；多元化的目标、结构体系和投入机制的不完善；互通式立交桥还未构架完成；人才培养模式改革创新任务艰巨；特色专业、课程、双师型师资队伍、生产性实训基地四大建设任务异常繁重；高职院校在更好引领"三农"、服务城镇化和新农村建设等方面还缺乏富有成效的措施；高职教育发展、改革、创新的道路还十分漫长。

为有效破解这些难题，许多有识之士进行了卓有成效的积极探索。组建职教集团，走集团化办学发展道路成为有效途径。从 90 年代河北省整合县域资源，组建县级职教中心开始，到目前全国职教集团方兴未艾，大有燎原之势，形式各异、途径不一、类别丰富，真正为高职教育搭建起了一个宽广的产学研结合的发展平台。实践证明，集团化发展模式是中国高等职业教育实现产学研一体化的合理途径，是沟通校企联系、充分利用各种社会资源的有效举措，是促进高职院校跨越发展的科学战略规划，是构建现代职教体系的重要探索，也体现着高职教育改革与发展的一股重要时代潮流。

应该说，集团化办学回答了高职教育谁来办、谁受益、怎么办、办什么等等问题，探索形成了一个学校、行业、企业、社会广泛参与，共同搭台、共同唱戏、共同受益的有效机制与体制。

一、回归高职教育办学本位

总览目前高职教育存在的主要问题，除政策壁垒问题外，大多数集中在内涵质量建设上，而高职教育自己的"单打独斗"成为症结之一。社会参与度与认同度不高，使质量提升成为"顽疾"，可治愈"顽疾"需要的企业、行业及社会各界的合作与支持却得不到有效保障，致使内涵建设举步维艰。

从历史渊源分析，我国现行高职教育中坚力量是依托各地重点中专学校，通过合并、重组等形式升格而成的高职院校。从20世纪90年代初，我国启动了高校领导体制改革，有大量中专学校通过合并、升格，重组为高职学院，成为高等教育的有机组成部分。领导体制也由过去的行业、企业管理划归为教育行政部门管理，克服了部门和地方条块分割、重复办学、资源浪费的弊病，丰富了我国高等教育的内涵。但是，这种"剥离式"的领导体制削弱了行业、企业对高职教育发展的支撑。由行业领导变为教育主管部门领导，虽然有利于规范管理，避免资源浪费、重复建设，但背离了高职教育的"职业"属性，不利于为生产一线培养高技能型人才。高职教育作为高等教育的一个新类型，是在高等学校教育框架下，融入了产业、行业、企业、职业和实践五个要素升华而成的。把学校从这五个要素中"剥离"，却又要大力倡导"校企合作"，其实是一种舍本逐末的表现，也是一种倒退。

组建成立董事会或理事会形式的职教集团，走规模化、集团化、连锁化办学模式，是从管理体制上回归高职教育的"职业"属性，弥补行业缺位，恢复行业话语权，也是回归高职教育办学本位的明智之举，是提升内涵水平的有效途径。

集团化办学是指政府、行业、企业、学校通过各种形式，借鉴现代企业的经营理念，充分运用市场机制，整合各方资源，形成产业化规模，使教育、研发、培训、社会服务、生产紧密结合，实现技能型人才培养的高质量和集约化，使联盟各方利益共赢、共同发展，进而组成的以职业教育的教学、科研为主要活动的职业教育联合体。它搭建了多元化的组织形式，实现优势互补、资源优化配置、信息共享等，使高职院校更能适应市场经济发展的需要。

二、构建现代职业教育体系的积极尝试

集团化办学大多是以国家级示范性高职院校为龙头,以开设同类专业的中、高职学校为主体,以同类行业、企业及科研单位为依托,以区域优势产业为支柱,以专业建设为纽带,以实现资源共享为目的,组建起的行业性职教联合体,把学历教育、职业培训和终身教育三者融为一体。这种模式涵盖了职业教育的多种类型和层次,包括高职与中职、职前与职后、学历与非学历教育、学历证书教育与职业资格证书教育,形成了各级各类职业教育互相衔接、互相沟通、互为补充的职业教育体系,适应了经济社会发展对职业教育的客观要求,显示了集团化办学所具有的强大生命力。在职教集团内部尝试探索五年制"三、二"分段,中、高连读等多种形式,为构建现代职教体系做出了积极贡献。

集团化办学以一种博大的胸怀,为高职教育的发展搭建了一个社会各界广泛参与的平台,让高职院校走出了自我欣赏的"象牙塔",在不断获得社会认可的环境下,给高职院校提供了一个努力寻求和定位自己的生存和发展空间,从而不断创新校企合作的办学体制机制,为提升人才培养质量提供制度保障,最终使高等职业教育能够"接地气""通人气",从而真正"有底气"。从改革发展看,集团化办学也是提升高职教育质量的最优化选择。

提升服务能力关键在于重点专业建设

崔 岩

发表报刊：《中国教育报》2013年6月18日第6版。

高职院校提升综合办学实力，提高教育教学质量，打造高职教育的国际品牌，提升服务经济转型升级能力，必须构建一个质量优异、结构合理、优势明显、特色鲜明的重点专业体系。

一、进行集团化办学试点，重点专业是突破口

当前，我国正积极在职业教育领域开展集团化办学试点工作，以求在职业院校校企合作体制机制上进行突破。高职院校的重点专业建设，就是体制机制创新的重要突破口。构建"人才共育、过程共管、成果共享、责任共担"的紧密型校企合作长效机制，促进资源共享，优化资源配置，提高人才培养质量，寻求地方政府、行业企业"合作办学、合作育人、合作就业、合作发展"的新型办学之路，有利于持续推进重点专业建设。

其实，专业设置是高职院校与社会经济的重要接口。高职院校可以利用职业教育集团这个平台，与行业企业在专业建设上开展各种形式的合作，立足经济转型升级和产业发展需求设置专业，敞开高职教育的大门，面向社会、面向人人，为社区居民、在岗职工、转业军人和失地农民等有学习需求的广大公众提供服务，培养满足社会生产所需要的高端技能型人才。

在重点专业建设中，利用职教集团这个平台，进一步加强学校与企业、学校与学校、企业与企业、学校与地方政府的联系，整合教育资源，实现资源共享，共建生产性实训基地、共同培养师资、共同开发课程、共同商讨工学结合人才培养模式改革，使高职教育专业建设的重心由"偏硬"向"偏软"发展，从关心设备购置、实训基地建设向关心人文、提升生活品质发展，使教育、研发、培

训、社会服务、生产紧密结合。

二、构建现代职业教育体系，重点专业是载体

企业的技术创新与转型升级需要大量高端技能型人才，职业教育具有不可替代的作用。但是，作为教育的一个类型，职业教育体系尚未有效构建起来。我们可以通过"专业"这个载体，使高职教育下接中职教育、上接技术应用型本科教育，从而构建起完善的现代职业教育体系。

在高职院校持续推进重点专业建设过程中，可以有效实现中高职衔接。在中职学校遴选强势专业，通过专业与产业对接、课程内容与职业标准对接、教学过程与生产过程对接、学历证书与职业资格证书对接、职业教育与终身学习对接，有效推动各职业院校的重点专业建设，从而实现中等和高等职业教育的培养目标、专业设置、课程体系与教材、教学资源、教学过程、招生制度、评价机制、教师培养培训、行业指导、集团化办学等"十个衔接"。

同时，高职院校可以通过重点专业建设，积极探索培养"技术学士"，通过错位发展，在职业院校中完成"应用工程师"培养，使其成为在工作现场从事技术应用、技术服务和技术管理，解决实际问题的应用型人才。此外，持续推进重点专业建设，还可以深入探索技术硕士、技术博士的培养，实现职业教育人才培养的可持续性。

三、大力开展"四个合作"，重点专业是试验田

"合作办学、合作育人、合作就业、合作发展"是当前高职院校的办学方向。100所国家示范院校建设，着力解决重点专业建设问题，以人才培养模式创新为突破口，从双师结构的师资队伍建设、校企共建校内外实训实习基地、提升社会服务能力等方面开展产学结合，重点建成500个左右产业覆盖广、办学条件好、产学结合紧密、人才培养质量高的特色专业群。100所国家骨干院校建设，以"合作办学、合作育人、合作就业、合作发展"为主线，进行体制机制创新，根据产业结构调整优化人才培养方案，基于职业岗位能力构建新型课程体系，与企业大力开展产学研合作，重点还是专业建设。以上探索都以专业的集约化、特色化建设为核心，以重点专业建设引领高职教育的发展，可见重点专业建设是高

职教育改革的试验田。

目前，要将高职院校重点专业建设继续推向深入，一是必须根据国家相关政策，统筹协调政府、企业、社会、学校的各种资源，力促形成政府主导、行业指导、企业参与、学校实施的人才培养体制，打造人才培养的"云平台"；二是根据校情和区域经济发展情况，明确重点专业建设的总思路，形成国家级、省级、院级三级并进的重点专业建设体系；三是立足区域经济，瞄准岗位需求，强化技能培养，建设可持续发展的高职重点专业体系，为生产、建设、管理、服务第一线培养高端技能型人才。

四、打造高职教育国际品牌，重点专业是名片

2011年发布的《教育部、财政部关于支持高等职业学校提升专业服务产业发展能力的通知》中指出，按照国家"十二五"规划部署，将重点支持国际合作型等专业大力开展优秀高端技能型专门人才培养。通知明确提出，该类专业应依托地域或行业优势，开展多种形式的国际交流与合作，与大型跨国集团和企业、国外优质职业教育培训机构联合建设，引进高水平的师资、一流的实训设备、先进的课程体系和国际职业资格认证，努力提升国际化水平，培养全球化背景下的国际化高端技能型专门人才，从而为建立具有中国特色的高职教育体系奠定基础。

我们要抓住用好重点专业的名片效用，加大国际化交流与合作，树立国际化人才培养的理念和意识；全面了解专业人才的规格、定位、需求状况；引进先进教学资源，实现教育资源优势互补；建立教师联合培养及互派机制，培养和锻炼专业教师队伍；拓宽国际合作办学领域，开发国际就业市场，扩大国际化视野，打造高职教育国际品牌，提升我国高职教育国际影响力。德国的应用科技大学为其经济快速发展培养了充足的高端技能型人才资源，该类大学的运行机制表现出强大的生命力，其法律约束与民主决策的管理体制、不设入学门槛的招生制度、以就业和企业需求为导向的专业设置制度、独立的教授治学制度、项目化导向的实验实习制度、行业协会主导的资格准入制度、快捷方便的共享资源信息平台建设等经验，对我国建立现代职业教育体系具有积极的借鉴意义。

高等职业教育要做足"基本功"

崔 岩

发表报刊：《光明日报》2013年8月24日第10版。

国家的职业教育发展的前景是肯定的，而且学生大部分来自工薪阶层和农村，大多数是贫寒子弟。所以从这个意义上来讲，职业教育是中国最大的扶贫工程、和谐工程。我现在主要谈自己对目前发展存在的一些问题的认识：

第一，国家高职发展缺乏国家层面的顶层设计。这几年我开始觉得，高职在中职和本科的夹缝中求生存。我个人认为，"中职的昨天就是我们高职的明天"，所以这应该引起重视，中高衔接体系建立应该是对接的，但是从长远看简单的中高职对接行不通，因为靠高职带动中职的招生还是有问题的。

第二，高职的师资问题。我们一直在学习德国的经验，要求进入学校教师队伍的企业干部必须在企业工作5年才具备聘用资格，要求进高职院校教师的学历学位必须是硕士及以上。但是，现在几乎所有硕士博士都是学科型人才，到职业院校来还需到企业锻炼，实际等于补课。现在的博士硕士，大都是按学科教育，如果按照既具备扎实的理论功底又有较强工程实践能力的要求，就要基于产教融合深化教学改革。

第三，校企合作的制度问题。我们陕西省出台了《校企合作条例》，但是现在有一个问题，首先税务局不同意为参与企业减税。企业是追求利润的，在追求利润的过程中需要人才，而且是用得上的人才，这是校企合作的前提。让学生人规模去企业实习，肯定影响企业生产，所以一般企业不愿意分担。因此，要以政策激励来调动企业参与校企合作的积极性。

第四，应用型人才的培养问题。实施应用型人才教育的学校应该包含应用本科学校和高等职业学校，国家推动应用本科学校举办本科层次职业教育，对我们国家高等教育结构的改革具有重大影响。从我国创新发展高等职业教育的探索实践经验来看，应用型人才的培养完全抛开高职院校不可行，没有高职院校参与的应用型人才培养是不完美的。

第五，招生制度改革问题。我一直感觉高职教育处在招生的下游，这个可能会带来许多问题。去年我看了一份统计数据，全国有 1200 多所高职院校，其中 725 所高职院校在陕西招生，只有 25% 的学校完成了，其他都没有完成。

前一段时间我参加了第一批 28 所后示范高职院校研讨会，大家都在琢磨高职今后如何办？2010 年示范验收完了以后，我们有一个感受，就是示范建设实际上是作为一个项目做成的，这个项目只要把任务书完成就行了，但是学校的建设是长远的、基础性的，我们感到示范建设精神应该发扬，成果应该巩固。因此我们提出"如何巩固和扩大示范建设成果"，感到有两个方面需要注意：

一是高职院校的竞争力，这是一个学校能不能发展的实质性的问题。品牌要继续塑造，示范搞完了，有许多改革需要继续推进。讲一个现象，老师的现代化教学 PPT，我们这几年感到这里边也有问题。比如现在有些年轻教师，看到别人好的教学 PPT 就拷贝下来，啥都有了，自己不消化。所以，我们这几年作出一些硬性规定，确保教学质量。我在德国听了一次课程，感受很深，实际上人家也有 PPT，但讲课的时候还是在黑板上写，只是图形展示的时候才用 PPT 很直观地展示出来。所以我们虽然现在把教室安装了相关设备，老师也配备了笔记本，但一直强调老师要用心好好讲课。

二是教学基本功，这是个短板。我们现在就是要提高老师的教育教学能力，如果把这个做扎实，下面再落实到课改上，我们的示范建设才有意义。

"后示范"时期，高职如何突破

崔 岩

发表报刊：《光明日报》2013年12月7日第10版。

近年来，我国高职教育相继经历了院校合并升格、规模扩张、水平评估、示范院校建设、骨干院校建设等五轮大的发展机遇期，无论从办学实力、品牌地位、社会影响等方面都有了质的飞跃，也形成了我国高职院校的新版图。目前，首批100所国家示范院校迎来了"后示范"建设暂时的"政策真空期"，需要在冷静评价、理性回归的基础上，思考未来建设与发展的问题。笔者认为：重提内涵建设的老话题，积极应对构建现代职教体系的新问题，思考职教梦、中国梦的大话题，才是高职院校"后示范"应做的真命题。

十八届三中全会提出加快现代职教体系建设是目前高职院校内涵发展的最大机遇，示范院校更要率先探索，围绕技术技能型人才培养，整合教育教学资源，贯通职前和职后教育，探索政府办学、企业办学和社会办学并举的新模式，促进全日制职业教育和非全日制职业教育一体化发展，使学历职业教育和非学历职业教育沟通衔接，服务区域发展战略的空间布局，做职教改革创新的"拓荒者"。

一、融入产业圈，内涵建设显特色

新一轮产业结构的调整，必将为区域经济发展提供新机遇，也对技术技能型人才培养提出新要求。"后示范"时期，高职院校更应理性地应对招生、就业、生源质量等方面的困难，调整办学思路，把内涵建设放在首要位置，把人才培养质量当成"试金石"。

专业建设为龙头。后示范建设期，我们应当立足产业集群建设，合理调整专业结构，持续推进重点专业建设。进一步突出"区域"意识和"本位"意识，依据"适应产业结构，立足区域经济，瞄准岗位需求，强化技能培养"的专业建设思路，依托行业协会、合作骨干企业，构建国家级重点专业、省级重点专业、院级重点专业三层并进的专业建设体系。

课程建设为抓手。根据行业职业岗位新变化、新要求，引入行业企业技术标准开发专业课程；面向岗位群及工作过程，完善"以工作任务为中心、以项目课程为主体"的专业课程体系；参照职业证书考核标准，由校企双方组成课程开发组，制定突出职业能力培养的专业课程标准。同时，教师和工程技术人员共同编写针对性强、与生产实际结合紧密的特色教材，实现课程标准与职业证书的融合、课程内容与企业新技术、新工艺的对接。

师资队伍建设为载体。推行师资队伍建设"专业带头人培养计划""骨干教师培育计划""双师素质提升计划""兼职教师团队建设计划"和分层培养机制，加大引进高层次人才的力度；将教师下企业锻炼和社会服务能力纳入职称评审、岗位聘用和绩效考核；建立校企共建的企业师资培养、锻炼基地，加强"双师"素质教师队伍建设等等，以期提高师资队伍整体水平。

二、提升科研能力，服务社会添活力

科学研究是高校的四大功能之一，更是示范高职院校提升办学层次、服务经济社会发展的内在动力，是创新高职教育教学理念、提高教育质量、培养技术技能型人才的重要途径。因此，加强高职院校科研能力建设，是"兴校之计、强师之路、育人之道"，是"产学研"相结合的有效途径。

"后示范"建设，我们要进一步树立"科研促进教学"的理念，建立和完善科研开发机构，完善科研配套政策，建成一支结构合理、水平较高的教研、科研、技术开发队伍和一批产学研结合基地，促进科技成果转化。建立和完善教师社会服务制度，引导教师面向行业企业开展技术服务，采取"企校联姻"等方式，解决学校"研"的瓶颈。适当加大学校科研经费投入力度，由"联姻"企业确定项目、课题并提供一定研发经费，学校参与或独立承担科研任务，努力解决经费、设备不足的问题；通过"借船出海"等方式培养锻炼教师，调动其从事科研工作的积极性；广泛开展与各级政府机构和行业企业协会的联系，开拓科研渠道和项目，寻求更多的科研项目和机会，搭建更多的实践平台，多接项目，提升教师教科研水平。

三、拓宽办学功能，国际合作树品牌

"后示范"建设，更要"内提素质、外树品牌"，坚持高职教育开放性，树立教育现代化和国际化理念，围绕产业发展要求，服务国家经济"走出去"战略，利用学院品牌和专业优势，自行配套优惠政策，与跨国集团、大型企业合作共育人才，满足企业海外发展需要；积极和国外职业教育理念先进的同类院校建立紧密的战略伙伴关系，通过学生海外实习、定向生联合培养、交换生双向共育，师资双向交流、双向兼职等形式，促进国际合作发展，有效扩大中国高职教育的国际影响力和知名度。

近年来，陕西工业职业技术学院与欧姆龙、FANUC、德国 DMG 公司共同投资 1280 万元，建成欧姆龙技术实训基地、FANUC 数控系统应用中心等基地，开展欧姆龙订单班、亿滋订单班培养。8 名师生免费参加德国奥斯特法力亚应用科技大学"夏季大学计划"。与德国 BSK 国际教育机构签订合作协议，80 余名教师赴德国公立大学短期进修，2 名应届毕业生赴德国攻读硕士学位。德国凯勒公司无偿捐赠数控仿真软件。美国欧特克公司授予学院"设计创意教学中心"。在国际合作办学方面产生了较大影响。

四、重视文化传承，富民强国勇担当

文化传承创新是时代赋予高校的新使命。在构建现代职业教育体系中，鲁昕副部长也多次提出了高职教育具有促进文化技艺传承创新的功能。示范院校更应勇于担当，做文化传承的排头兵。要结合学院及周边区域的人文历史，分析师生精神层面的成长规律，凝练形成专业群特有的文化精神，通过"产业文化进教育，职业文化进校园，企业文化进课堂"，全面促进校企文化、信息的有效融通，形成文化建设助力专业发展的格局。通过与企业深度合作，在校园文化建设中注入企业元素，让学生接受现代企业文化的熏陶，掌握产品创新、技术革新的流程和技能，实现校企文化全方位融通，提高职业教育的社会认可度。

高职毕业生入职清华园现象背后的沉思

崔 岩

发表报刊：《中国青年报》2014年1月27日第11版。

11名高职毕业生入职清华园，这样的故事已不是个案。之前，我院毕业生也有去北航、浙江大学等重点大学就职，担任实训指导教师的情况。为毕业生欣喜之余，更多的是冷静后的思考，是对毕业生成长、成才的期盼、忧虑及深思。

高职学生走进重点大学就职，从市场需求上来讲，属于错位需求，双方各取所需，各图所用，本无可厚非，就是因为冠上了"高职""重点大学"的对比字样，才让人浮想联翩，成为新闻。客观而言，我院毕业生能成为清华大学基础工业训练中心的首选，得益于毕业生的过硬技能和良好的综合素质，也得益于学院对毕业生就业工作的高度重视，更得益于学院示范院校建设所带来的巨大的社会效应。

理性地看，无论多么重要的科研单位或教学单位，对与业务相关的各类人才都有需求，只是近几年高学历人才数量大幅增加，才"出现了"用人单位的"高消费"。所以，清华大学对技能人才的选择是理性的。

客观而论，这批学生也有基础知识不扎实、语言交际能力欠缺、可持续发展能力不足等问题。但是，清华大学是一座"大熔炉"，具有包容精神，到那儿工作既有压力又有动力，清华大学积淀的文化精神催人奋进。

根据对学院2008届去清华大学就业的毕业生调查，他们属于人事代理制，工资待遇在北京而言尚属偏低，住宿条件算不上多好，但学生看好的是清华大学能为他们提供一个很好的学习平台，包括浓厚的学习氛围、德高望重的导师、良好的实训条件等，可以为他们将来继续深造学习或再就业提供帮助。

这些同学认为在清华大学工业实训中心工作的这几年时间，使他们在专业知识、习惯养成、人生观、价值观等方面有了深刻的变化。同时，因为有了清华大学工作的经历，使他们头上多了一道光环，为他们在随后的二次就业带来了很多的实际效益。目前，其中3人去外资公司就业，实现了职业生涯的升级蜕变。

我们设想，如果用人单位能去掉对高职学生的"有色偏见"，去掉他们和本科生"另样"的政策，从理念上和行动上不再偏失，以他们对事业的贡献大小来对应他们的所得，为他们提供更加优惠的薪资待遇、宽松的住房条件和良好的个人发展平台，最大限度激发高职学生潜在的创新与实践动手能力，就有可能彰显出高职教育的无穷魅力，这是我在新时期的美好期盼。

微言职教

崔 岩

发表报刊：《中国青年报》2014年3月24日第11版。

职教集团从体制上很难突破，从机制上平衡各方的利益需求还能做下去，与行业、地方的产业结构关系很大，特别是私营经济发展较快的地方。关键是企业用人的准入制度目前实施比较难，企业支持职教的税收优惠政策没有出台。

发表报刊：《中国青年报》2014年3月31日第11版。

高职本科、技能高考，这两个属于高等教育改革、逐步实施的工作，用这样的媒体语言描述对社会的震撼太大了，即使考核技能，也不可能与高考完全脱钩，文化课不管如何考，内容不可少，普通高考也是今后高职院校招生的途径之一。

发表报刊：《中国青年报》2021年10月25日第6版。

"职业本科学校既要传承职业教育的'基因'、保持高等专科职业教育多年发展形成的内涵特征，又要借鉴应用本科转型的成效经验、改革创新蹚出一条'新路'。"在国家督学、陕西省职业技术教育学会会长崔岩看来，职业本科教育的发展面临创建具有自身优势办学特色的严峻挑战，与高职专科的探索发展过程极其相似。

在崔岩看来，什么是职业本科教育？职业本科教育与普通本科、应用本科有什么区别？与高等职业专科教育又有什么区别？究竟由哪些类别学校来办职业本科教育？怎样办职业本科教育？这是目前无论是从理论上、还是从实践上，都亟待探索厘清的问题。

发行报刊：《光明日报》2014 年 6 月 23 日第 1 版。

陕西工业职业学院院长崔岩认为，职业教育深入实施创新驱动发展战略，创造更大人才红利，要探索出一条多样化办学之路，允许国有高职院校与企业联办新的办学机构，企业深度参与，形成人才培养与就业高度联动的良性循环。

招生改革：高职如何应对？

崔 岩

发表报刊：《光明日报》2014 年 12 月 23 日第 14 版。

高职院校必须尝试找到一个能够满足学生多样化求学愿望、解决学校发展生存需求、匹配企业岗位人才要求的核心点、着力点、生效点。我认为，可以这样尝试：

分类考试、平行录取，逐步脱离普教高考自成体系。逐步将现行的普通高考分成普通本科统考和高职高专统考两类不同层次类型的高考体系，试行高职院校单列批次录取，逐步扭转"职教低于普教"的错误认识。

加强统筹、分类指导，科学引导高职院校招生制度改革。根据高职院校不同发展基础，在招生政策扶持、招生计划方面实行分类指导与支持，推动高职院校办出特色。以国家层面的学业水平考试为前提，把好高职院校生源质量关，防止招生腐败和恶性竞争。实施本科层次高等院校退出高职招生机制。

在招生考试改革的同时，要择优试点、合理延伸，推行高职试办应用型本科人才培养实质性改革，使优质高职院校成为打通学生从中职到专科、专科到本科乃至研究生教育上升通道的支撑桥梁，推进高等职业教育的层次和类型取得实质性进展和制度性突破。同时，可以引入企业成立相关行业各专业大类联合考试指导委员会，最终形成统一的专业招考标准体系。

实质进展急需制度改革

崔 岩

发表报刊:《光明日报》2015 年 6 月 30 日第 5 版。

目前,引导普通本科高等学校转型面临着不可预计的阻力。相比之下,部分高水平的国家示范性高职院校,在行业背景、专业特色、师资力量、实训条件等方面举办本科层次职业教育具有鲜明的特质优势。由此,建议在国家力推普通本科转型发展的同时,借鉴以往高职教育发展所采用的"三改一补"的形式,支持国家示范性高职院校作为发展本科层次职业教育的补充力量,实现向技术应用本科及以上层次的"合理延伸"和"有机衔接",使高等职业教育"层次"和"类型"的整体拓展和转型提升取得实质性进展和制度性突破。

在当下生源逐年减少、生源质量偏低、社会认可度不高等因素影响下,必须进行高职教育招生制度改革。

可以考虑:一,逐年逐步扩大高等职业院校自主招生试点规模和范围,避免出现招生恶性竞争。二,停止本科院校安排专科层次高职教育招生计划。三,稳步推进高职院校综合评价注册入学试点工作。可选择部分高职院校和一些农林、水利、地矿等行业特色鲜明且社会急需的专业实施综合评价注册入学试点,最终逐步形成以高考录取为主,自主招生、注册入学等多种形式为补充的格局。

找准技术技能人才培养改革的关键路径

崔 岩

发表报刊：《中国教育报》2015年12月24日第9版。

《高等职业教育创新发展行动计划（2015—2018年）》（以下简称"行动计划"）为我国高等职业教育事业的近期发展描绘了路线图和时间表，这也是推动我国高职教育事业健康和可持续发展的责任书、军令状。

高职院校的最终"产品"体现在学生身上，学生就业成长的竞争体现了高职教育的竞争力。如何在推进高职院校创新发展进程中，提高人才培养质量和毕业生就业竞争力，行动计划指明了技术技能人才培养改革的关键路径。

加大技术技能人才培养改革保障水平。高职院校技术技能人才培养改革需要耗费大量的改革成本，要有完善的经费投入机制。行动计划在"完善质量保障机制"内容中明确提出，要"提高经费保障水平""政府应建立完善以改革和绩效为导向的专科高等职业院校生均拨款制度"，该制度应"覆盖本地区所有独立设置的公办高等职业院校，到2017年，"本省专科高等职业院校年生均财政拨款平均水平不低于12000元"。这就要求地方政府及行业主管部门加大经费统筹力度，依法制定并落实高职院校生均经费拨款制度，加大财政投入力度，提高资金使用效率。

此外，还应加快高职院校用人机制改革，扩大高职院校在人事管理、教师评聘等方面的自主权；高职院校依法制定大学章程，完善治理结构，提升治理能力；建立学校、行业、企业和社区等各方共同参与的学校理事会，依法管理学校，独立运营学校，减少行政干预；建立企业技术人员与高职院校教师相互兼职制度，优化师资队伍；加快高等职业院校用人机制改革；扩大高职院校在人事管理、教师评聘等方面的自主权。

建立和创新系统化的技术技能人才培养体系。要以市场需求为导向，明确高职教育定位，把培养生产服务一线的数以亿计的工程师、高级技工和高素质劳动者等技术技能人才作为目标，把服务于我国工业化、信息化和现代化的技术技能积累作为使命。

大力开展集团化办学、现代学徒制培养，探索混合所有制办学，构建中职、专科、本科到研究生各个层次的立交桥式的技术技能人才培养体系。

制定和完善高职技术技能人才培养标准。积极鼓励企业管理者参与高职院校技术技能人才培养的制定过程和实施控制过程，提高高职院校毕业生就业质量，提升就业满意度，增强就业结构和产业结构的匹配度。

推动企业参与人才培养全过程以提高培养质量。深化产教融合、校企合作、工学结合，将技术技能人才培养标准贯穿于教学、实训、实习和实践全过程。促进项目教学、案例教学、任务导向等教学模式成熟，加大实习实训在教学中的比重。通过授权、委托等购买服务的形式，明确企业参与高职教育的责任，推动企业参与人才培养全过程。促进毕业生的职业技能培养与职业精神养成相融合，坚持以育人为目标的绩效考核评价体系。完善以能力为核心的职业资格证书考核制度，弱化学历证书的社会效应。建立企业和高职院校联合招生、联合培养的学徒制培养机制，促进校企一体化建设。

建立健全人才培养衔接体系，深入调研区域经济发展、产业结构调整升级、技术进步等企业和社会需求，联合就业需求单位开发专业教学标准和职业技术技能标准。强化专业设置与产业需求相衔接、课程内容与职业标准相衔接、教学过程与生产过程相衔接、职业教育与终身学习相衔接，同时贯通中职和高职教育以及本科职业教育等在培养目标、专业设置、课程体系、教学过程和内容等方面的衔接。"推进优秀产业文化进教育、企业文化进校园、职业文化进课堂"，科学提升人文素质，加强职业道德、人文素养教育，将人的全面发展理念贯穿于终身教育中。

行动计划的实施是一项复杂的系统工程，既要考虑解决显性的现实问题，更要积极探索解决制约高职教育改革和发展的隐性的、深层次的体制机制问题，因此要妥善处理和把握好各种关系。首先是数量与质量的关系。一方面，行动计划提出了明确的发展目标和任务，有明确的数量要求；另一方面，也突出强调了高职教育创新发展要"以立德树人为根本""提升人才培养质量"。因此，在实施过程中，应以科学发展观为指导，将发展速度与发展质量、发展规模与内涵效益、硬件与软件相统一，做到统筹兼顾、积极稳妥、有序推进，有效提升高职教育教学质量。其次是创新与传承的关系。行动计划是在继承以前示范性高职院校建设、专业服务产业发展能力项目等高职教育改革经验的基础上进行的，是在继承我国高职教育十余年来积累的实践经验基础上展开的，里面有很多创新的部分。在创新发展高职教育进程中，要处理好解放思想和实事求是的关系、整体推进和重点突破的关系、顶层设计和摸着石头过河的关系，在高职教育的改革攻坚期，深入开展战略思考，把改革创新精神贯彻到各个环节，全面深化高职教育教学改革。再次是短期与长期的关系。行动计划虽然定期为2015年至2018年，但其着眼点却是推进高职教育可持续发展。所以，在实施过程中，应避免"大跃进""一阵风"的做法。同时，对于高职院校的主管部门，特别是政府，发展高职教育的责任也不宜狭窄化或局限在财政投入上，简单地将发展高职教育等同于由政府投钱创建一批专业、一批基地，或出台几个文件、制度，从而忽视了高职教育发展的体制机制创新。因此，实施行动计划既应立足现实，应对亟待解决的现实问题，也应放眼长远，积极探索和创新促进高职教育发展的体制机制、政策制度、内涵提升等深层次问题，在实施过程中有效推进高职教育综合改革。

地方本科转型，建设高职本科的唯一路径？

崔 岩

发表报刊：《光明日报》2016年3月29日第15版。

《国务院关于加快发展现代职业教育的决定》中提出的"引导一批地方普通本科高校转型"的目的，就是举办本科层次职业教育，填补高等职业教育本科层次的空白。因此，举办高职本科已然成为完善我国现代职业教育体系构建的必由之路。国家"三部委"近期出台的《关于引导部分地方普通本科高校向应用型转变的指导意见》，则是完善现代职业教育体系、优化高等教育结构以及健全职教与普教沟通机制的试点先行与突破探索之举。但是，发展高职本科是否仅有地方普通本科高校转型这座独木桥？这仍需我们搞清楚四个方面的问题。

一、厘清职业教育的内涵和高等职业教育的外延

搞清楚"职业教育"的内涵和"高职教育"的外延，是厘清举办高职本科主体的先决条件。在我国，职业教育包含中等职业教育和高等职业教育两个阶段，其内涵范围覆盖着"以培养技能型人才为目标的职业教育和以培养技术管理型人才为目标的技术教育"，这与国际通用的"技术与职业教育和培训"同义。而"高职"是"高等职业教育"的简称，是一个涵盖多个层次的系统概念，不仅限于专科层次，之所以一直将高职与专科层次画等号，是由于过去为了将高等专科学校转入职业教育体系，强化其职业教育属性，才出现了这一概念和相关职能管理部门。在强调现代职业教育体系构建的今天，拥有双重属性的高等职业教育作为高等教育发展中的一个类型和现代职业教育的最高层次，其完整体系包括高职专科、高职本科乃至更高层次。如此看来，在职业教育体系以专科为终结、又与普通高等教育沟通不畅的当下，完善高等职业教育体系的重心在于高职本

科。因此，将地方普通本科高校（以下简称地方本科）纳入现代职业教育体系，作为一支主要力量来举办高职本科，可以解决职业教育"断头路"的问题，也为专业学位层次的高等职业教育发展廓清障碍。

二、地方本科转型存在的困境与阻力

从经济成本角度分析，在不增加本科数量的基础上，地方本科转型是发展高职本科的一条路径，但地方本科转型成应用型本科就是高职本科吗？现实并不那么简单。一是地方本科的办学观念是"学科本位"，而非"高等职业教育本位"，让其转到高等职业教育这条发展路径上，并非易事；二是地方本科都在倡导培养应用型人才，但仔细研究其人才培养方案发现，实际上仍朝向学科型来培养，人才培养"重理论、轻实践"，与高职本科人才培养目标截然不同；三是产学研合作教育不深入，企业参与合作育人缺乏必要保障；四是师资队伍"重学历、轻能力"，教师专业技术应用能力相对较低；五是科学研究"重科学、轻技术"，服务地方经济发展能力相对较低；六是地方本科院校的实践教学条件和可共享的资源普遍比现在的国家示范高职院校弱。由此看来，如果地方本科真正要转型发展，必须开展一场"脱胎换骨"的教学革命，否则，就失去了发展高职本科的实际价值。

三、多路径探索实践是高职本科教育发展的理性选择

既然引导地方本科转型存在着不可避免的困境，以这条路径来发展高职本科势必存在着巨大瓶颈。借鉴20世纪末举办高等职业教育"三改一补"政策调整的经验，高职本科的发展必须突破制度和观念障碍，尝试"一转一试两并两合作"等多种路径。"一转"是地方本科转型；"一试"是遴选实力强的国家示范高职院校或某些高职院校行业特色鲜明的优势专业先行先试；"两并"是实力较强的高职院校与地方本科合并举办高职本科；"两合作"是转型本科与高职院校对接地方产业联办四年制本科。上述路径的提出，除了以本科转型作为发展本科层次职业教育的主力军，最核心的是将高职院校按照不同的办学形式列入高职本科的生力军。

理由是：一是社会有需求。产业升级改造、中国制造战略等对高等职业技术应用人才的需求越来越强烈，这种类型的人才正是高职院校的培养目标，而地方本科毕业生就业难、就业率低，难以满足企业需求的现象已经凸显。二是升本有基础。我国高职院校经过多年的发展，尤其是国家示范性高职院校的建设，办学基础比较扎实，实践教学资源普遍比地方普通本科要丰富，办学的整体实力不比地方本科差，已有天津中德职业学院升本的先例。三是从国际职业教育发达国家的先进经验就不难看出，高职院校举办高职本科是现代职业教育扩展空间的基本方向，欧洲应用科技大学的前身基本上是在高等职业学院、工程师学校的基础上整合发展起来的，承上启下，延续了职业教育的办学基础和发展传统，为我国高职院校试办本科提供了借鉴。但高职院校进入职业教育的本科层次是有条件要求的，必须是在国家示范或特色鲜明的高职院校中进行试点，选择办学实力强的学校举办高职本科。

四、发展高职本科必须突破制度和政策屏障

高职本科教育怎么办？怎么办好？制度和政策障碍是高职本科办学必须解决的根本问题。不论是地方本科转型，或高职院校与地方本科合并，还是高职院校试办或联办高职本科，必须完善法制，在体制机制上提供有力保障。目前正在试点的高职本科教育，普通本科高校是举办方或是联合办学的主导方，一定程度上会偏离技术技能型导向，影响高职本科的发展方向。所获得的本科学历和学士学位，都是由具有学士授予权的普通本科高校颁发的，与普通本科高校的本科学历和学士学位无异，体现不出高职本科的特色。因此，一是早日修订《中华人民共和国高等教育法》和《中华人民共和国职业教育法》，将高等职业教育从实施专科教育扩展到实施本科教育和研究生教育，从而为构建职业教育完整体系获得法律保障。二是在现有专业学位的基础上，建立高等职业教育学位制度，设立专业学士、硕士和博士学位制，从完善学位制度方面，加速培养经济建设和社会发展所需要的高层次技术应用型专业人才。由此，也可增加高等职业教育在高等教育中的分量，提高高等职业教育的社会地位，增强吸引力。三是加大国家政策性投入，增强高等职业教育办学实力。我国现行高等职业教育的国家财政性投入远远低于普通高等教育。高等职业教育要提升层次，势必要求更高的师资配备，更完

备、更先进的设施设备。这就需要政府进一步加大政策扶持力度和资金投入力度来增加高等职业教育综合办学实力。四是理顺高等职业教育的管理体制，高等职业教育作为一种具有高教与职教双重特性的专门教育类型，长期以来跻身本科教育与中等职业教育之间举步维艰，处于边缘位置，在夹缝中求生。政府职教部门工作重心是中等职业教育，高教部门工作重心是本科教育，致使高等职业教育的改革与发展缺乏针对性的分类指导和监督管理。

打通"断头路",职教本科需理性选择

崔 岩

发表报刊:《光明日报》2016年6月21日第15版。

编者按:近两年来,党中央国务院对职业教育高度重视,总书记对职教发展给予重要批示,《国务院关于加快发展现代职业教育的决定》出台,职业教育发展迎来了战略机遇期。在建设与中国经济社会需求相匹配的现代职教体系这个大背景下,近日,光明日报教育部以"职教本科建设的理性选择"为主题举办新一期的"教育沙龙",努力在一个公开的平台上,为这个关键问题,激发理性的声音,启发为职业教育发展孜孜以求、探索不止的那些思想和行动。

在此,我们分享沙龙参与者的思考,期待更多的回响。

崔岩(陕西工业职业技术学院党委书记):我们应尝试"一转一试两并两合作"等多种路径发展职教本科。其中,"转"就是地方本科转型;"试":遴选实力强的国家示范高职院校或某些高职院校行业特色鲜明的优势专业先行先试;"并":实力较强的高职院校与地方本科合并举办职教本科;"合作":转型本科与高职院校对接地方产业联办四年制本科。

也就是说,应该在地方本科转型这一条途径之外,为高职院校留一条向上发展的通道。当然,必须是在国家示范或特色鲜明的高职院校中进行试点,选择办学实力强的院校举办职教本科。

履行质量主体责任，高职如何找准"坐标系"

崔 岩

发表报刊：《中国教育报》2016年11月15日第9版。

教育部颁布的《高等职业教育创新发展行动计划（2015—2018年）》要求"建立诊断改进机制"，采用"诊断"+"改进"的模式引导高职院校履行质量的主体责任在我国尚属首次。其原因一方面是基于高校办学自主权的进一步扩大与扩展，另一方面是高职教育外在竞争压力与自身内涵建设的双重驱动力作用。它与评估有着本质的区别，是由外向内评价模式的"蜕变"，如果把握不好就有可能"走老路"或"走偏路"。因此，就高职院校教学诊改而言，如何准确找到着力点，并以此促进学校构建内部质量保证体系，需要思考并回答好下面三个问题。

一、问题一：核心指向是什么？

诊改是促进高职院校履行质量主体责任的一个重要抓手。从注重评估质量等级，转换为依靠院校自身建立保证体系来提高质量，首先需要我们重新理解质量的内涵，把握其核心指向。

客观地看，当前诊改工作对于高职院校来说是一件新鲜事，不少高职院校内部质量保证体系建设尚处于起步阶段，如果对其中的诸多问题认识不清，实践中就势必会出现一些偏差。

本次高职诊改突出体现的是"培养目标的达成度、社会需求的适应度、师资和条件的支撑度、质量保证运行的有效度、学生和用人单位的满意度"等要求。

从诊改的几个维度来看，"目标"上仅要建立健全质量管理制度，更要形成质量文化；"结构"上不再是由外而内的监控系统，而是内生动力的保证系统；"对象"上不仅是教学质量保证，还要涵盖学生教育和教学服务与管理；"范围"

上不仅是衡量招生就业指标，更要注重教学过程；"主体"上不再是仅限于质量管理人员，更要形成全员参与的机制；"状态"上不再以阶段性的年度数据为唯一依据，而是更加注重数据平台中的动态数据真实性和数据对教学过程的反馈作用；"结论"上不再是"过关式"的等级，而是高职院校运行质量保证机制的良莠程度。

基于上述认识，诊改应建构以顶层指挥决策系统为基础，以教学质量保证系统为核心，以教学辅助条件保证系统为补充，以教学质量评估和监测系统为抓手，利用教学质量反馈和改进系统形成闭合螺旋循环。

二、问题二：关注重点在哪里？

教育部发布的诊改指导方案，包含诊改参考指标体系。实际上，指标体系可以看作一种指导、引导的手段，进校诊断与进校复核也只是一种督促与强化，最终目的是要让高职院校建立并形成自我质量意识、质量观念和质量体系，以办学常态化真实显现办学质量。

虽然在诊改工作的切入点和突破口的看法上见仁见智，但以下六点是高职院校诊改工作都需要重点关注的。

一是明确办学定位，厘清人才培养目标。这是诊改的逻辑前提，至少要考量四个层面的问题：人才培养目标的制定依据、层次分配、类型划分、定位与利益相关者需要的人才培养规格的符合度。只有这样，才能规划好诊改工作的"坐标系"和"关键点"，才能有的放矢。

二是着力于专业建设，提高专业服务产业能力。专业代表了高职院校的核心竞争力，应将专业设置和管理、专业人才培养方案与实施、专业条件建设与保障、课程建设与细化、专业服务能力建设、专业国际化等六个方面作为专业质量标准的重要构成要素，使专业建设逐步形成制度化、规范化、系统化的目标管理体系，提高服务产业能力。

三是着力于教师教育教学能力培养，优化师资队伍结构。要坚持培养与引进并重、能力提升与学历提升并举、教学水平与学术水平提高并进，通过实施名师分层培育计划、师德师风建设计划、工程实践轮训计划，建立在高级职称教师中培育教学名师、在中级职称教师中培养教学能手、在青年教师中选拔教坛新秀的教师分层培养机制，不断优化教师队伍结构。

四是着力于学生全面发展,力促学生成长成才。建立完善的学习支持系统,注重以学生学习需要为中心配置教学资源;突出学生学习的主体地位,注重知行统一,增强学生技能,因材施教,关注学生不同特点和个性差异,发展每个学生的优势潜能;促进学生全面而有个性地发展,加强创新创业教育,采用多种评价方式激励学生,为各层次学生的成长成才开辟广阔的空间。

五是着力于常态化数据平台建设与监控,夯实教育教学过程管理。着重突出教学环节的管理和教学管理职能部门为主体的教学行政管理,完善教学实施过程中相互关联要素的质量标准;完善数据平台在内部管理运行中的状态分析和监控功能,发挥平台查找问题与薄弱环节的功能,建立质量保证信息发布与监控系统,推动持续改进。

六是着力于治理体系完善,加快现代大学制度建设。系统开展制度"存、废、改、并、立"工作,从教育教学的各个环节,在制度层面建立涵盖"酝酿、制定、执行、反馈、完善"等环节的制度建设常态机制,形成事前有标准、事中有监督、事后有考核的系统化制度体系,为全面提高人才培养质量保驾护航。

三、问题三:工作导向如何把握?

在实施"管办评分离"之后,如何负起质量保证的法定责任,如何加强事中事后监管?教育行政主管部门需要探索新的质量管理模式。

就建立诊改制度本身来看,一方面是配合实施"管评办分离"和教育行政部门转变职能的现实需要,另一方面更体现出高职教育主动适应经济发展新常态,自主保证质量、提升核心竞争力的需要。因此无论是教育行政部门,还是高职院校自身,都要把握好几个方向性和原则性问题。

第一个是目标性。诊改类似一种目标导向性的评价模式,诊改过程就是判断高职院校人才培养目标的符合度与达成度的过程,诊改主要关注的是高职院校如何确定自己的目标、如何达到自己的目标、如何证明达到了目标、如何改进从而确保达到目标。

第二个是主体性。诊断的主体毋庸置疑是高职院校自己,因此,自诊应体现如下几个方面:依据高职院校的质量管理标准来评价自己质量保证体系的完整性和有效性;验证高职院校的质量保证体系是否持续满足内部和外部的质量标准和要求;作为一种重要的质量管理手段和自我改进机制,及时发现问题,采取纠正或预防措施，使质量保证体系不断完善、不断改进。

第三个是针对性。鞋子是否合脚，只有自己最清楚。诊改的主要特点是：用自己的"尺子"量自己的"个子"。也就是说，诊改没有统一的标准和指标。这个标准是在教育部提供的观测点基础上，由高职院校根据质量目标自己制定，然后建立一个与之相适应的质量保证体系，保证标准所期望的质量。诊改复核的时候按照"一校一策"的原则，只是看高职院校的"尺子"是不是合规，再进一步就是"量得准不准"的问题了。

第四个是发展性。这一点，陕西开展的高职院校巡视诊断可以作为借鉴。不论是高职院校"自我体检"，还是专家"把脉"，目的不是去揭高职院校的疮疤，而是与高职院校一起商量如何"治病"或"保健"。为了避免挫伤改革的积极性，影响改革的信心，一切应以是否有利于高职院校发展为前提。

第五个是实证性。就是用事实说话，这也是诊改的基本特征。不管是陈述性的自诊报告，还是未来专家的复核报告，关键是摆事实。这些事实依据可以是定量的，也可以是定性的。

诊改工作只是一种手段，而构建内部质量保证体系、发挥体系对教育教学质量的保证作用，让内部质量保证体系"落地生根"，形成质量保证的长效机制，全面提高人才培养质量才是根本。

创新发展，智造梦想挺起工业脊梁

崔 岩

发表报刊：《中国教育报》2016年11月22日第10版。

教育部印发《高等职业教育创新发展行动计划（2015—2018年）》（以下简称《行动计划》），对高职教育未来几年发展进行顶层设计和路径指导。与此同时，陕西省启动实施的高职教育"一流学院、一流专业"建设，将占据陕西高等教育"半壁江山"的高职教育拉进统筹推进一流大学建设的阵营。

陕西工业职业技术学院根据陕西省贯彻落实《行动计划》的部署举措，预计投入2亿元，以启动实施4项具体计划为主线，以细化45项任务和16个项目为抓手，力推内涵建设、现代治理、开放服务、质量保障再提升，实现省内引领发展、国内铸就卓越、国际打造品牌，铿锵回应"示范永远在路上、质量永远无止境"的时代命题。

一、内涵提升推动率先发展

坚定不移地以提质增效为基调，启动实施教育教学综合改革计划，着力推进四大战略，全面推进从注重规模速度的粗放式发展向注重质量内涵的集约式发展转型，从硬指标的显性增长向软实力的隐形提升转型。

推进一流学院战略。培育招牌名师、培养名片学生、催生优质成果、铸就卓越品牌，力促核心竞争力提档升级，跻身全国优质高职院校和全省一流高职院校行列，力争教育教学成果的数量和等级名列全省首位，综合实力位居全国示范高职院校第一方阵前列。

推进一流专业战略。按照对接产业、聚焦内涵、分类指导、凸显优势、重点突破、引领发展的思路，以跨界融合为特征重塑制造业价值链，培育产业发展新动能，促进智能型制造类专业做优做强、稳定发展，高端型制造类专业做新做好、优先发展，服务型制造类专业做精做特、扶持发展。

推进文化引领战略。进一步凝练具有自身特质的大学精神，持续加强"一院一品"建设工程，倾力塑造体现现代工业元素的工匠文化精品，打造省级校园文化建设成果、国家级校园文化建设成果，有效发挥以文化人、以文养心的育人功能，全面提升人才人文素养和道德情操。

推进"互联网+"战略。加快智慧校园、先进教室、未来教育建设步伐，建成基于IPV6、网宽10G、资源100T的网络条件和以大数据、云服务为核心的信息环境，深植数字化于校园各个系统、工作过程和基础设施之中，着力推动教学效果、管理效率和服务效能的同步提升。

二、现代治理推动创新发展

锲而不舍地加大改革攻坚力度，启动实施机制体制革新计划，深化管理体制和运行机制创新，借助制度创新激发创造活力，切实增强自主发展能力。

以"一章八制"为统领，推进现代大学制度建设。健全完善大学章程和党委领导下的校长负责制、教职工代表大会制度、学术委员会制度、理事会制度、教师申诉制度、学生申诉制度、财经委员会制度、信息公开制度，理顺明晰党委、行政、学术、民主监督四者相互独立、支撑、制衡的体制格局和二级管理模式的组织构架，建立责权利划分合理的运行机制，形成事前有标准、事中有监督、事后有考核的闭合制度体系和规程标准，让依法治校成为管理的新常态。

以陕西装备制造业职教集团为平台，打造百校千企集结的职教航母。将陕西装备制造业职教集团升级建设为国家级骨干职教集团，创建辐射全国的材料成型职教集团，突出资源整合与集成创新有机结合、面上提升与局部超越有机结合，重构校企合作、产教融合的良好生态，创新校校联合、校政联手、校企联姻以及向国外教育机构延伸的协同互助模式，探索多元化办学新机制，实现集团化办学全要素、多领域、高效益的新突破。

以西咸新区职教改革试验区为契机，创设高职教育创新发展试验田。利用学院牵头省内高职院校与西咸新区共建的职教改革试验区，在构建产教合作协同创新职教联盟、建立陕西特色的现代职业教育体系、现代学徒制试点、股份制或混合所有制改革、高新技术成果推广应用、产教信息互通平台建设、校企"双主体"职教改革、国际职业教育交流合作等8个方面先行先试，为破除机制体制障碍进行有益探索实践，树立起全国职教领域综合改革的新典范。

三、开放服务推动协同发展

持之以恒地遵循大职教理念，启动实施社会服务互惠计划，以开放共享汇聚多元主体和创造发展机遇，以优化服务寻求广泛支持和拓展生存空间。

服务"中国制造2025"战略。依托陕西装备制造业职教集团，发挥跨行业、跨地域合作的校企战略联合体作用，多方联合进行人才培养、开展技术攻关、承担重大课题、建立研发平台，积极创建全国机械行业高素质技能人才培养中心、应用技术协同创新中心、先进制造技术促进与服务中心、校企共建生产性实训中心，切实增强服务产业优化升级和地方经济发展的能力。

服务"大众创业、万众创新"战略。依托省级大学生创新创业试点院校，校企携手基于分类指导构建"播种子、闻花香、摘果实"三层培养机制，基于认知规律搭建"小舞台、操练场、大熔炉"三大实践平台，基于课程、组织、服务构筑三大保障体系，建设校内外学生创业创新示范基地，建成陕西省众创空间孵化基地，扶持创业先锋，打造创客品牌。

服务国家终身学习建设战略。依托省职业教育学会，发挥改革发展利益统一体的作用，引领带动各兄弟院校利用相对优势，开展开放性继续教育教学，打造特色服务品牌，建立健全个性化、网络化教学服务体系，满足社会多样化学习和人的全面发展需要。

服务国家"一带一路"倡议。依托国际合作项目，发挥优质教育资源共享体的作用，加快推进人才培养国际化建设，从堆数量、求增量的交流活动向强调质量、注重实效的合作项目转变，开展与英国、新西兰、俄罗斯、韩国高校合作的师生互换交流项目等。

四、质量保障推动持续发展

矢志不渝地围绕人才培养这一根本任务，启动实施质量保障支撑计划，重点在提振师资水平、构建质量保证体系、提升管理水平方面下功夫，让内部质量保证体系"落地生根"。

以一流师资保障一流质量。坚持能力提升与学历提升并举、教学水平与学术水平提高并进，通过教育理念提升、知识技能更新、工程实践轮训、国际视野拓展、名师分层培育等，培育师资团队。

以教学诊断保证一流质量。制定分层分类、全面多维、突出特色的教学诊断与改进试点实施方案，分段推进教学诊断与改进工作。在专业试点基础上，总结学院、专业、课程、教师、学生各个层面的经验，形成学院层面和各相关部门自主诊改流程，并在全院各层级质量保证机构逐步拓展。

以一流管理支撑一流质量。探索实施分类管理、分类评价的人事管理制度，能上能下、能进能出的聘用机制，以岗定薪、奖优罚劣的分配制度，充分激发人力潜能。突出教学环节管理，制定人才培养过程中关键要素的质量标准，实现教育教学质量标志性数据易采集、可量化。

未来 3 年，在《行动计划》的有力促进下，学院定会以内涵品质的新提升谋求创新发展，以服务现代制造的新振兴支撑强国之基，以无愧于时代的满意答卷挺起中国工业的脊梁。

从"迎评"到"诊改",高职"蝶变"的路径

崔 岩

发表报刊:《光明日报》2017年6月8日第14版。

为提升高职院校办学质量,全国职业院校教学工作"诊改"试点不断推进,高职院校对自主保证人才培养质量的认识也不断深化,一批试点院校走出了"迎评"误区、步入了"诊改"实践阶段。无论从教育行政部门的政策导向出发,还是从高职院校自身内涵发展出发,要真正发挥高职院校作为质量自主保证的主体作用,迫切需要寻找一条主线明晰、精准发力的推进"诊改"路径。

一、以问题导向和需求导向为依据

其实,高职院校"诊改"的目标十分明确,就是为了持续提高技术技能人才培养质量,建立常态化的职业院校自主保证人才培养质量的机制。

人才培养既是高职院校办学功能的历史起点,更是逻辑起点,培养什么样的技术技能人才、怎样培养技术技能人才是高职院校要解决的根本问题和首要任务。

如何查找不足?要首先从问题导向出发,搞清楚问题的来源。围绕人才培养来判别办学理念、定位是否科学合理,围绕技术技能人才培养目标所开展的一切活动,如内部治理、专业建设、课程建设、师资队伍建设、办学条件改善、校园文化建设等方面,是否有利于或服务于人才培养。

如何完善提高?相比问题导向,需求导向更注重发展。高职教育以服务为宗旨,高职院校如何提高服务社会的能力,一方面是适应就业市场对技术技能人才

的需求;另一方面是满足产业升级转型和经济社会发展变化的需求,要做到这两点,必须将高职院校赖以生存的专业发展能力置于服务区域经济社会发展的大环境中予以考量。

所以,高职院校应该始终立足人才培养,发现问题、解决问题;要始终着眼专业发展,破解瓶颈,为人才培养提供可持续发展的核心载体。

二、以专业聚焦提高人才培养质量

专业是高职院校最基本的办学单元,是高职院校服务经济建设的载体,也是高职院校联系社会的纽带,是高职院校发展的生命线,与人才培养互为表里,人才培养质量是专业发展水平的充分体现;同时,专业与内部治理、师资条件、课程建设等其他人才培养工作要素相互依存,没有专业作为办学的基本单位,师资、课程、校企合作、内部治理无从谈起,没有高效的内部治理能力、缺少优质师资和课程资源,也无法支撑专业发展。因此,专业发展的水平构成了高职院校人才培养的质量和特色。

为此,应将专业设置和管理、专业人才培养方案与实施、专业条件建设与保障、课程建设与细化、专业师资队伍优化、专业育人文化、专业服务能力、专业国际化品牌等作为内部质量标准的核心构成要素,并通过以下四个方面不断健全以专业发展为聚焦、人才培养工作多要素相融合的质量自我保证机制。

催生专业建设的内生动力。突出专业建设在教学"诊改"中的主体地位,让院(系)主动反思专业办学实力与服务能力,自觉寻找自身与全国高水平相同专业水平之间的差距,在思想上生成专业办学自省力,在行动中形成促进专业发展的自觉力。

汇集专业建设的凝聚力。聚焦专业建设,就是要以专业发展质量和水平作为健全内部质量保证体系的重要抓手,凝聚学校、院(系)和部门等各个层面的质量共识,对专业建设的思路、专业改革的路径、专业发展的预警机制等方面,调配和优化教育教学资源,从而提高专业建设质量,凸显专业特色和提升专业吸引力,形成聚焦专业良性发展的全员凝聚力。

形成质量管理的协同力。在"招生—培养—就业"过程中,建立专业与人才培养其他要素联动机制,打破职能部门相对独立于教学部门的状态,化解管理体制机制中各职能部门育人功能条块分割与孤立运转的难题，形成围绕人才培养、依托专业建设、各内部职能部门服务教育教学中心工作的完整人才培养体系，有效破解育人难题。

增强质量保障的有效力。立足专业，不仅仅要聚焦专业人才培养的各要素本身，还需要审视围绕人才培养中心工作的其他质量保障的各个方面，例如不断优化内部治理体系、改善师资结构、推进教育教学改革、增强服务育人能力等方面的监控与保障作用，只有处理好横向层面和纵向系统相互协同协作，才能确保内部质量保证体系中形成以专业为焦点的多层面、多维度之间的一致性、稳定性、有效性与常态性。

三、以专业与产业融合支撑内生动力

目前，高职院校招生面临生源自然性减少和适应产业升级专业调整带来的双重压力，保持一定的招生规模是专业发展的前提。专业的改革与建设关系到高职院校服务于经济建设和社会发展的方向性和有效性，也关系到学校能否满足学生就业的需要，从而吸引到更多生源以保持专业的相对稳定性。因此，要建立需求导向的专业动态调整机制，不断优化专业结构，提高专业结构对产业结构的契合度和对办学定位的支撑度，构建与"善变"市场需求相对接的"专业链"，衍生出聚焦专业人才培养所涉及的各层面"目标链""标准链"，形成自主保证机制的"质量链"。

对接产业发展的高素质技术技能人才，是高职教育专业设置、定位和人才培养方案设计的逻辑起点，按照产业链的不同特征与功能进行专业定位，根据产业链的变化及对人才培养的需求，明确专业服务的职业岗位群，渐进衍生和开发专业群，实现专业的整体发展和提升。专业建设应当融入产业的各种显性知识，按照产业性质和要求进行专业建设和产教融合课程体系构建，根据行业标准设定知识、技能和职业素质目标。此外，专业建设融入产业链势必要构建相应的合作平台，要大力推进集团化办学、学徒制试点和订单班培养等多种基于平台的产教融合项目，推动校企合作体制机制创新。因此，聚焦专业发展是高职院校教学"诊改"的精准发力点，也是高职院校构建内部质量保证机制、服务产业和经济发展需求从而实现产教融合的根本点。

目前的这次改革实践，是一场从过去外部需求压力引发高职院校内部改革，到现在内部催生动力保证质量以满足外部需求的"蝶变"。引导高职院校建立和推行以问题及需求为导向，以人才培养为立足点，聚焦专业发展的教学工作机制，是有效促进高职院校自我发展、自我改革和自我完善，充分促进人才培养质量不断提升的有效途径，对我国高职教育体系内部形成突出质量、强化特色的院校发展良性竞争机制具有重大价值。

完善现代职教体系势在必行

崔 岩

发表报刊：《光明日报》2018年7月12日第14版。

党的十九大报告强调必须把教育事业放在优先位置，并提出完善职业教育和培训体系，指明了我国加快发展现代职业教育的关键突破点所在。

一、逐步建立现代职教体系

2010年颁布的《国家中长期教育改革和发展规划纲要（2010—2020）》，要求"到2020年，形成适应经济发展方式转变和产业结构调整要求、体现终身教育理念、中等和高等教育协调发展的现代职业教育体系，满足人民群众接受职业教育的要求，满足经济社会对高素质劳动者和技能型人才的需要"。

自2010年以来，全国已有1/3的省份先后开始进行中、高、本职业教育的探索，特别是对高职本科教育办学模式进行了多层次、多类型的试点。其中，有中职与本科分段培养的"3+4"模式，有中职、高职、本科一体化培养的"5+2"模式，有本科院校独立举办以及与高职院校联合举办的四年制高职本科，还有高职院校与本科院校联合分段培养的"3+2"模式等多种形式的探索实践。逐步破解了困扰我国现代职业教育体系建立的难题，取得了阶段性成效，基本建成了具有中国特色的初等、中等、高等职业教育相互衔接，又与普通教育、成人教育相互沟通，学历教育和职业培训并举的体系框架。在中职与专科层次高职广泛衔接的基础上，各级政府都把发展本科职业教育作为完善现代职业教育体系的重要环节，用政策杠杆调控普通本科向应用型转型。

二、增强现代职教体系服务能力

随着我国现代职业教育体系层次结构失衡难题的逐步破解,职业教育在人才培养和社会服务功能方面的能力不断增强。

在满足人才支撑方面,我国职业教育建成了世界上规模最大的职业教育人才培养与开发体系。在现代制造业、战略性新兴产业和现代服务业等领域,一线新增从业人员70%以上来自职业院校毕业生。可以说,中职、高职为我国经济社会的发展提供了强有力的技术技能型人才支撑。

在提供社会服务方面,由教育部牵头和相关部委推动,全国范围内共建设了12个国家级职业教育改革试验区,成立了62个职业教育的行业指导委员会,大力推进集团化办学,深化产教融合、校企合作,确定了368家单位首批试点探索建立中国特色的现代学徒制。随着职业教育内涵发展不断深入,中国现代职教体系正将服务面拓展到有需求的社会群体,既满足学生在职业教育体系内的连续学习,也方便职业工匠"回炉"接受与其水平相适应的职业教育和培训。

三、内外兼修,实现能力倍增

要健全职业教育体系及其结构层次,无疑要求这个体系"内部协调"与"外部适应"要实现有效对接,从而释放其倍增的能力。那么,"内""外"两个方向的探索力度必须加大。

一是对内要全方位构建现代职教体系人才成长立交桥。多年来,国家为学术性人才培养建构了专科—本科—硕士—博士的学历资格框架,而对培养非学术性职业人才的教育,尚未给予与学术性人才相对等的学历证书。在经济及职教发达的国家,多以职业资格(证书)予以框定,来实现职业资格与学历资格的对等、上升、互认。我国在现代职教体系的不断完善中,就必须积极探索实施授予类似于学术性教育的学历学位,构建"人才立交桥"。我们不仅要彻底铺就中职升高职、高职教育内部专科升本科的人才培养通道,与此同时,更要构建职教与普教并行、并重、能够相互流动互认的人才成长立交桥,从而有效培养更多的各类高素质技能人才。

二是对外要建立双向合作的职业教育国际开放体系。随着经济全球化发展，提升职业教育国际化水平和培养具有国际适应能力的职业人才成为发展的必然。因此，未来职业教育国际化发展，就要构建多层次的政府间宏观政策沟通交流机制、建立完善的国际合作交流机制平台、构建区域特色的职业教育国际化布局、鼓励更多职业院校和企业同国外成功的职教和培训机构开展双向合作，通过提升职业教育国际化水平来促进我国职业教育现代化和职业教育体系的完善，形成具有国际化水平、中国模式的现代职业教育体系。

对于完善我国教育体系的层次与结构、铺就技术技能型职业人才成长通道，构建完善的现代职业教育体系具有举足轻重的作用。站在新的历史起点上，现代职教体系的建设和完善，势在必行，迫在眉睫。

创新高水平专业群建设路径

崔 岩

发表报刊：《中国教育报》2019年5月28日第10版。

中国特色高水平高职学校和专业建设计划（"双高计划"）提出，"聚焦高端产业和产业高端，重点支持一批优质高职学校和专业群率先发展"。高水平专业群是高水平高职学校建设的关键所在，与学校改革发展定位密切相关，关系到人才培养与社会服务的方向性和有效性。如何立足学校实际，创新高水平专业群建设路径，是"双高计划"亟待解决的一个重大课题。

一、专业群建设应突出"高"特征

专业群是高职专业建设的"升级版"，外部对接产业链或岗位群需求，内部促进专业协作、资源共享。高水平专业群面向高端产业和产业高端，构建高水平技术技能人才培养体系，打造技术技能创新服务平台，是高水平高职学校办学特色、办学水平和办学效益的集中体现。

对接产业吻合度高。产业发展是专业群建设的外驱力，是专业群组建的逻辑起点。衡量一个专业群水平高低，首先要看其是否精准对接产业需求，并动态调整、实时优化，实现与产业发展协调互动。高水平专业群紧贴区域产业结构调整规划，围绕区域经济发展战略规划的支柱产业和新兴产业，聚焦服务面向，优化资源配置，动态调整专业组成、专业结构和专业内涵，推动教育链、人才链和产业链、创新链有机衔接，有效服务企业技术研发和产品升级，为增强产业核心竞争力提供有力支撑。

资源整合共享度高。资源整合是专业群建设的内驱力，是优于传统单体专业建设的直接体现。离散的单体专业建设模式，一个明显弊端就是办学资源割裂，造成单体资源不足与整体资源浪费并存。高水平专业群充分发挥集群效应，有机整合课程资源、教师资源与实训资源，实现资源整合和共享效益最大化，使原本"小"而"散"的单体专业相互支撑，形成人才培养合力。

人才培养产出度高。人才培养是专业群建设的根本任务，是评价专业群成效的根本标准。"群"是专业建设的手段，而不是目的，根本在于实现更高水平的人才培养。高水平专业群是我国高职专业建设和人才培养的最新成果和最高水平，培养一批又一批大国工匠和能工巧匠，形成具有国际竞争力的人才培养高地，为中国产业走向全球产业中高端提供高素质技术技能人才支撑；同时，探索形成一系列的理念、标准、模式、资源、课程、教材，为全国高职人才培养提供指引和借鉴，带动提升高职教育的学生满意度、服务贡献度和社会美誉度。

专业群建设并不是简单地把几个专业进行"物理组合"，而是在群统领下，实现专业之间的"化学融合"，促使资源配备和教学组织的系统优化乃至重构。

二、搭建融合化的产教协同平台

当前，我国由高速增长转向高质量发展阶段，着力建设现代化经济体系。面对快速变化的外部产业环境，专业群应发挥集群优势，实现与产业发展的深度融合。

一是产教协同。服务区域产业转型升级，深化与产业园区、行业协会、企业的合作，建设集科技开发与咨询、技术推广与服务、人才培养等功能为一体的产教融合育人平台，推进实体化运作的职业教育集团化办学，与地方"走出去"企业深度合作，利用集群优势开展国际职业教育服务。

二是教研互促。强化应用导向，围绕生产生活中的实际问题，打造跨专业的师生技术服务团队，推动中小企业的技术研发和产品升级，提升服务行业企业社会的技术附加值，成为区域性技术技能积累中心；构建科研反哺教学机制，把科研项目成果转化为课堂教学案例，实现教学内容与技术进步同步更新，在技术研发中提升师生实践能力和创新能力。

三是育训结合。对接行业企业需求，大力开展高技能人才培训，积极开展职工继续教育，服务企业员工职业生涯成长，成为行业企业重要的继续教育基地。

三、创新柔性化的组织管理模式

专业群突破传统专业建设的刚性模式,促进资源整合共享,发挥"1+1>2"的集聚效益。

一是建设结构化团队。改变传统专业教研室组织方式,打破专业限制,根据不同职业岗位面向,组建结构化教师团队,更好地贴近市场发展和技术变化前沿;打造高水平专兼结合的教学团队,校企联合建设一批名师工作室和大师工作室。

二是建设模块化课程。探索柔性、可拓展、面向岗位群的课程建设新模式,按照"平台+模块+方向"思路,系统重构课程体系。平台课程相对稳定,整合群内共同必需的知识、技能和素质,帮助学生构建职业整体认知;模块课程对接职业标准,按不同职业方向分流培养,帮助学生形成岗位核心能力;方向课程机动灵活,跟随市场需求和技术进步不断调整,使课程体系实时保持与产业界的信息交流、资源共享。

三是建立开放型培养模式。积极应对求学群体多元化、学习基础差异化、学习场景多样化的实际情况,实行弹性学制和学分制,赋予学生群内专业选择权、课程选择权、教师选择权,自主选择学习路径和进度,激发学习动力,满足多途径成长需求。

四、完善动态化的持续发展机制

专业群建设不是一成不变的静态结果,而是伴随产业发展持续优化升级的动态过程,要健全对接产业、动态调整、自我完善的专业群建设发展机制。

一是动态调整专业构成。适应产业发展需要,在通用共享的群基础平台之上,灵活调整专业组成和专业方向,拓展相近或新兴专业,通过原有专业的衍生开发、滚动发展,在专业群主体面向保持稳定的同时,增强外部适应性,使专业群富有旺盛活力,生命周期远远长于单体专业。

二是动态升级专业内涵。密切跟踪新技术、新模式、新业态,对接未来产业变革和技术进步趋势,调整人才培养定位,更新教学内容,将新技术、新工艺、新规范等产业先进元素纳入教学标准和教学内容，确保培养目标适应岗位要求、教学内容体现主流技术、人才培养体系与时俱进。

三是动态优化评价机制。以教学诊断与改进为基本制度，以学习者的职业道德、技术技能水平和就业质量，以及产教融合、校企合作水平为核心，内部质量保证与行业、企业等外部质量评价有机结合，实现评价主体多元化、评价内容动态化，持续推动高水平专业群高质量发展。

深化高职单独招生制度改革势在必行

崔 岩

发表报刊：《中国青年报》2020年6月15日第6版。

2007年教育部批准在江苏、浙江、湖南、广东等4省共计8所国家示范性高职院校率先进行单独招生试点。从2011年开始，教育部在国家示范性高职院校和骨干高职院校开展单独招生改革试点工作。2013年《教育部关于积极推进高等职业教育考试招生制度改革的指导意见》（以下简称"意见"）中要求，全面推进高等职业教育考试招生制度改革，推行"知识+技能"的考试评价办法，并要求"改革单独考试招生办法"。

经过10多年的探索实践，高职单独招生逐步由国家示范性高职院校扩展到国家骨干高职院校、各省级示范性高职院校、国家高等职业教育综合改革试验区内高职院校，直至全国高职院校。单独招生改革成效明显，初步形成了"文化素质+职业技能"的考试招生制度。

随着我国高等教育步入普及化阶段，高职单独招生已经成为高职院校招生的主要渠道。高职单独招生录取人数的持续增加、2019年高职百万大扩招以及今明两年高职再扩招200万，标志着高职单独招生改革从"量变到质变"。高职单独招生改革推进过程中，生源广泛性、多元性、复杂性的变化，"倒逼"学校要为不同生源群体接受高等职业教育提供多种入学方式和学习方式，单独招生已经远远超出了招生制度改革的初衷，直接带动高等职业教育系统性变革，必将成为"职教高考"的重要组成部分。

因此，不断推进和深化高职单独招生制度改革势在必行，其着力点在于更新单独招生考试观念，灵活运用单独招生考试形式，按照职普对接、扩大免试、分类选拔、兼顾公平的思路有序推进。

一、职普对接、择优录取

"意见"提出"建立以高考为基础的考试招生办法",高职院校在执行过程中对"技能成绩"考核时,考查内容及考查形式差异较大,标准不统一、内容不够规范,若考生需要在校际进行录取调剂时,会碰到"技能成绩"不通用的尴尬。

为解决这个问题,有些示范高职院校在本省(市)组成单独招生联盟,对"技能成绩"考核统一组织,进行职业适应性(技能)测试,被称为"机测"。但面对普通高中毕业生,这种通过在各校"机测"现场进行的网上"技术基础、职业倾向和职业潜能"测试,其内容的规范性不好评价,一些家长和考生多有微词。

由于"技能成绩"考核或"机测"集中在报考学校进行,无形中又加重了家长和考生的负担。比照高考录取的办法,对普通高中应届和往届生,高职单独招生可以在考生德育考核合格的情况下,直接采用"普通高中学业水平考试成绩",由学校根据考生报考志愿和单科成绩,兼顾专业学习要求,择优录取,无须再组织任何形式的考试。同时,放宽限制实现跨省录取。

二、扩大范围、免试录取

"意见"提出"实施技能拔尖人才免试招生办法",并对免试资格和核定程序作了明确的界定。在实际操作、特别是百万扩招过程中,免试资格的核定程序过于烦琐,且对全国技能大赛和省级技能大赛获奖免试入学仅限于中等职业学校应届毕业生。根据高职单独招生的实际,可以扩大免试范围,并简化免试资格核定程序。

一是全国技能大赛和省级技能大赛获奖免试入学对象,应包括中等职业学校往届毕业生,可由招生学校根据文件直接认定;二是具有高级工或技师资格(或相当职业资格)、获得县级劳动模范先进个人称号的在职在岗中等职业学校毕业生的范围,可以去掉"在职在岗"的限制,并由招生学校依据证书直接认定;三是对于全国、省级改革发展示范学校、高水平学校和其他办学成效突出的中等职业学校,可由学校按一定比例推荐优秀毕业生直接进入高职院校就读;四是对具有全国技能大赛获奖免试入学资格的考生，应打破省际录取的限制，面向全国选择录取院校。

三、分类选拔、分层录取

除了普通高中生择优录取、扩大范围后免试录取的考生，高职单独招生在面向其他中职毕业生、退役军人、下岗失业人员、农民工和新型职业农民等群体时，应区分不同类型群体，分类选拔、分层录取。

一是对中职毕业生，将文化课知识要求作为基本条件，重点测试专业技能实际操作水平，并以此作为录取资格及专业的依据；二是对退役军人、下岗失业人员、农民工，要面向民生领域紧缺专业，文化课知识符合专业要求即可，重点进行职业适应性（技能）测试，并以此作为录取依据；三是对新型职业农民，除掌握一定的文化知识外，主要进行农业专业技能测试，并以此作为录取农业类相应专业的依据。

高职单独招生制度改革是一项系统工程，需要在探索中不断实践，在实践中不断推进，在推进中不断改革，在改革中不断完善。特别是《国家职业教育改革实施方案》提出的建立"职教高考"制度，为深化高职单独招生制度改革指明了方向。通过不断总结完善、深入推进，高职单独招生必将为学生发挥个性潜能、接受高等职业教育提供多样化选择，为我国高等职业教育系统性变革、为现代职业教育体系建设做出新的贡献。

建立体系、统一标准

——推动职业教育培训"提质增效"

崔 岩

发表报刊:《人民政协报》2017年12月21日第10版。

"完善职业教育和培训体系"是党的十九大对现代职业教育发展赋予的新使命,是对国务院《关于加快发展现代职业教育的决定》中指出的"积极发展多种形式的继续教育,建立有利于劳动者接受职业教育和培训的灵活学习制度,服务全民学习、终身学习"目标任务的高度阐释和重新定位,也是实现职业学历教育与职业培训新使命的基础。而"做强职教""做大培训",则是完善职业教育与培训体系的目标。

一、破解完善职业教育和培训体系的关键薄弱环节

经过几十年的发展,特别是党的十八大以来,我国职业教育与培训实现了历史性跨越。目前,全国1.23万所职业院校开设约10万个专业点,年招生总规模930万人,在校生2682万人,每年培训上亿人次。在规模上,已经建成了世界上最大的职业教育和培训体系,基本具备了大规模培养技术技能人才的能力。但与产业发展要加快实现"高质高能"转型升级战略目标的总体要求相比,还存在一定的差距,应从"体系"的完善度、"标准"的统一度、"支撑"的保障度等方面找到解决问题的路径。

——在制度性要素层面,不断完善职业教育与培训体系。相比普通教育建立的从小学到大学的完整体系,职业教育实质上依然还停留在中等职业教育和专科高等职业教育两个层次,普职教育两个体系互通和衔接性很差。虽然不同地区探索建立中高职衔接、中职与本科衔接、高职与本科衔接的路径,但毕竟不是体系

和制度框架下的真正改变和完善，更不能从根本上解决职业教育与普通教育的互通和衔接问题，极大地影响了职业教育学习者继续学习以及普通教育学生职业体验学习的需求。因此，可借鉴澳大利亚建立的全国统一的资格框架体系，从法律制度层面，明晰职业教育和培训的管理体制，职业教育与普通教育、继续教育的衔接制度，职业培训与学历教育的学习互认制度，依法保障职业教育和培训体系的进一步完善。

——在基础性要素层面，建立统一的职业教育与培训标准。现阶段，我国职业教育课程开发可参考的标准只有《中华人民共和国职业分类大典》，各地区、各学校更多地依赖于开展针对性的行业企业调研，导致了调研的覆盖面不同、科学性不一致等问题。虽然国家对中职和部分高职的专业教学标准有指导性意见，但是标准的代表性和及时更新无法很好地保证。更为重要的是，我国职业教育学历证书与职业资格证书相分离，严重制约了职业教育和培训体系的构建与完善。因此，统一职业教育与培训标准，借鉴澳大利亚培训包的做法，可以实现不同机构实施的资格课程拥有相同的品质保证，学习者个体和企业人员都可以得到有质量保证的教育和培训服务。

——在条件性要素层面，加大政策保障的支撑力度。一是我国目前还没有对职业教育教师的资格做出详细规定，职业教育教师的培训和培养没有统一的标准体系，教师在实施教学和培训的过程中势必出现水平参差不齐的现象。二是产业与职业教育合作深度不够，在校企合作方面缺乏制度保障。三是管理体制存在行政分割，职业学校和技工学校分属不同行政部门管理，导致职业教育和培训的政策不统一、资源浪费和运行不畅。因此，针对以上问题，亟待建立和完善职业教育教师能力标准以及教师资格证书制度，出台校企合作的刚性制度，统一管理职业教育与培训机构、资源，才能有效构建提升职业教育与培训质量的条件性要素。

二、职业教育培训"提质增效"的对策

以服务就业为导向的职业教育本身决定了其主动适应我国经济发展新常态的使命，而就业的本质特征决定了它必须包含教育与培训。因此，必须在做好职业教育的同时，办好职业教育培训，充分发挥职业教育的重要作用。

——形成一个体系，有效发挥教育与培训的互补功能。首先要把职业教育和职业培训看成"一个体系"。职业教育法规定：本法适用于各级各类职业学校教育和各种形式的职业培训。职业院校不仅承担着学历教育的任务，还应承担大量的在职职工、劳动力转移和下岗职工、复转军人再就业培训等。这不仅在法律法规中进行了明确，也在职业院校办学规律上不可分割。因此，要将职业教育资源系统整合起来，将学历教育与职业培训的资源配置统一整合，将学历教育与职业培训的等级衔接有机整合；让学历与证书统一，学历培养的人才培养目标体系与职业培训的教学模块体系统一。

——强化双向管理，理顺职业教育与培训的治理结构。横向上，应进一步理顺职业教育与培训的治理结构，丰富治理主体，推动行业企业、经济部门、社会力量等参与到职业教育与培训的管理中，进一步完善职业教育的相关法律法规，明确各部门的权力和职责，打破部门之间的隔阂，促进各部门之间的合作，共同参与到职业教育与培训的政策制定中。

纵向上，应在"中央领导、分层管理"的原则下，实现管理权力的下放。中央政府负责职业教育与培训的宏观调控和顶层设计，将管理权力下放到各级地方政府和管理机构，赋予地方更多的办学自主权，激发职业教育与培训自主办学的活力和积极性，增强职业教育应对社会和劳动力市场需求的能力。

——开展多元培训，发挥职业教育培训的强大动能。在职业院校重点举办继续教育，满足社会、企业等职业教育再学习需求的同时，还可以在服务国家"一带一路"、加快脱贫攻坚、加强文化自信等重大方略方面，充分发挥职业教育培训的强大动能。

劳动力转移培训。针对渴望城市文明的人群，开展建筑装潢、驾驶、维修以及农产品加工等实用技能培训和城市文化、维权技能等培训，促进农业转移人口市民化、农村富余劳动力产业工人化。

留守贫困人群的技能培训。对留守贫困人群进行种植、养殖、渔业、农产品加工等农村实用技术培训，鼓励有文化和农业技能的青壮年农民留在农村，增强其就业能力和创业能力，促进增收脱贫。

创业培训。对有创业想法或正在创业的人群进行创业培训，指导其将创业计划与自身技能、当地特色优势产业、公共特色服务、互联网等紧密对接，拓宽创业路径，促进创业带动就业的良性发展。

技艺传承人培训。针对我国非物质文化遗产面临淡化和消亡的局面，开办高级研习班等，聘请知名艺术家、知名设计师、院校艺术教授等担任培训师，着力培养传承人，促进非遗技艺的传承弘扬。

"走出去"培训。"一带一路"倡议为我国职业教育"引进来""走出去"带来了有机融合的良好机遇。通过建立援助其他发展中和欠发达国家的职业教育项目，对外输出职教优质资源，提高我国职业教育的国际化水平与影响。

新时代，完善现代职业教育和培训体系，打造具有国际化职业教育标准的中国样板，是推动"中国制造2025"，实现从制造大国向制造强国转变，实现中华民族伟大复兴中国梦的职教人新目标与新使命。

高职院校如何办出特色

崔 岩

发表报刊：《陕西日报》2006年11月20日第4版。

创建高职院校办学特色，是高等职业教育改革的重要课题。高职院校如何办出特色？一是要有适合学院自身实际和发展需要的科学定位；二是要有符合教育教学规律的教育理念；三是要探索服务地方或行业经济建设的教育教学模式；四是要逐步建立以就业为导向的机制和体制；五是要强化办学成本意识，形成自己独特的发展资金筹措办法。

特色是高职院校的核心竞争力。特色是高等职业教育健康发展的生命力。综观国内外，凡得到社会广泛认可的高等职业技术学院，都有自己的特色。学校没有特色就没有活力和吸引力。有特色才丰富多彩，才能充满生机活力。特色反映质量，体现水平，从这个意义上讲，特色是高职院校的核心竞争力。

创建高职院校办学特色要从实际出发，扬长避短，发挥优势。离开学校的发展历史，离开学校所处的行业和区域经济的具体状况，离开学校专业结构和师资队伍状况，办学特色的创建就失去了基础。只有根据学校自身的办学条件和在行业、区域经济发展中的定位，确立办学目标，才能趋利避害，发挥优势，逐步形成自己的特色。

加强专业建设，创建鲜明的专业特色，是增强高职院校竞争力的关键环节。高职院校要针对行业和区域经济发展的需要，围绕地方支柱产业和高新技术产业，设置针对性强、具有明显职业性和区域性的专业；要针对新兴职业、技术、岗位群对人才的需求，开办社会急需的新专业；要紧随高新技术发展和应用趋势，跟踪本行业的科技前沿动态，选择社会需求量大、发展前景好、教学实力强的专业进行重点建设，并在资金投入、师资配备、实验场所设施建设等方面予以倾斜，逐步形成具有自身特色的专业品牌，以特色专业的建设带动学校办学特色的形成。专业建设的宗旨，是增强高职教育适应经济社会发展的能力，以专业品牌和专业内涵来赢得市场效应，扩大市场份额，提高办学效益和社会效益。为实现学校培养与市场需求的接轨，就必须不断根据市场的需求，实施人才培养模式的不断创新。这种新的教育教学模式应包含对毕业生进行就业跟踪服务，试行"召回制"：即用人单位对已录用的毕业生，经过使用后认为不满意，可退回学校。学校要勇于承担起后续的"补课"责任，充当毕业生的强大后盾，有针对性地去弥补毕业生自身所存在的"不足"，同时也给留用人企业良好的信誉。

创建高职院校办学特色，要着眼于整体构建。办学特色的创建是一个系统工程，绝不是教学或某一局部领域的改革创新所能奏效的。学校发展目标、办学理念、管理体制、教学制度、后勤服务及软件和硬件建设都应体现创建办学特色的要求。要把创建办学特色作为全局性工作，纳入学校整体改革和发展规划，融入人才培养的全过程，并以此带动学校的各项改革。只有整体构建，才能形成合力，发挥办学的整体优势，促进办学特色的形成和发展。

先进的教育理念对学校特色的形成具有很特殊的作用。有特色的高职院校不能没有自己的教育理念。因为教育理念集中回答了"为什么办高职院校、办什么样的高职院校，怎样办高职院校和培养什么样的人才、怎样培养人才"这样一些根本性问题。教育理念决定办学特色。学校的特色不是学校中标志性的实体，它是学校学科专业设置、教学内容、教学方法、教学制度、校园文化建设的选择所体现出来的独特的总体风格，这种总体特色是在学校的教育理念的影响下形成的。

一位名人曰："大学者，非有大楼之谓也，乃有大师之谓也。"没有一流的教师，人才培养、教育创新、服务社会等功能都无从谈起。因此，高职院校应根据自身的条件，营造一个有利于创新人才成长、发展的氛围，发挥教师教书育人的积极性和学科研究创造性的氛围，鼓励人们干事业、干成事业的氛围。这种氛围的创造要靠体制和机制。体制顺了，人心就顺了，体制活了，学校的整个局面就活了，就充满了生机和活力。创新则是特色创建的源泉。没有创新，就没有特色。没有创新，更不可能有持久的优势和特色。高职院校要遵循高等职业教育规律，主动探索，大胆试验，不断研究新情况，适应新变化，积极培植和发展自己的优势，寻找新的发展空间，努力把办学优势升华为办学特色。

职业教育就是就业教育
——访陕西工业职业技术学院院长崔岩教授

王鸣琦　曹喜为　韩鲜维

发表报刊：《陕西日报》2010年8月3日第5版。

全国教育工作会议给地处咸阳的陕西工业职业技术学院师生员工极大的鼓舞。日前，记者来到这所具有良好办学声誉的国家级高职示范名校，采访了学院院长崔岩教授。

崔岩说，认真学习全国教育工作会议精神，我们深切感受到国家高职教育改革的春风，特别是温家宝总理在大会讲话中提出的高等教育向西部地区倾斜、投资多元化、适度扩大规模、大力发展高职教育等重大战略思想，对高职教育的改革发展具有里程碑式的重大意义，也是我们推进人才培养模式创新、深化内涵建设、建设高职示范名校的重要历史机遇，将为学院发展提供强大的动力。

陕西工业职业技术学院是一所有着60年办学历史的职业教育名校，先后为国家装备制造业的发展输送了10万余名优秀的毕业生，被教育部、财政部2008年确认成为国家示范性高职院校立项建设单位，为学院今后办学提出了更高的要求。

崔院长说，多年的办学实践，使学院积淀形成了"校厂一体、产教并举、工学结合"的办学特色。学院拥有国内同类院校中规模最大、工种最全、有各种生产设备460台套的校办工厂——咸阳机床厂，是国家定点工具磨床生产厂，拥有6大系列40多个品种，其中3种磨床荣获并继续保持着部优、省优称号，被国家确定为替代进口产品。部分产品远销美国、日本、德国、英国、俄罗斯等21个国家和地区，工具磨床占全国销量的40%。搭建"校厂一体"的能力培养平台，营造了"产教并举"的能力培养环境，让学生足不出校园就能感受企业真实工作任务和环境的训练熏陶。

近年来，学院通过牵头组建的陕西装备制造业职教集团，实现职教规模化、集约化和高效化，以"工学六融合"的人才培养创新新模式来优化课程体系和课程标准，又形成了"校厂一体、产教并举、中高衔接、区域联动"的职教集团化办学新模式。

为了促进就业，在与企业深度合作过程中，学院探索出一条柔性顶岗实习、订单培养新模式，在陕西工业职业技术学院，学生在校就可享受来自企业的奖学金，接受职业指向明确的订单培养；企业员工在学校可接受技能培训的再提升，专业教师下车间、能工巧匠进课堂，共同搭建起"咨询决策平台""实训资源共享平台"和"互利服务平台"。

在教学机制改革方面，学院聘请企业专家、教育专家参与五个示范专业和辐射专业的人才培养论证，依据企业人才的需求重构课程体系、优化实验实训，先后建成国家级精品课程2门、省级精品课程16门、国家精品专业1个、教育部教改试点专业2个、省级重点专业8个，以保证人才培养质量。

目前学院已与国内500多家大中型企事业单位建立了长期稳固的合作关系，学院每年举行百余场招聘会。毕业生就业率连年保持在96%以上，今年就业率达到98.49%。毕业生的优良表现在行业企业中形成了"陕工职院"品牌，用人单位综合评价的称职率为99.84%，优秀率54.65%。招生就业相辅相成，2008年、2009年新生第一志愿上线率超过220%，呈现出"出口畅、进口旺"的良性发展态势。

带头抓好落实　推进高教强省建设

崔　岩

发表报刊：《陕西日报》2016 年 7 月 12 日第 3 版。

"三项机制"中激励机制是前提，容错机制是保障，能上能下机制是根本。针对在高校，特别是高职院校落实"三项机制"有以下建议：

一、出台省属高校落实"三项机制"的实施意见

从 2015 年开始，省委组织部、教育工委对省属高校领导班子和领导干部实行目标责任考核时评优，已经连续进行了两年。去年年底省委办公厅、省政府办公厅下发《关于规范省属普通高等学校领导人员薪酬的意见》，明确规定了高校领导班子"优秀"及"不合格"等次，由省委组织部、省委高教工委予以表彰奖励，表彰发了文件，对学校的工作促进效果也很明显。但是奖励不明确，建议结合省委激励办法中的评优评先方面、考核奖励方面、选拔重用方面做出一些具体规定：一是对考核优秀单位是否能够依据公务员年度考核结果等次发放奖金。二是选拔任用方面，就委厅而言，可否考虑受省委、省政府、教育部表彰或委厅表彰的高校领导干部出台一些落实措施？三是在激励机制中融入干部身心关爱激励，正向关爱激励干部。在岗位调整、工作生活遭遇重大挫折、发现问题苗头时和干部主动约谈，保证谈心谈话全覆盖。我们学校今年干部换届，实行空岗预告制度，岗位空缺时，鼓励干部个人进行意愿申请。在干部考察中，设置个人意愿表达环节，充分听取个人对职位调动的意见，作为干部调配的参考要素，效果比较明显。

二、将容错与保护干部工作积极性相结合

在执行容错纠错办法的过程中，应该明确以下几点：一是要区分干部犯错的初衷。对于知法犯法、违法违纪的干部绝对不能姑息；但在敢闯敢干、争创事业、敢担责和能干事的干部面前，对于因法律法规修改、国家政策调整、自然灾害等不可抗原因，导致工作任务没有完成的，应该不追究领导干部的个人责任。二是要加强容错纠错办法落实执行层面的舆论引导、落实澄清保护机制。教育作为社会热议的重点领域，建议：加强高校干部声誉的保护，在干事过程中，有些干部被误解时，组织上应及时查证、及时澄清，消除社会不良影响，牢牢把握舆论主动权，加大干部正面典型宣传力度，增强全社会对教育的认同感，营造"鼓励创新、宽容失败"的干创氛围。

三、全面推行任期制和交流制度

推进干部能上能下，在除因身体、年龄原因"下"、超越底线违纪违法"下"以外，建议：一是加强能上能下政策宣传引导，鼓励和帮助"下"的干部，认识到"能下"不是为了处理干部，而是为了锻炼干部，不是惩罚措施，仍有上的机会，避免高校干部认为这是"一下定终身"。二是对高校干部队伍建设来说，建议在行政和党委层面全面推行任期制，特别是对在同一岗位任职时间连续超过10年的领导班子成员及时调整，可根据实际情况提拔使用、同职级调整或转任非领导职务，专业技术人员可以根据本人意愿保留待遇或完全回归教学岗位。三是加强对"下"的干部的关爱，对正常"下"的干部，组织部门要经常关注关心，让干部仍然感受到组织的存在；对因履职不力、工作平庸、不适宜担任现职调整退出而"下"的干部，要鼓励他们通过自身努力强化责任担当、转变工作理念、克服自身缺点，让仍然愿意干事创业的干部又重新获得干事创业平台的机会。

建议在我省高职院校领导干部任免或换届中，把那些想干事、能干事、会干事的干部优先选拔出来，为高职院校进一步服务产业升级、加快推进现代职业教育、教育教学综合改革，发挥他们的优势，进一步发挥高职教育在全省加快推进高教强省和建设"三个陕西"中的积极作用。

千帆竞发劲风助　恰是扬帆远航时
——访陕西工业职业技术学院院长崔岩教授

李术蕊　白维　孙号龙

发表期刊：《中国职业技术教育》，2013（34）：18—23。

关中之中，渭水之阳，坐落在古城咸阳的老牌职教名校——陕西工业职业技术学院，以"争创一流、追求卓越"的63年不懈办学实践，走出了一条"质量立校、人才强校、特色名校、文化荣校"发展道路，得到了行业企业的赞誉、社会的认同，毕业生就业率连续多年保持在97%以上，备受行业企业的青睐。学校先后获得"全国文明单位""全国职业教育先进单位""全国学校艺术教育先进单位""全国机械行业文明单位""全国机械行业骨干院校""全国机械行业合作培养高素质技能人才创新建设学校"等荣誉。2008年，学院被教育部、财政部批准为国家示范性高等职业院校计划立项建设单位，2011年，学院顺利通过教育部、财政部验收，并在近三年的"后示范"建设中乘势而上，取得了显著成绩，得到社会各界的广泛认可。

一、办有灵魂的教育、育有底气的人才

记者：崔院长您好！我们知道陕西工业职业技术学院的前身咸阳机器制造学校，是新中国最早建立的职业院校之一，我们看到学院目前正在筹备63周年校庆，可以说学院有着比较悠久的办学历史。我们想请您谈一谈，在这么多年的办学历程中，尤其是示范院校建设以来，学院形成了怎样的办学理念？在人才培养模式方面又进行了哪些探索？

崔岩：回溯陕西工业职业技术学院走过的63年风雨历程，用一句话说，我们的理念就是"办有灵魂的教育、建有品位的学校、创有境界的文化、育有底气的人才"。特别是2008年学院被教育部、财政部批准为国家示范性高等职业院校

计划立项建设单位以来，我们按照"创新人才培养模式、优化人才培养方案、强化实训基地建设、探索合作体制机制、打造双师教学团队、力促校企文化融通、搭建资源共享平台、提升社会服务能力、铸就示范高职名校"的工作思路，圆满完成了5个重点专业及专业群、1个校内生产性实训基地和1个共享型专业教学资源库的建设任务，进行了"校厂一体、产教并举、中高衔接、区域联动"集团化办学探索，形成了由5大环节组成的实践教学和学生能力训练体系及10种校企合作模式，构建了国家级重点专业、省级重点专业、院级重点专业三层并进的专业建设体系，办学活力和人才培养水平大幅提升，示范引领作用日益凸显，影响力不断增强，社会声誉显著提高。

说到人才培养模式，国内外的现成经验我认为不能生搬硬套。我们以国家示范建设为契机，通过打开时间壁垒——实现教学过程开放性，打开空间壁垒——实现"教、学、做"一体化，打开课程壁垒——实现理论课程与实践课程综合化，打开人员壁垒——促进"双师"结构教师团队建设，打开校企壁垒——促进产学研合作，借助校企合作平台，探索形成了基于工学结合、企业深度参与、具有装备制造行业特色的"工学六融合"专业建设指导思想，让人才培养与企业需求融合、专业教师与能工巧匠融合、理论教学与技能培训融合、教学内容与工作任务融合、能力考核与技能鉴定融合、校园文化与企业文化融合，培养了一批又一批"思想认识境界高、理论知识积淀厚、专业技能优势强、后续发展潜力大"的高素质技术技能型人才。

记者：您曾经在多所中高职院校担任主要领导，总结您担任职业院校领导的工作经历，您认为职业院校办学的核心是什么？有哪些典型的经验能够和我们分享？

崔岩：我是2010年来陕西工业职业技术学院的，来院之前曾相继担任陕西省水利学校副校长、杨凌职业技术学院副院长、陕西铁路工程职业技术学院党委书记兼院长等职。在十几年的职业教育从业经历中做了一些探索，积累了一些经验。担任陕西工业职业技术学院院长后，学院刚刚启动与原陕西纺织服装职业技术学院的合并工作，接着又面临"国家示范性高等职业院校"建设及验收等任务。2011年，学院跻身百所国家示范高职院校行列后，我们又投入7600万元，启动了为期5年的教育教学质量提升计划，着力提升内涵建设品质，并取得了一些标志性成果。同时，启动了国家教育体制改革试点项目——集团化办学改革试点项目，重点探索教育与产业对话协作机制，探索"政府、行业、企业、学校"

四方的合作育人模式。学院的人才培养质量得到显著提升,现有全日制在校学生近 19000 人,年招生人数近 7000 人,已成为陕西省规模最大的高职院校。

回顾这一发展历程,我认为职业院校办学的核心是"要让学生学到技能本领,让学生在社会有立身之本"。为此,高职院校要立足自身的特点,根据行业企业对技能人才的要求,以技能训练促专业建设;在专业建设上要对接产业,对应产业发展,师资、实训、管理、环境都要围绕这一目标来建设。

职业院校要培养对口的高级技术技能人才,我们的经验是抓住"订单培养"这个突破口,积极探索校企融合的人才培养模式。近年来,学院先后成立了"日本欧姆龙""亿滋中国""众喜水泥""中联重科""宁波雅戈尔""索菲特""陕汽金鼎"等 89 个企业冠名"订单班"。通过企业为学院把脉献策,联合开发课程标准、工学结合半工半读,毕业生真正实现了与职业岗位的无缝对接,一大批上手快、干得好、潜力足的高级技术技能人脱颖而出。目前,已有 6100 多名学生在校企合作中受益,80%的"订单班"学生一上岗就是组长,干一年后就能成为班长,从事生产一线的管理工作。

二、乘示范建设东风、促学院内涵发展

记者:很感谢您和我们分享了您在职业院校管理和建设上的一些很好的经验!2010 年您担任陕西工业职业技术学院院长后,马上就面临学院的"国家示范性高等职业院校"建设和验收任务,在这个过程中,学院重点抓了哪些工作?

崔岩:高职院校要提升学校综合办学实力、提高教育教学质量、打造高职教育的国际品牌、提升服务经济转型升级能力,归根结底要看学校的"核心竞争力",也就是人才培养模式、专业建设思路、教师团队培育和课程体系构建,这也是我们一切工作的根本出发点。在示范院校建设中,我们也重点抓了这四个方面的工作。

第一,扎根行业,凸显工学结合。学院以陕西省支柱产业——现代装备制造业对高级技能型人才需求为导向,充分依托 8 个工程训练中心、校办工厂和牵头组建的"陕西装备制造业职业教育集团",突出校企"双向辐射线""工学六融合",探索出"厂校一体化模式""柔性顶岗实习模式"等 10 种校企合作培养人才模式。利用学校和企业两种不同的教育环境和教学资源,建立突出职业能力培养的课程标准,共同研究确定专业核心课程,共同开发和建设课程,共同拟定教

学方案,共同开发工学结合教材,共同拟定考核规范并建立试题库,采取课堂教学与生产实践相结合的形式,培养"上手快、干得好"的高素质技术技能型人才。

第二,三层递进,锻造品牌专业。依据"适应产业结构,立足区域经济,瞄准岗位需求,强化技能培养"的专业建设思路,学院构建了"院级重点—省级重点—国家重点"三层递进的专业建设体系,形成了独具特色的品牌专业群。先后投入1600万元,完成了数控技术、会计电算化等5个省级重点专业建设任务;投入1000万元,启动了5个院级重点专业建设。现已建成5个国家级重点专业、12个省级重点专业、15个院级重点专业建设。2个专业被确定为"中央财政支持高等职业学校专业建设发展"重点建设专业,获得中央财政550万元专项资金支持。按照重点突破、整体推进的思路,大力推广应用国家和省级重点专业的建设经验,制订出46个招生专业的全新人才培养方案,带动了其他专业均衡发展。

第三,分类建设,打造名师团队。学院坚持"以德为先、崇尚技术、培育名师、打造团队"的理念,以"提升'双师'素质、优化'双师'结构"为重点,实施"专业带头人培养计划、骨干教师培育计划、'双师'素质提升计划、兼职教师团队建设计划"四项计划,着力在高级职称教师中培育"教学名师",在中级职称教师中培育"优秀教师",在青年教师中培育"教坛新秀"。三年示范院校建设中,学院共派出244名教师赴国内外学习培训,同时,聘请企业高级技术人员、管理骨干和能工巧匠担任兼职教师,许多专业带头人、专业骨干教师已经成为行业中的知名专家。

第四,四项建设,优化课程体系。通过实施"岗位职业标准建设""课程标准建设""优质专业核心课程建设""特色教材建设"四项计划,学院构建起了基于工作过程系统化和行业标准的课程体系,建成国家级精品课程2门、教育部教指委精品课程4门、省级精品课程19门,连续获得陕西省高等教育教学成果奖特等奖、全国机械高等职业教育教学成果奖一等奖,教育教学质量稳步提升。

记者:在整个示范院校建设过程中,学院主要有哪些收获?

崔岩:首先,我们深深体会到在示范院校建设过程中,学院最大的收获不仅仅是建成了西部地区规模最大、专业门类最全的高职院校,更重要的是带来了理念的提升,从某种意义上讲,这比国家资金性扶持更重要。通过项目带动,学院教师的教育教学理念、综合素质得以提升,更新了教育教学观念,提升了业务水平。国内外高职教育教学的新理念和经过培训的教师,成为学院发展的宝贵财富。

其次，达成了专业建设与产业有效对接，进一步完善了校企合作的机制体制，通过构建"人才共育、过程共管、成果共享、责任共担"的紧密型校企合作长效机制，促进了资源共享，优化了资源配置，提高了人才培养质量。三年中，新增合作企业60家，吸引企业专项投入增至1800万元，新增企业捐赠设备价值560万元，为企业科技开发与技术服务收益达到628万元。企业和企业家个人纷纷在学院设立奖学金和奖教金，总金额超过2000万元。

再次，校园硬件环境得到较大的改善。学院新增占地面积121.8亩，建筑面积超过46.5万平方米，总资产达到7.6亿元，固定资产增至5.6亿元，教学仪器设备总值1.5亿元。拥有校内120个门类齐全、设备优良的实训基地和工程训练中心，其中3个国家级实训基地，7个省级实训基地。

同时，人才培养质量稳步提升，学院的社会知名度和美誉度日益攀升。毕业生初次就业率连续10年稳定在97%以上，多次被评为陕西高校毕业生就业工作先进集体、全国就业星级示范校。学院被教育部确定为"全国职业教育师资培养培训重点建设基地""全国首批职业教育信息化试点单位"等。

三、内提素质、外树品牌

记者：学院在示范院校建设过程中，可以说取得了很多突出的成绩。未来，在学院"后示范"建设的过程中，可以说机遇与挑战并存，能和我们谈一谈今后学院的发展目标吗？

崔岩："后示范"建设中，我个人认为，学院的发展目标可以总结为"内提素质、外树品牌"8个字，所以，学院应时启动了"教育教学质量提升计划"。一方面，学院调整办学思路，把内涵建设放在首要位置，持续推进教育教学质量提升计划，以专业建设为龙头、课程建设为抓手、师资队伍建设为载体，融入产业圈，提升科研和社会服务能力。另一方面，坚持高职教育开放性，树立教育现代化和国际化理念。学院不仅与跨国集团、大型企业合作共育人才，满足企业海外发展需要，而且积极和国外职业教育理念先进的同类院校建立紧密的战略伙伴关系，通过学生出国攻读硕士学位研究生、海外交流、海外实习等形式，有效扩大学院的国际影响力和知名度。

国家示范院校建设中，学院一共投入了7000万元，而"后示范"建设的

"教育教学质量提升计划",学院已经投入了1亿元,2013年,仅专业建设就投入了5000万元,当然,这也得益于陕西省生均经费政策的支持。今后,学院会持续加大对机电、材料,信息,物流等专业领域的投入力度,逐步完善示范建设留下的空白。

记者:您对当前进一步推进高职教育改革发展,有哪些意见或建议?

崔岩:进入新世纪以来,高等职业教育迅猛发展,取得了有目共睹的成就。但随着我国经济社会发展面临形势和任务的不断变化,高职教育在结构、类型、质量和规模等诸多方面的不适应问题也日益凸显,成为制约我国高等职业教育发展的瓶颈。

在职业教育体系建设的新阶段,高职教育要实现创新发展,需立足提升服务经济转型升级能力,我认为,应从以下方面持续推进:一是加强政府对高职教育的宏观调控和顶层设计,科学定位、多层次发展高职教育。二是深化高职教育管理体制改革。高职教育的双重特性导致管理日益边缘化,急切需要设立专门机构,指导高职院校找准位置、错位发展,力求办出特色。三是打破师资队伍建设壁垒,加快适应高职教育需求的高水平师资建设。四是加强高职教育法治建设,健全完善配套政策,促进高职教育可持续发展。

记者:非常感谢您接受我们的专访。祝陕西工业职业技术学院乘示范院校建设之东风,乘风破浪,扬帆远航!

集团化办学必将成为高职教育创新发展的新常态

崔 岩

发表网站：中国职业技术教育网，2015年8月11日。

随着《教育部关于深入推进职业教育集团化办学的意见》（教职成〔2015〕4号）的出台，多元主体组建职教集团开展职业教育集团化办学、探索职业教育体制机制改革与创新，将是今后加快发展我国现代职业教育的重要方向，必将成为高职教育创新发展的新常态。

一、集团化办学是推动高职教育优质资源共享的必然选择

当前，我国经济发展进入新常态，跨行业、跨区域的协同创新已经成为经济发展的必然要求，适应这种需求变化的"大职教观"已成为今后职业教育发展的必然趋势。职业教育集团化办学的本质正是将行业、企业、科研院所、用人单位等各方资源整合，形成资源优势，通过搭建平台、资源共享、多元合作、协同育人、协同发展、协同创新的合作途径，形成多方利益共同体，促使人才培养链、产业链和利益链的有效融合，实现办学宗旨、培养目标、办学组织、办学方式与行业企业和社会经济发展的高度契合。以陕西工业职业技术学院为例，作为陕西职业教育集团化办学试点工作领导小组办公室和陕西装备制造业职业教育集团的牵头单位，目前，已与国内外600多家企业开展了"协同育人、人才互助、协同发展"的全方位深度战略合作，有力促进了高职教育的优质资源共享。

二、集团化办学是激发高职教育办学活力的有效途径

职业教育集团化办学兼顾行业、企业、学校、社会等各方利益，使教育、科研、培训、社会服务、生产紧密结合，在企业内按照教学要求设置教学机构、共建实训车间和开发专业岗位，在学校内对接生产需求引入企业资源、引进企业文化、共育技术技能人才、共建生产性实训基地、建立产品试制基地，使"实训室—车间、教师—师傅、学生—学徒、实习—生产、作品—产品"有效融通。同时，集团化办学强化院校合作、贯通培养，促进了人才成长"立交桥"建设；开展跨区域服务，促进了区域间职业教育协调发展；深化产教融合、校企合作，创新了职业教育办学模式和育人模式；实施"走出去""引进来"战略，增强了办学开放力度。如陕西工业职业技术学院依托陕西装备制造职业教育集团，探索出一条"校企一体、产教并举、中高衔接、区域联动"的办学模式，形成学生、学校、企业、社会多赢格局。

三、集团化办学是深化高职教育教学改革的有力抓手

集团化办学不仅成为今后发展现代职业教育的重大举措，也将承担起引领区域、行业职业教育教学改革发展的重任。因此要充分发挥职业教育集团成员单位中行业企业的作用，深化办学模式、人才培养模式、课程模式、教学模式、教学评价模式改革，合力共建专业标准、构建课程体系、优化人才培养方案，促进产业链、岗位链、教学链深度融合；充分发挥集团成员单位在生产技术、设备设施、工艺流程、专业人才、组织管理等方面的良好条件以及自身在区域行业内的优势地位与影响力，积极参与职业院校人才培养与教学改革，为职业教育提供实训基地、实习岗位、兼职教师、课程素材等不可或缺的优质教学资源，真正形成教育资源的动态流动和共享。如陕西工业职业技术学院与世界500强——欧姆龙（中国）公司通过校企"双主体"育人，实现了校企资源优势互补、成果互利共赢，创新形成的"校企七联动"人才共育模式，成为校企合作的典范。

四、集团化办学是拓宽高职教育人才培养渠道的重要载体

职业教育人才培养的上升通道目前还尚未打通，通过集团化办学，可以拓宽适合产业发展的技术技能人才培养途径。借助职教集团中的中职、高职、应用型本科院校和国际高等教育机构等，为集团成员学校学生接受不同层次职业教育提供多机会，为学生多路径成才搭建"立交桥"，为集团成员教师以及企业员工进行应用技术能力培训提供机会，为职业教育与企业人才需求的开放衔接提供重要载体，为学生和企业员工在职场和校园流动顶岗兼职提供便利。如陕西工业职业技术学院依托装备制造业职教集团平台开展集团化办学，实施中高职五年一贯制、与应用型本科院校进行高本对接、举办国家级中职师资培训、开设企业"订单"培养等，有效拓宽了高职教育人才培养的渠道，为现代职业教育体系建设奠定了基础。

五、集团化办学是提升高职院校服务区域经济发展能力的战略支撑

立足和服务区域经济发展是高职院校的神圣使命、存在价值和发展动力。高职院校为区域经济服务的关键，取决于高职院校与区域经济产业链的"对接"程度。通过集团化办学，聚集多方资源，构建起"政府、行业、企业、学校"四方联动的命运共同体，通过高职院校人才培养与行业产业发展对接、校企协同创新科技成果与区域经济发展对接、行业企业发展战略选择与政府区域发展动向对接，形成职业教育与区域经济的良性"互动"，实现了校企合作从低端到高端的突破，提升了高职院校服务区域经济的能力，促进了区域经济发展。目前，陕西已建立各类职业教育集团25个，职教集团已成为推动职业教育、行业企业和区域经济发展的一股新动力，以陕西工业职业技术学院为代表的一大批陕西高职院校，已成为陕西区域经济发展乃至欧姆龙、三星、亿滋等国际知名企业在华最大、最稳定的一线人才输送地。

集团化办学为高职教育创新发展带来了新机遇与挑战。实践证明，深入推进集团化办学，有助于实现高职教育的优质资源共享、激发办学活力、进一步深化教育教学改革、拓宽人才培养渠道、提升服务区域经济发展的能力。因此，集团化办学必将成为高职教育创新发展的新常态。

对接产业，服务国家"一带一路"建设 整合资源，推动陕西职业教育协同创新

崔 岩

发表网站：中国职业技术教育网，2015年8月20日。

2013年9月，习近平总书记提出"丝绸之路经济带"和21世纪"海上丝绸之路"的宏伟构想，为古丝绸之路赋予了新的时代内涵。"一带一路"以团结互信、平等互利、包容互鉴、合作共赢为核心，贯通中亚、南亚、东南亚、西亚等区域，连接亚太和欧洲两大经济圈，供应链、产业链、价值链深度融合，人文交流更加顺畅，是一条和平发展的共赢之路，是中国梦与世界梦的有机衔接，是国际合作的新平台，对我国现代化建设具有深远的战略意义。陕西作为丝绸之路经济带的桥头堡，职业院校的人才培养应对接丝绸之路产业链的新产业，主动为"一带一路"建设提供强有力的人才支撑。

一、新形势：对接"一带一路"建设，抢抓职业教育发展机遇

国家"一带一路"建设为陕西带来了新的发展机遇。作为丝绸之路经济带新起点，陕西应充分发挥建设"一带一路"的引领作用，对接产业，整合资源，全面落实国家职业教育工作会议精神，加快发展陕西现代职业教育，着力打造内陆职业教育改革开放的新高地，推动陕西职业教育协同创新发展。

（一）国家领导人对陕西的殷切希望

习近平总书记在陕西考察时指出，陕西要找准定位，主动融入"一带一路"大格局，并特别指出要"发挥西咸新区作为国家创新城市发展方式试验区的综合

功能"。陕西应充分利用新时期西咸新区的战略地位，加强科教合作与产教合作，推动全省职业教育协同创新发展。

（二）职业教育迎来了新的发展时期

随着国务院《关于加快发展现代职业教育的决定》和六部委《现代职业教育体系建设规划（2014—2020年）》的陆续出台，现代职业教育体系构建与结构战略性调整将成为今后职业教育的发展方向，职业院校的人才培养和办学内涵将发生巨大的转变，职业教育已进入了改革和发展的深水区，在新一轮的竞争中，改革与创新将成为决定职业院校人才培养成败的关键。

（三）陕西产业结构调整的新格局

作为一个教育大省，陕西应准确把握"一带一路"建设为职业教育改革发展带来的新形势、新要求，结合当前陕西的产业发展变化，以新能源、新材料、装备制造、信息技术、航空航天、大数据、环境保护、医药健康、现代农业等重要科技领域为主攻方向，加强技术革新，为实现"中国制造2025"的目标，为陕西建设科技创新示范省份和"一带一路"旗舰省份发挥作用。

二、新认识：服务产业结构转型升级，深化职业教育综合改革

职业教育与"一带一路"建设联系密切，"一带一路"建设为职业教育发展提供了重要历史机遇。陕西作为"一带一路"的新起点和中国向西开放的桥头堡，在新的历史时期，陕西职业教育将被赋予新的历史使命。

（一）对接产业，实现人才培养与产业发展的同频共振

随着"一带一路"建设的推进，战略性新兴产业和高新技术产业加快发展，已成为推动陕西经济稳增长的"双引擎"，加快培育和发展高端装备制造、新一代信息技术、新能源、新材料、生物、节能环保、新能源汽车等七大战略性新兴产业将成为陕西经济结构调整的新方向。新兴产业要求大批通晓基础性专业知识，掌握多学科交叉专业知识，并具备创新性思考和独立解决问题能力的高素质应用型人才，这就要求高职人才培养必须注重实践性、综合性和创新

性。高职院校应以市场需求为导向，人才培养模式创新为驱动，带动专业调整与建设，引导课程设置、教学内容和教学方法改革，实现人才培养与产业发展的同频共振。

（二）纵横贯通，构建现代职业教育体系

构建职业教育与其他教育沟通衔接的终身教育"立交桥"，为学生在人生不同阶段继续深造提供更多选择机会，体现职业教育的连续性和终身性，是陕西职业教育发展的历史责任。陕西高职院校要在借鉴、吸纳国际知名职业教育人才培养体系的基础上，充分利用"一带一路"的历史机遇和陕西的优势教育资源，按照职业教育的人才培养规律，以国际化的视野，进一步拓展跨国合作办学的新路径，在现有中职、专科层次高职教育组成的职业教育体系基础上，以国内外知名院校为合作伙伴，紧扣国内国际两条合作主线，通力合作，协同创新，探索职业教育培养方式和培养过程的科学衔接，延伸职业教育层级，贯通中职—高职—应用本科—专业硕士层次的人才培养梯度；在高职院校品牌专业中，探索职业资格证书与学历证书的互认和转换，建立"学习—就业—再学习"的培训通道。

（三）寻求突破，以深化改革激发新活力

把政策"规定动作"与学校"自选动作"相结合，紧紧围绕要解决的突出问题，推出一批既具现时紧迫性又关长远发展的改革举措，培育发展新活力。切实抓好已有职业教育改革试点，争取更多国家改革试点落户陕西；以省部级职教改革试验区为平台，按照"优势互补、人才共育、资源共享、过程共管、成果共享、利益交融"的思路，构建"政府、行业、企业、学校"四方联动的命运共同体，探索发展股份制、混合所有制职业学校，探索和实施学校与企业共建专业、共建系部、共建分院的办学新体制、新路子；积极推行以新兴产业为主导的订单培养、工学结合、半工半读等人才培养模式；促进高等职业教育教学与生产实践、技术推广、社会服务紧密结合；探索高等职业教育校企人才融通机制；探索建立以就业为核心指标的第三方人才培养质量监控与评价运行机制，打造具有陕西特色的现代高等职业教育体系。

三、新举措：整合优化职业教育资源，推进产教融合协同创新

在全国、全省职教工作会议提出加快建设现代职业教育的政策引领下，在"丝绸之路经济带""关中天水经济区"和新常态下陕西经济建设的发展需求下，陕西职业教育亟须加大职教资源统筹力度，提升服务产业发展能力，培养更多满足产业升级改造的生产、建设、管理、服务等不同层次技术技能人才，拉动优势产业与特色产业集聚集群发展，为"一带一路"建设和"三个陕西"建设提供支撑。

（一）加快职教资源整合，巩固现代职教体系基础

加大整合中职教育资源，在县域范围内实现培训机构、培训设施、培训师资、培训对象、培训计划、培训内容、培训资金的"七个整合"。目前，县域范围内职业教育资源整合工作正在稳步推进，汉中、延安、铜川、商洛等市已基本完成市级职业教育资源的整合。到明年年底前，中职学校由目前的 567 所整合到 300 所左右。切实实行职业教育归口管理，今年年底前，完成对政府举办、财政供养的中等职业学校和技工学校全部划转教育部门管理，为陕西建设现代职业教育体系打好坚实基础。

（二）开展巡视诊断工作，力除职教办学"三化"倾向

去年，陕西省已经对 19 所省属及民办高职院校开展了历时 4 个月的巡视诊断工作，力图通过"一校一策"解决高校改革发展中存在的问题，进一步推动全省高等教育内涵发展。与评估工作相比，巡视诊断工作紧紧围绕人才培养中心任务，从教学工作切入，对高职院校的发展规划、办学思路、学科专业、师资队伍、管理运行、教育质量等情况进行现场深入考察，聚焦关键领域、存在问题和薄弱环节，提出针对性意见建议，帮助高职院校改革与发展，推进高职院校深化改革、办出特色、内涵发展。今年 9 月，继续对 18 所行业及地市类高职院校开展巡视诊断，全面完成全省高职院校巡视诊断工作，逐步扭转"办学思路功利化、学科设置同质化、管理方式行政化"倾向。

（三）实行分类招考制度，打通职教人才培养通道

陕西 2015 年提出所有普通高职院校都实施分类考试招生，按照单独考试、综合评价、技能拔尖人才免试、"三校生"单独考试等 4 种形式实施，目前据统计，全省分类考试录取比例已达到 50%。同时，陕西职业教育不断探索贯通职教人才培养通道。一是有效推进中高职衔接，自 2011 年试点至今，将近 30 所高职院校和 50 所示范性中职学校实施"3+2"培养，招生数将近 6000 人。二是积极探索职教"专升本"高本对接试点。去年启动实施高职与本科联办专升本试点工作，遴选省内 6 所国家示范高职院校与部分本科院校联办培养高层次技术技能型人才，高本对接的人才贯通方面实现了重大突破。

（四）打造高职"两个一流"，引领职教改革创新发展

"十三五"期间，按照重点高职院校、特色高职院校、标准化高职院校的分类，开展绩效评估，并与资源分配挂钩。实施"一流学校、一流专业"建设计划，重点建设与培育几所综合实力强、特色突出的高职院校跻身全国一流行列；实施包括"特色专业建设、师资队伍建设、人才培养模式改革、课程改革、大学生创新就业"等方面专业综合改革，全面提升陕西高职教育质量，树立在全国范围内的陕西高职教育一流品牌，引领带动全省职业教育发展。

（五）加大投入配套保障，优化职教改革发展环境

建立了全省高职经费保障机制，化解了基本建设历史债务，在全国范围内率先实现生均拨款制度，并达到 9000 元。到 2016 年高职院校生均经费力争达到 12000元。2016 年年底全面完成章程核准工作，健全高职院校"一章八制"，引导和督促大学章程、党委领导下的校长负责制、教职工代表大会制度、学术委员会制度、理事会制度、财经委员会制度、学生申诉制度、教师申诉制度和信息公开制度建设。改革发展环境与内部治理得到不断优化。

（六）创建职教改革试验区，推进产教融合协同创新

加大资源统筹力度，以国家级示范高职院校牵头的现代职教群组与产业合作，建设"陕西省西咸新区现代工业与服务业职业教育改革试验区""陕西省航空业职业教育改革试验区""陕西现代农业职业教育改革试验区"等 3 个职教改

革试验区,在职业教育体制机制改革、技术技能人才培养创新、技术成果推广应用、对外合作交流等方面,促其成为国家职业教育改革的新示范、西部技术技能人才培养的新高地。

四、新突破:建设西咸新区职教园区,打造陕西职业教育品牌

西咸新区作为向西开放的重要枢纽、西部大开发的新引擎、中国特色新型城镇化的范例和"一带一路"的重要支点,其战略意义不言而喻。陕西省政府高瞻远瞩,决定在西咸新区创设职教园区,以落实支撑"一带一路"建设、持续推进职业教育创新发展的历史任务。

(一)优势聚集,服务国家发展战略

结合西咸新区的战略定位和总体布局,在陕西省人民政府的主导下,西咸新区管委会、陕西省教育厅等通力合作,由国家示范性高职院校牵头,联合省内6所高职院校、4所中职院校以及新区骨干企业,组建规划用地7000亩、投资预算121.55亿元的西咸新区职教园区,开展陕西现代职业教育改革试点,以期对现阶段我国职业教育面临的热点和难点问题实现突破,为新区成为"一带一路"建设重要支点提供有力的人力资源支撑和智力支撑。

(二)创新理念,科学谋划园区定位

联合陕西省教育厅、西咸新区管委会、优势职教群组以及区域内龙头骨干企业,通过统筹资源、协同创新、支撑发展、开放包容,打破院校之间藩篱,统筹各类教育教学资源,科学规划,集约用地,政府推动,市场运作,盘活存量,优化增量,开放创新,先行先试,最终打造成为具有中国内陆自主创新特色的世界知名职教园区、全国职业教育体制机制改革创新示范区、中西部职业教育创新发展的先导区、陕西高素质技术技能人才培养创新引领区。

(三)对接产业,合理布局功能板块

职教园区拟建于西咸新区沣西新城,与西安交大智慧学镇为邻,规划占地7000亩。整个园区按照装备制造、交通运输、能源化工、现代服务、中外合作

办学等 5 大功能板块和 1 个公共服务功能板块（"5+1"）布局，由陕西工业职业技术学院牵头装备制造板块，对接西咸新区高端装备制造产业、新材料产业等；由陕西交通职业技术学院牵头交通运输板块，对接西咸新区交通运输产业、临空物流产业等；由陕西能源职业技术学院牵头能源化工板块，对接西咸新区新能源产业、节能环保产业等；由陕西财经职业技术学院牵头现代服务板块，对接西咸新区文化旅游、金融商贸产业等；由陕西工业技术学院和西安理工大学高科学院牵头中外合作办学板块，对接西咸新区战略性新兴产业、高新技术产业；公共服务功能板块由省政府统筹协调。各功能板块之间有机衔接，相辅相成，互为一体，人文景观与自然景观相间，形成融"职教文化、企业文化、三秦文化、国际文化"为一体开放包容的现代田园化职教园区。

（四）统筹兼顾，整体设计运行模式

西咸新区职教园区管理架构由五级组成，按照"宏观调控、自主运行"的运行模式，在坚持政府主导和国有资产不流失的前提下，各入园单位享有一定的自主权及个体利益。

职教园区采用理事会运作方式，在政府主导下，由西咸新区管委会、陕西省教育厅、职业院校、新区骨干企业联合组建职教园区管委会。其中，西咸新区管委会主要提供政策支持和指导、人才需求分析、协调西咸新区五大产业组团与教育机构的关系、统筹规划职教园区后续建设与发展等相关事宜；陕西省教育厅主要提供政策指导、业务指导与咨询、相关教育机构的组织领导与关系协调；陕西工业职业技术学院负责职教园区管委会的日常运作、业务管理和教育教学资源共享；其他院校按照各自牵头的板块功能，在独立开展职教人才培养、企业员工培训的同时，每年给职教园区资金管理中心上缴一定额度的管理资金，接受职教园区管委会下设机构的业务管理；成员企业提供岗位需求分析，参与人才培养与职教园区建设，为职业院校学生顶岗实习与就业提供支持。

（五）任务驱动，落实十大建设工程

按照职教园区总体规划思路，统筹规划基础设施和公共资源共享区域，做大做强装备制造板块，做专做精能源化工板块与交通运输板块，做优做特现代服务业板块，做实做活中外合作办学板块，重点实施"依据园区规划布局，政府统筹园区用地，进行基础设施和公共资源共享区域建设""对接新区产业布局，创建

'多元联动'的产教合作协同创新职教联盟""满足新区内多层次人才需求，建立具有陕西特色的现代职业教育体系""支撑新区产业转型升级，探索实施招工招生一体化现代学徒制试点""试点国家倡导的高等学校混合所有制改革，建立跨行业跨产业技术技能人才培训中心""助力新区全国科技创新中心建设，建立高新技术成果应用与孵化创新和创业基地""助推新区'互联网+工业'发展模式，搭建新区工业化大数据信息互通平台""促进新区产教深度融合，构筑校企'双主体'实施职业教育改革的便捷通道""推进新区职业教育国际化进程，搭建国际职业教育交流合作平台""增强园区职业教育引领作用，打造职业院校技能大赛承办基地和师资培训基地"等十大建设任务。

（六）分段实施，确保建设持续推进

职教园区规划总投资估算 121.55 亿元，其中土地费用 30 亿元，公共设施建设投资 20 亿元，其他建设投资 71.55 亿元；建设期限为 2015—2020 年。

职教园区组建初期，采用混合所有制运作方式，由陕西省政府协调省教育厅和西咸新区管委会，在西咸新区西安交大智慧学镇附近划拨 7000 亩办学用地，政府负责对园区公共设施进行基本建设，同时入园单位自行筹措一定的入园资金上缴职教园区资金管理中心，启动职教园区相应功能区的初期建设。省财政每年为新区职教园区建设安排 5 亿元专项资金。

职教园区建设资金的主要渠道：一是政府通过减免征地费用、配套基础设施建设等资金支持；二是政府对社会公共服务项目和职业教育建设项目的专项投入资金支持；三是各入园院校自筹部分建设资金；四是通过引企入园、企校共建等方式，多渠道筹措职教园区建设资金；五是开展国际化办学，吸引国外教育机构投资；六是通过政府担保，各院校通过现有资产抵押的方式，争取银行贷款；七是通过公共服务外包等方式筹募资金；八是通过职教园区享有的优惠政策吸引社会各方资金。

（七）效益优先，打造陕西职教品牌

职教园区建成后将成为高素质技术技能人才培养的新阵地、陕西职业教育创新发展的新品牌、新产业技术成果推广应用的新窗口、跨行业跨产业的各类技术技能人才培训的新基地、国际交流与合作的新名片。每年为西咸新区产业发展和社会输送超过 20000 名高素质劳动者和技术技能人才，毕业生成为支柱产业、新兴产业的技术骨干。建成 1~2 所全国领跑的一流高职院校，建成 30 个国内领先、具备国际竞争力的一流专业，构建起陕西特色的现代职教体系。每年实现 50 项技术成果转化，孵化技术创新企业 10 余家。每年为新区内企业完成 8000 人次技术岗位培训。创建陕西国际应用技术大学，建设一批多层次、高水平的中外联合培养项目，进一步提升陕西职业教育的国际知名度。

"一带一路"建设为陕西职教的创新发展注入了新活力，带来新希望。我们坚信，在国家大力发展和重视职业教育的政策引领下，在陕西教育行政等部门的高度重视下，在各省份高职院校职教同仁的共同努力下，在我国高职教育发展的良好基础上，我们一定会抓住机遇、迎难而上，一定能实现我国高职教育发展再上一个新的台阶，实现构建我国现代职业教育体系的职教梦、中国梦，为"一带一路"建设为顺利建设做出职业教育不可替代的贡献。

构建计算机网络技术专业教育新体系的研究

崔 岩

摘 要：根据Internet的迅速普及和应用，将计算机应用专业调整为计算机网络技术专业。以课程体系、教学内容体系和人才培养模式为改革重点，对课程结构进行融合重组与新建，按学分制构建与人才培养目标和规格相适应的教学体系，并制定教材、师资队伍和实训基地的规划建设目标，形成注重知识、能力、素质协调发展的专业教育新体系。

关键词：网络技术；课程结构；学分制；专业教育新体系。

发表期刊：《职业技术教育》，2002（11）：16-19。

随着人类从工业化社会步入信息化社会，信息将成为继材料和能源之后的第三资源。加强信息资源的开发和利用，人才是关键。目前我国信息技术人才远远不能满足经济建设和信息产业发展的需求，人才的匮乏正在成为制约我国信息产业和国民经济建设的瓶颈。高职信息技术人才的培养，是解决这个问题的有效途径之一。

近年来我国各高职院校开设的计算机应用专业，基本上是在过去曾经开设的计算机及应用专业的基础上发展起来的。随着计算机网络技术的飞速发展，专业设置不尽合理、课程内容相对陈旧的问题日见突出。特别是在制止黑客攻击、网页制作与维护、网站建设、电子商务、网络通信等方面，急需针对性很强的网络专业技能训练。为了更好地满足社会对高职网络技术应用型人才的需求，必须对计算机应用专业进行改革和建设。

一、根据Internet的迅速普及和应用及网络经济的发展，将计算机应用专业调整为计算机网络技术专业，以适应现代计算机应用科学模式和高职人才培养模式的转变

如果说18世纪初蒸汽机的发明把人类社会从农业社会带入了工业社会，那

么，20 世纪 Internet 的发明与广泛应用则把人类社会从工业社会带入了信息社会，人类进入了网络经济时代。而且，Internet 对人类经济生活产生的巨大影响，远远超过了蒸汽机。根据 Internet 的迅速普及和应用，我们将计算机应用专业调整为计算机网络技术专业，按其内涵构建专业教育新体系，并以此为依据来制订专业教学计划。

（一）培养目标及新教学计划的内容

以社会职业岗位需求为导向的计算机网络技术专业，其专业方向与计算机科学、计算机技术的专业方向有很大的差异。它更强调学生在网络应用领域的岗位操作技能，而不是计算机各学科的理论体系。这就决定了本专业的培养目标和教学计划的内容。

培养目标：本专业培养具有马列主义、毛泽东思想、邓小平理论基础知识，德、智、体、美诸方面全面发展的，具有良好的职业道德和奉献精神的，掌握计算机网络系统的基础理论、技术理论和应用理论，了解计算机网络系统的体系结构，能够从事计算机网络系统软硬件的安装、配置、管理和营运操作的高等技术应用型人才。

新教学计划应包括培养目标和人才规格，知识、能力与素质结构，教学模块，课程及课程结构，充分体现以网络技术能力培养为中心。在课程设置及学时安排时，坚持基础理论学习必须满足技能实训要求的原则，加大每门课的实训学时，使理论教学与上网实践有机结合。

新教学计划应同网络技术发展与应用现状相适应，并有一定的前瞻性。应以多媒体技术、网络技术和面向对象的程序设计技术为中心，以 Windows 98 以上操作系统及兼容软件为背景，构建新的课程体系。

（二）面向岗位群的人才规格

岗位群包括信息和旅游单位、信息产业、商业大厦、金融机构、外资及私营企业、商业公司等。面向岗位群的人才规格有知识、素质、能力、技术等四个方面的要求：

1. 知识要求。

高职技术人才必备的外语、数学及经营管理知识；电子信息类专业技术人才必备的弱电基础知识，了解强电的基本原理，掌握计算机制图、制版及电子产品局部设计的方法，具有制造工艺的基本知识；网络系统体系结构、网络管理与营运、面向对象的程序设计和网上应用系统开发的基础知识；WWW 网站的规划、设计、建设、管理与使用的基本知识；网络软硬件产品的销售管理、技术谈判、商务谈判知识。

2. 素质要求

信仰马列主义，有理想、遵纪守法；爱祖国、爱人民、文明礼貌；一定的文化艺术修养，准确的语言、文字表达能力；身心健康，具有良好的体能；质量意识、产品竞争意识；团队精神、全局观点、协调、组织能力；开拓与发展新技术、新项目的创新、创业精神；遵守网络社会的道德规范，爱岗敬业。

3. 能力要求

一定的管理、协调、营销能力；网络的安装、调试、运行、管理、营运、维护能力；较强的面向对象的程序设计能力；WWW 网站的使用能力；网络客户端及网络服务器端应用开发能力；网上信息资源的收集、组织、制作、发布与维护能力；较强的外语应用能力及网络技术自我更新能力，跟踪新技术和市场需求的能力。

4. 技术要求

网络信息资源使用技术，获得从事 IT 业的专业资格；能够在 Internet/Intranet 上查询信息、上传和下载文件、收发电子邮件、参加 BBS 讨论；面向对象的程序设计（如 VB、C++等）技术；掌握 HTML、Java、VB、JavaScript、VBScript 等开发客户端软件技术；网页制作和发布及服务器端应用开发技术；网络安装、配置、测试、维护技术；网上信息资源的制作与维护技术；网络产品的营销、技术谈判和商务谈判技术、售前售后服务技术。

二、以课程体系、教学内容体系和人才培养模式为改革重点，对课程结构进行融合重组与新建，形成注重知识、能力、素质协调发展的专业教育新体系

本专业为人才培养目标和规格中的知识、能力和素质结构设计了三条主线，分别为达到教学总目标而执行自身的职责。

（一）以传授知识为主的课堂教学主线

课堂教学应用技术理论与知识包括：外语知识、应用数学与计算、政治与道

德、管理知识；网上应用开发基础、网络硬件基础、计算机基本操作；网络应用技术基础、网络操作系统、网上应用系统开发技术。

（二）以技术和能力培训为主的实践教学主线

语言运用训练、应用数学与计算能力训练、社会实践；网上应用开发基础实训、网络硬件基础实训、计算机基本操作实训；网络应用技术实训、网络操作系统实训、网上应用系统开发实训。

（三）学生综合素质与综合能力培养主线

该主线应在学校的教育教学环境、教学的各个环节都有体现。综合素质与综合能力包括：计算机操作能力；准确规范的语言与文字表达能力；数学知识的应用能力；技术谈判、商务谈判能力；管理、协调、与他人和用户的沟通能力；较强的事业心、质量意识，严谨、踏实的工作作风；自学能力及技术创新意识；经济观点和效率观念，能用技术服务于市场。

（四）三条主线的结合点，应是计算机网络系统集成技术岗前综合实训

岗前综合实训包括网络管理与营运、网络的构建、网上应用系统的开发等，学生毕业后可直接上岗。

三条主线既有各自的目标，又是密不可分、相互交融的，它们的总目标是一致的。在网络技术人才培养的过程中，综合素质与能力的培养应贯穿教学的全过程，融合于整个教学环境中。在构建专业教育新体系时，根据人才培养目标和规格，将总目标分解为阶段目标，对应相应的课程模块，为每一教学过程或教学阶段设计具体的目标，力争建立一个较为科学的知识、能力和素质结构，并制定相应的培训措施、考核手段与标准。

三、根据网络教育所具有的个性化教学特点，按学分制构建与专业培养目标相适应的理论课程体系和实践课程体系

课程体系的构建主要有两个方面：一是岗位群所必需的应用理论和知识，这是学生今后可持续发展的基础；二是岗位技术与技能，这是学生今后上岗所必须掌握的。技术技能的培训要依托行业、融合市场，应代表市场的主流。利用网络

教育个性化学习的特点，按学分制构建与专业培养目标相适应的理论课程体系和实践课程体系。

（一）高等职业基本素质、基本概念与知识（**56 学分**）

（1）基础理论与知识（35）：现代物理概论（4，1，其中 4 表示学分，1 表示学期，下同）；基础英语（19，1、2、3、4、5）；应用数学（12，1、2）。

（2）基本素质与能力（17）：口才与写作（3，3）；体育（4，1、2）；法律基础（2，3）；邓小平理论概论（2，5）；毛泽东思想概论（2，4）；马克思主义哲学原理（2，3）；思想道德修养（1，1）。

（3）管理知识（4）：计算机营销（2，5）；管理概论（2，5）。

（二）网络技术专业基础知识（**44 学分**）

（1）计算机基本操作（9）：计算机基本操作基础（4，1）；计算机辅助工程绘图（5，2）。

（2）网上应用开发基础（22）：C 语言程序设计（7，2）；面向对象的程序设计，分别是 C++（4，3）、VB（6，5）、算法与数据结构（5，4）。

（3）网络硬件基础（13）：实用电工学（5，2）；电子器件与电子线路（8，3）。

（三）网络技术专业知识（**40 学分**）

（1）操作系统（6）：网络操作系统（4，4）；NT 实训（1，4）；Unix 实训（1，5）。

（2）网络应用技术基础（13）：网络结构与工程（3，5）；网络基础（4，4）；网络硬件组成与结构（6，5）。

（3）应用系统开发技术（21）：数据库原理与应用（6，4）；SQL 实训（1，4）；Oracle 实训（1，4）、网上应用系统开发技术（6，5）；Web 技术（7，6）。

（四）专业技术和综合岗位技能（**60 学分**）

（1）网络系统集成与综合（20）：网络管理与运营（2，6）；网络系统规划、安装与配置（2，6）；网上应用系统开发实训（2，6）；网络新技术（4，6）；岗前综合培训（10，6）。

（2）应用系统开发与实现（20）：管理与维护实训（2，6）；应用系统的详细设计与实现（4，6）；应用系统新技术（4，6）；岗前综合培训（10，6）。

（3）计算机软件（20）：软件的测试与维护实训（2，6）；系统软件编码实训（2，6）；系统软件开发实训（2，6）、软件开发新技术（4，6）、岗前综合培训（10，6）。

以上是根据培养目标所确定的课程结构，其第一层次为高职技术人才所必需的基本知识与能力；第二层次为本专业技术人才所必需的基础知识与技术；第三层次是根据本专业技术岗位的应用理论和技术理论，将其总合为三大支柱：网络操作系统、网络应用技术、网络应用系统开发技术。学生掌握这三项基本知识与理论，就可具备当前网络技术工作岗位所用的技能，也为职后的继续发展奠定必要的基础。每一支柱都有相应的理论课和与之配套的实践课。理论课讲授所用概念和基本原理，是教学中相对稳定的部分；实践课要对准市场主流技术，要求学生熟练掌握，是教学中常新的部分。第四层次是在三大支柱之上，根据需要安排不同模块，进行专业技术和岗位综合培训，学生可以根据需要选择其中一个或两个模块进行学习。该教学体系将使学生既具有职后继续发展的基础，又能掌握当前网络市场主流技术，适合专业的教学。

四、主干课程内容的融合重组及改革力度大的课程内容

（一）主干课程

1. 网络硬件组成与结构

本课程是网络技术专业人才必备的硬件基础知识与技能。其教学目标是：从网络设备部件入手，使学生掌握网络设备与微机主机及其基本外设的功能、特点、工作原理、运行过程及安装调试方法。

2. 数据库原理与应用技术

本课程是网络专业人才为从事应用软件开发而必备的技术能力课程。其教学目标是：通过课堂教学与实践，使学生了解数据库管理系统的基础知识、基本理论，掌握数据的组织方法、数据库应用系统的设计方法及 Oracle、SQL 的使用。实训时要求学生从分析问题出发，在教师的指导下完成一个实用数据库的设计，为综合实训打下基础。

3. 网络操作系统

本课程综合性强，既涵盖了操作系统的理论知识，又综合了实际操作系统的应用技术。其教学目标是：通过课堂教学与实践，使学生掌握操作系统的基本概念和原理、系统的接口、系统资源的组织方式和管理技术。结合典型操作系统实例（NT 和 Unix）的分析及安装、使用训练，使学生了解用户如何通过操作系统与计算机进行交互，掌握在操作系统支持下建立应用系统的基本知识和技术。

4. 网络管理与运营

本课程是一门理论和实践相结合的综合性课程。其教学目标是：使学生在教师的指导和帮助下，综合运用在大学三年间掌握的知识和技能，设计并建成一个具有一定功能的、实用的网络系统；通过实训，独立完成网络设备、网络通信线路与计算机系统的连接，掌握网络运行管理的方法与技能、网络信息流量的计算、网络安全技术。

（二）改革力度大的课程

主要是"Web 技术"课程。本课程介绍 Internet/Intranet 的基本知识和目前市场的主流技术，强调基本概念与实际训练相结合。注重应用软件的技术环境介绍和常用技法的训练，并有丰富的典型实例剖析，介于技术基础课程与技术实践课程之间，也包含了专业课的成分，综合性强，是一门既涵盖了常用的网络概念又综合了 Web 技术的具有相当复合程度的课程。它以应用技术的掌握为主要目标，综合了市场成熟新技术和主流开发技术，也综合了这些技术所用的应用理论和技术理论，并使这些理论具有一定的体系结构。应用多媒体教学，通过示例，使学生了解有关知识与方法；通过案例，使学生掌握技术与技能；通过实训，使学生熟练掌握该项技术在实际工作中的应用。学生在完成本课程学习之后，应具备主页制作、配置站点、主页发布和开发动态 Web 应用的综合能力。

五、教材、师资队伍和实训基地的规划建设目标

（一）教材建设

根据市场需求与教学规律进行课程的整合与重建。在现有课程改革与教材改革的基础上，建立本专业完整的理论知识教材体系和实践课教材体系，并编制相

应的理论教学教材与实训教材。

本专业高职教材已有一定的基础，特别是本专业"Web 技术"课程的教材及与之相应的实训课程教材已经出版。教育部高教司已组织各方面的力量，计划到 2005 年，编写、出版 500 本左右的高职规划教材。本专业可以在教育部的统一规划下，在全国高等职业教育研究会和全国高等职业教育计算机类专业教材编审委员会的指导下，组织专业教师编写专业课程规划教材，完成理论知识和实践教学两大系列的教材编制工作，形成优化配套的教材体系。

同时，要编写多媒体电子教材，甚至是基于网络的电子教材。要教给学生从网络、从多种媒体中学习知识的本领。同时，发展多媒体和网络远程教育，对 CERNET 和教育卫星宽带多媒体传输平台上已有的课程，可以利用校园网进行教学。

（二）师资队伍建设目标

本专业师资队伍建设，是专业教学改革能否落到实处的关键。为此，要做好四件事情：

一是中青年教师，尤其是青年教师信息实践能力的培养。除要求教师有扎实的理论基础外，还应具有丰富的实际工作经验，掌握网络市场主流实用技术与技能，要有一定的实用软件开发、网络应用或信息类企业工作经历。要求教师经常做信息市场调研，了解信息市场状况，将信息市场所用技术引入课堂。

中青年教师还要学会从 CERNET 的素材库中选取自己的电子教案，也可以把自己的教学经验补充进这个电子教案，形成多样化的、多种教学风格的网络教学。

二是建立一支相对稳定的计算机兼职教师队伍。兼职教师是非常重要的队伍，是专业和社会联系的桥梁。计算机兼职教师队伍素质的高低和质量的好坏，是反映专业特色的一个重要方面。本专业的兼职教师，应聘请信息企业或从事信息建设方面富有经验的业内专家。

三是计算机网络技术专业教师和其他专业教师的交叉。要调整其他专业的教师，来承担某些网络技术专业的教学，如 CAD、信息建设等。同时，专业课教师也应该了解计算机在学校其他专业上的应用，更好地和其他专业相结合，只有这样，教师在学术方面才有自己更大的发展空间。

四是专业课教师的继续学习。教师自己要不断更新知识，跟踪网络技术的最新发展，掌握其变化动态，保持和信息企业及相关信息部门的经常联系，了解信息市场。学校要为专业课教师的继续学习提供一定的条件，定期让教师参加新技术、新知识短期培训班及学术报告会议、网络产品展销会，以适应网络技术飞速发展的需要。

（三）基于校园网的实训基地建设

高职计算机网络技术专业是理论性和实践性都很强的专业，主要培养网络技术应用型人才。在人才的培养过程中，能力的形成、技术的培养和操作技能的训练占有相当重要的地位。在教学进程中，实践环节占到总学时的47%。在实践环节中，实训对本专业学生能力的培养起了决定性的作用。所以基于校园网的实训基地建设，是专业教学环境建设的一项特别重要的任务。

计算机网络系统集成综合实训基地建设目标，应是将该基地建设成为网络技术专业实训平台之一。该基地构建了与实际工作场所相符的环境，集成了市场的主流设备及主流技术，是一套涵盖综合布线、局域网、网络管理、系统平台、Internet/intranet 平台、网络故障的检测与修复等网络工程的实训系统。该系统具有多平台分组实验的"积木"特点，学生还可以自选网络设备、配件、材料及软件进行安装、配置、调试、测试等实验工作。本系统主要训练学生的网络规划、设计、建设、测试、运营及应用开发的综合能力，是培养网络工程师、系统集成工程师、系统运营工程师和应用系统开发工程师的摇篮。

学生通过实训基地的实训，要获得从事IT业的专业资格，无需重复的资格考试和繁多的证书，只要一次考试合格，就可以同时获得国家劳动和社会保障部与微软公司的双认证（即国家职业资格信息技术双认证）。

参考文献

[1] 高新. 高职高专专业教学改革试点的实践与思考 [J]. 职业技术教育，2002（10），23-25.

[2] 张剑，包昆荣，李劲珊. 论高职专业课程体系的改革 [J]. 职业技术教育，2002（7），39-41.

[3] 教育部高等教育司. 高职高专教育改革与建设 [M]. 北京：高等教育出版社，2001.

[4] 刘鹤. 中国信息化之路如何走 [N]. 网络世界，2002-05-06.

高职院校特色专业建设探析

崔 岩

摘 要：特色专业建设是高职院校内涵建设的龙头和坐标。以特色专业建设为"龙头"，带动以相关专业为支撑的专业群建设，从而打造高职知名品牌，形成专业品牌效应，是高职院校创建办学特色的基础。本文从认识、定位等方面对特色专业建设进行了研究，并结合陕西铁路工程职业技术学院的实践，对特色专业建设的成效进行了分析。

关键词：高职教育；特色专业；建设；成效；知名品牌。

发表期刊：《职业技术教育》，2008（32）：8-9。

高等职业教育承担着为生产、建设、服务和管理一线培养高等技术应用性人才的重任。"高等"是类型，"职业"是属性，"高技能"是特色，内涵建设是核心。而专业建设，特别是特色专业建设则是内涵建设的龙头和坐标。

一、特色专业建设的意义

专业是高职院校服务社会主义建设的载体，也是高职院校联系社会的纽带。专业的改革与建设关系到高职院校服务于经济建设和社会发展的方向性和有效性，也关系到学校能否满足学生择业的需要从而吸引到更广泛的生源以保持专业的相对稳定性。

（一）专业彰显学校属性

大学的发展，往往从一个或几个专业的开办而起源，使其从产生之日起，就深深打上了专业的印记，进而划定了学校的类属。前年以来，学校升格成风，单科向综合迈进，专科向本科靠拢，千篇一律的综合性使原本很有特色的专科类学校失去了特色，变成了大学里的"自由人"。然而，无论学校怎么变迁、校名如何更改，社会对它的认识仍停留在原先的基础特色专业上。由此可见，高校由专业而生，也是随专业而成长的。专业，特别是特色专业就是它走向社会的名片和标签。

（二）专业统领内涵建设

大学的功能就是育人、科研和服务，其中育人是主业。而高等职业教育作为高等教育的一种类型，承担着为社会培养高素质技能型人才的重任，经过十多年的发展已经实现了由规模扩张到内涵发展的转变，创建品牌、建设特色专业成为高职院校面临的共性问题。学校的育人过程，其实就是依据一定的办学条件，通过有效的教育过程，达到预期的育人效果。而教育过程中体现的主要元素，也无非就是办学模式、课程设置、师资队伍建设、实验实训条件保障、教学方法与手段等，这一切均与专业密切相关。所以，专业建设是核心，对学校是品牌，对办学是龙头。

（三）特色专业彰显学校特色

特色专业就是具有自身优势，能彰显自身办学特点的专业。它往往表现为学校的强势专业，跟学校的属性一脉相传，可以是重点专业，也可以是极具生命力的专业，还可以是朝阳型的专业。国家将对基础条件好、特色鲜明、办学水平和就业率高的专业进行重点建设。那么，特色专业也必须具备以上四个基本条件。总之，特色专业既具有传统优势，同时也与时俱进，但都能彰显学校的办学特色。

（四）办学特色显现学校品牌

随着高等职业教育由规模扩张到内涵发展的转变，必将出现优胜劣汰、大浪淘沙的竞争局面。学校竞争靠品牌，树立品牌靠特色，办学特色靠专业，专业建设靠人才。只有以特色专业彰显办学特色，以办学特色显现学校品牌，才能走出一条具有生命力的可持续发展之路。

二、特色专业建设的定位

特色专业是具有生命力、发展稳定、市场前景广阔的专业，同时已具备了一定的历史文化积淀基础，专业配置力量较强，如集聚了一流的师资、拥有先进的教学设备和条件等。因此，特色专业的建设需要长期不懈的投入。

（一）特色专业的选择

对高职院校来讲，选择特色专业时要在充分考虑学校自身实际的前提下，一看传统，二看实力，三看前景。一是选择基础条件好、特色鲜明、办学水平和就业率高的专业；二是选择人才培养模式先进，工学结合等方面优势凸显的专业；三是选择社会对高素质技能型人才紧缺的专业；四是选择能担当学院建设发展的龙头专业，能够有效构建国家、地方、学校三级重点专业建设体系，推动专业建设与发展；五是有大量高水平行业企业专家做支撑的专业；六是建立了完善的职业技能鉴定机构的专业。

（二）特色专业建设的原则

一是突出特色、就业率高的原则。高职院校首先要满足学生就业的需求，这是特色专业建设的前提和动力。二是整合资源、带动性原则。专业建设是高职院校内涵建设的着力点，高职院校要整合资源，以特色专业建设带动以相关专业为支撑的专业群的建设。三是准确定位、前瞻性原则。专业建设必须与行业发展状况以及区域的社会发展和经济建设相联系，同一个专业在不同地区的建设方案可能有所区别，不能生搬硬套，要在"特"字上做文章。还要具有前瞻性，既遵循专业自身发展的规律又紧密联系社会需要，在创新中保持优势。四是顶层设计、校企合作原则。特色专业建设作为创建特色高职学院的战略措施，起着"龙头"的作用，应通过人才培养模式的顶层设计与规范来实施。五是集中力量、重点突破原则。要集中力量抓特色专业的建设，科学规划，不搞平均主义。

（三）特色专业建设的目标

特色专业建设的核心是建设高水平、独具个性的专业，通过若干高水平的特色专业建设，形成若干个强势专业群，从而形成高职院校的办学特色。一要形成符合区域经济发展或行业经济发展需要，具有创新性、科学性、可操作性的专业人才培养模式和培养方案。二要培养一批在本专业领域有较深造诣的专业带头人和骨干教师，建成一支专业结构优化、具有良好的科研或专业技术背景、教学科研水平高、充满活力的专业教学团队。三要建成能贴近岗位技能要求、提高学生实践操作能力的优质专业核心课程和精品课程。四要形成校企合作的办学机制，建设"共建、共管、共享"型校内生产性实训基地、校外顶岗实习基地，建成一批融教学、培训、职业技能鉴定和技术研发于一体的实习实训基地。五要建成以相关学科专业为支撑的特色专业群，建立有效的教学质量保障和监控体系，保证专业建设可持续发展。

三、特色专业建设的实践

我院是一所因铁路而生、倚铁路而长、随铁路的延伸而不断发展壮大的特色鲜明的高职学院。在建院之初，正是许多高校处在扩招、合并、更名，向"大而全"方向发展的时期。是综合发展，增设"热门"专业，还是根据既有专业稳步发展，办出特色专业？通过市场调研，我们确定了重点建设办学实力强、就业率高的铁道工程技术、道路桥梁工程技术和建筑工程技术等三个专业，并将其打造成特色专业，同时辐射带动和开发相关专业，构建特色专业群的办学思路。

（一）建立适应行业或区域经济发展需要的专业培养目标调控机制

一是学院聘请企事业单位一线工程技术人员和管理人员及本院骨干教师组成专业建设指导委员会，同时为每个专业聘请1名企业高工和1名本科学校的教授担任兼职专业带头人，定期召开专业研讨会，形成培养目标随市场需求调整的工作机制；二是每年由招生就业处、学生处、各系（部）派出教师到就业单位对毕业生进行回访，了解企业对人才需求的预测和技术发展状况以及对毕业生满意度评价，征求毕业生对母校人才培养的意见和建议，形成对毕业生进行回访和跟踪调查的工作机制；三是学院对特色专业人才培养计划的修订以院级重点科研课题立项的形式予以驱动，划拨专项科研基金，进行市场调研，对特色专业人才培养计划进行完善，形成职业岗位能力需求变化和岗位人才需求数量变化的调研机制；四是坚持每年修订一次教学计划，形成调整培养目标的专门化方向和相应培养方案的机制。

（二）以精品课程建设提升特色专业建设水平

课程建设是专业建设的基础与核心，在优质课程建设的基础上构建精品课程体系，是提升特色专业建设水平的有效途径。一是大力加强精品课程建设。目前已建设了10门院级精品课程，2门省级精品课程。二是加大课程改革力度。目前已对首批10门课程按照"能力目标、项目训练、学生主体"的原则进行了改革。三是高度重视教材的建设工作。近几年学院教师共出版专著，主编（审）、参编教材50余部，其中6部获院级优秀教材。四是重视学生综合职业能力的培养，加大实训的课时比例，实践课时超过总课时的50%。五是大力推进教学方法改革，定期组织观摩课和公开课，交流探讨教法。各系（部）通过公开课、示范课、教研室专题研讨等方式研讨、改进教学方法。

（三）建设一流的师资队伍打造特色专业

师资队伍建设是特色专业建设的核心环节，构建以"双师结构"与"团队"为特征的专业教学队伍，通过形成一支以专业带头人和骨干教师为核心、专兼结合的学术团队与梯队，促进特色专业的发展。一是加大教师培训力度，邀请全国高职高专现代教育技术培训基地专家对全院专业教师进行教学能力培训，选派教师参加专业技能培训，不断提高专业教师的专业教学能力；二是依托国家级或省级专业技能鉴定站，组织教师参加专业技能培训，并考取专业技能考评员资格证书或职业资格证书；三是制定青年教师实践锻炼制度，每年派出教师到对口施工单位和施工现场进行为期半年的实践锻炼；四是鼓励教师积极参与企业科技研究项目，提高教师的科研能力、专业技术应用能力和实践能力；五是有计划地安排青年教师参与校内实验实训基地的策划、设计与建设，提高教师指导实验实训的能力；六是为企业技术革新、项目研发等提供技术服务，培养锻炼教师的实践能力。

（四）积极探索"工学结合、顶岗实习"人才培养模式

创新人才培养模式是目前高职教育改革的重点，更是特色专业建设的突破点。经过不断探索和完善，我院逐步形成了符合市场需求的"两段三结合"的人才培养模式和以工学结合为主要内容的校企合作模式。

1. "两段三结合"的人才培养模式

"两段"，即按照培养时间和学习内容分两个阶段，第一阶段是一、二年级和三年级的第一学期前十周，理论和实践并重，教、学、做合一；第二阶段是三年级第一学期后十周到毕业，集中进行技能强化培训和毕业实习。"三结合"即将素质教育与专业教育相结合，将职业资格证书与毕业证书相结合，将顶岗实习与就业相结合。这一教学模式已经成为我院人才培养过程中一个新的创新和亮点，在2007年6月教育部高职高专人才培养工作水平评估中获得了专家组的高度认可。

2. 以工学结合为主要内容的校企合作模式

一是订单式委培。用人单位提前到学院预定毕业生，并提出具体的人才培养要求，共同实施有针对性的人才培养方案，使学生的综合能力符合用人单位的要求。二是企业冠名特色班。在订单式委培的基础上，选择需求量大或者岗位人才培养要求比较集中的单位开办企业特色班，如"桥定班""物流班""物贸桥建班""测量班""工程测量与材料试验班"等，集中管理，强化培训。三是带薪顶岗实习。每年都有70%左右的签约同学能够提前6~10个月的时间奔赴各种岗位进行实习。若工程结束或任务不饱满的情况下，学生可以回到学校继续学习，真正实现了工学交替、半工半读。

四、特色专业建设的成效

我院是特色专业建设的尝试者，更是特色专业建设的得益者。经过6年坚持走特色专业建设之路，学院教学质量明显提高，社会形象逐步提升，在2007年高职高专人才培养工作水平评估中被评为优秀，招生就业工作也进入良性循环，在2007年首届全国高职院校就业"星级示范校"评选活动中获得"星级示范校"荣誉称号，截至6月底，2008年一次就业率达到96.82%，2009年毕业生已经有30%与企业签订了就业协议。

（一）以特色专业建设带动特色专业群建设，进而形成办学特色

6年来，我院已建设成铁道工程技术、道路桥梁工程技术和建筑工程技术等3个特色专业，辐射带动12个相关专业，形成了良好的三级专业梯队格局。目前，我院依托铁路办专业所形成的专业格局是学院赖以生存和发展的基础，以铁路为辐射源，向工程类工科专业拓宽的专业建设思路是学院发展的龙头，在学院办学特色建设中起主导作用，专业化布局特色是我院具有可持续发展的特点和长久的生命力。所以，从我院目前的行业背景、师资渊源、实训基地建设、就业意向等多个方面，特别是专业建设上能很明显地体现出学院鲜明的办学特色。

（二）以特色专业建设带动内涵建设，进而形成专业品牌效应

目前，学院拥有国家级建筑实训基地1个，全国多媒体课件大赛一等奖1项，省级重点专业1个，省级精品课程2门，省级优秀教学团队1个，省级教学成果二等奖1项。学院教师承担各类教科研项目200余项，其中获陕西省人民政

府科学技术进步奖三等奖 2 项、陕西省人民政府自然科学优秀论文三等奖 2 项、厅局级科研进步奖 4 项，承担国家 863 计划项目部分内容 1 项。学院教师公开发表教科研各类论文 500 余篇，其中 SCI、EI 收录论文 17 篇，参与编写并公开出版的教材、专著 50 余部。由我院教师和学生组成的技术服务组先后承担或参与了郑西客运专线、西安地铁、广州大学园区、北京奥运地铁项目等工程的测量和部分施工管理任务，受到了企业和甲方的一致好评。特色专业建设带动了学院内涵建设的可持续发展，加快了学院向国内一流职业技术学院迈进的步伐。

（三）以特色专业建设推进人才培养模式创新，提高了毕业生就业率和就业质量

我们以特色专业建设为基础，不断创新人才培养模式，在探索校企合作、工学结合机制的过程中，建成了配套齐全的测量实训和工种实训基地，与中铁一局集团公司、中铁四局集团公司、中铁隧道集团公司等 65 家国有大型企业签订了合作办学的协议。我院毕业生目前是中国铁路工程总公司和中国铁路建筑工程总公司旗下的 30 个特大型企业最主要的中坚技术人员来源地之一。从 2003 年建院以来，我院连续 6 年保持 96% 以上的就业率，集中在铁路单位大型国有企业就业的占 92%，上岗以后的岗位对应率为 99%，就业稳定率也达到了 99% 以上，凸显了我院毕业生的就业力，就业质量较高。《光明日报》《中国教育报》《中国青年报》《中国教师报》《人民铁道》等十多家媒体近几年连续对我院的人才培养模式、毕业生的优秀事迹和就业形势进行了报道，凸现了我院特色专业建设的成效。

参考文献

［1］彭雷清.高等院校名牌专业建设探析［J］.广州市经济管理干部学院学报，2002（2），59-63.

［2］教育部 关于全面提高高等职业教育教学质量的若干意见［Z］.2006.

［3］姚寿广.试论"十一五"期间高职教育加强内涵建设的关键［J］.中国高教研究，2007（7）：55-56.

［4］周劲松.高等职业院校精品专业内涵建设的着力点［J］.职教论坛，2008（1），16-19.

［5］吴连臣.创建特色高职院校的实践与思考［J］.辽宁高职学报，2004（6），1-3.

高职院校人才培养模式创新的研究

崔 岩

摘 要：探索以就业为导向的人才培养模式，是高职院校面临的共性问题。高职院校人才培养模式的概念、内涵与基本特征，改革的结构和基本原则等理论，是改革的基本依据。通过对这些理论的研究，为高职院校人才培养模式的改革提供可遵循的思路。

关键词：高职；人才培养；模式；研究。

发表期刊：《职业技术教育》，2009（11）：73-74。

我国高等教育大众化所引发的毕业生就业问题和人才培养质量问题，已经成为全社会广泛关注的热点问题。要从根本上解决这个问题，人才培养模式的改革是关键。因此，准确地理解高职院校人才培养模式的概念、内涵与基本特征，改革的结构和基本原则，对探索以就业为导向的人才培养模式、提高人才培养水平、实现高职院校的可持续发展，具有十分重要的现实意义。

一、概念

人才培养模式是大学为实现其培养目标而采取的培养过程的构造样式和运行方式。同一类型的人才可以有不同的培养模式，但具体到某一种模式，必然有其独特的构架。人才培养模式最高的抽象和概括就是培养人的方式。全国普通高等学校已于1995年开始进行人才培养模式改革，形成了多种人才培养模式概念。

有的学者从培养模式对微观人才培养过程的意义的角度出发，认为人才培养模式是教学资源配置方式和教学条件组合形式，是人才培养过程中表面上不明显但实际上至关重要的一个因素。同样的教师、同样的教学条件、同样的学生，通过不同的培养模式所造就的人才，在质量规格上会有较大差异。还有观点认为，人才培养模式是指在一定教育思想与教育观念指导下，由教育对象、目标、内容、方法、途径、质量评价标准等要素构成并且集中为教育教学模式的相对稳定的教育教学组织过程的总称。

1998年教育部在北京召开的第一次全国高校教学工作会议出台的《关于深化教学改革，培养适应21世纪需要的高质量人才的意见》，将"人才培养模式"表述为："是学校为学生构建的知识、能力、素质结构，以及实现这种结构的方式，它从根本上规定了人才特征并集中地体现了教育思想和教育观念。"

总之，人才培养模式作为一种"模式"，具有一般性及某种程度上的可迁移性，它虽然离不开一般培养目标和具体培养规格，但概念本身不包含目标或规格在内。人才培养模式是一个系统范畴，是人才培养过程中若干要素的有机组合，但是，它又只是对人才培养过程，特别是其中的管理过程的某种"提炼"，而不涉及具体的教学过程。研究和改进人才培养模式的目标，最终要落实到提升教育对象的发展潜力上面，形式要为内容服务。因此，不管如何界定"人才培养模式"概念，其中最重要的因素，始终应是同培养目标紧密关联的专业设置方式、课程体系结构和教学管理制度三项内容，其中课程体系结构是核心。

高等职业院校人才培养模式是指在一定高职教育理念引领下，以社会需求和高职人才培养目标为导向，依托自身可利用的办学条件，在特定时限内为学生达到一定职业人才规格要求所预设的知识、能力和素质结构，以及实现这种结构的较为稳定的施行范式，主要解决高职教育"培养什么人才"和"怎样培养人才"这两个根本性问题。

二、内涵

高职院校人才培养模式的内涵主要包括教育理念、培养目标、质量规格、系统设计和培养方式，其赖以产生的理论基础是现代职业教育思想。可以通过对人才培养活动的原形进行归纳而形成一种模式；也可以依据一种或多种人才培养理论，对人才培养活动进行系统设计，形成一种方案或假设，然后经过实践验证而形成一种模式。无论模式如何形成，都是以一定的人才培养理论为基础。

培养目标和质量规格是高职院校人才培养模式的核心。任何人才培养模式都是为了实现某种目的，达到某种目标及规格而建立的。培养目标和质量规格是人才培养模式的核心因素，对其他因素有制约作用。其他因素只是为实现该目的、目标而采用的方式及手段，只有紧紧围绕它而起作用。

系统设计是高职院校人才培养模式的关键。依据一定的人才培养理论、原则和培养对象的知识、能力及素质结构，为达到培养目标的要求，对人才培养活动系统和要素进行优化设计，形成一种人才培养方案或计划，然后经过实践多次验证、修正，最后才形成一种比较科学的人才培养模式，在此当中，系统设计是关键。它主要包含目标规格体系，涉及培养目标和规格；内容方式体系，涉及专业、课程、教学内容、教学方法与手段；质量保障体系，包括师资队伍、教学管理、实践条件、教学评价等。如何依据现代职业教育理论、原则、教学条件、学生的认知结构和专业特点，对高等职业教育人才培养模式主要因素及环节进行优化设计和组合，提高人才培养的质量、效率和效益，这是高等职业教育人才培养模式成败的关键问题。

三、基本特征

高职院校人才培养模式应具有系统性、稳定性、示范性、时代性、多样性和实践性等六个基本特征。系统性指其是由多个要素组成的有机整体，这些要素间既相互联系、相互促进又相互制约、相互影响，不断地作用于模式的组织样式和运行方式，从而形成高职院校人才培养模式的全貌。稳定性指由知识、能力和素质三大模块所构成的高职人才培养模式的主体框架是稳定的，不容随意改变，形成长效运行机制。示范性指其是理论建构与实践验证相结合的产物，是人们对高职教育规律长期探索和社会实践共同作用的结果，一旦形成就具有示范性作用，对形成办学特色及提高人才培养效益具有重要的实践意义。时代性指人才培养模式具有时代性，高职院校在探索和构建模式过程中要不断创新，把新知识和新技术及时充实到人才培养过程中。多样性指高等教育大众化是以高等院校人才培养目标多样化为前提的，对于高等职业院校来说，没有哪一种特定的人才培养模式能够完全适用于所有院校和所有专业，因此，必须根据各自学校不同的办学特色和专业特色，选择、探索和构建出不同的人才培养模式，以适应培养多样化人才的需要。实践性指高职院校的人才培养模式来源于人才培养实践，并应用于人才培养实践，而且要经受实践的检验，在构建人才培养模式过程中，要进行广泛的调研，加强校企合作，邀请用人单位参与，探索和形成具有自身特色的培养模式。实践是模式形成的基础，只有经过实践证明是行之有效的模式，才具有生命力和推广价值。

四、改革的结构

高职院校人才培养模式改革的结构分为宏观结构和微观结构。

（一）宏观结构

高职院校的人才培养质量，既要自身对内部质量特征进行评价，又要接受社会对其外显质量特征的评价。所以，基于人才培养质量为核心的高职院校人才培养模式的改革，一方面必须遵循高职教育外部关系规律，以就业为导向，调整学校的专业设置以及专业的培养目标和培养规格，使高职人才培养更好地适应经济与社会发展的需要；另一方面必须遵循高职教育内部关系规律，以校企合作、工学结合确定专业的培养目标和培养规格，调整专业的培养方案、培养途径，使高职人才培养模式中的诸要素更加协调，提高高职人才培养质量与人才培养目标的符合度。

高职人才培养模式改革，是根据本地区经济与社会发展不同层次、不同规格、不同类型的高素质技能型人才的客观需求，在正确的教育思想的指导下，对学校和专业的人才培养目标进行恰当的定位；根据培养目标设计培养规格；根据培养目标与培养规格制定培养方案；根据培养目标、培养规格与培养方案选择培养途径并予以实施。高职人才培养模式实施后的效果反馈到社会，接受社会对人才培养质量外显特征的评价，即高职院校向社会输送的毕业生群体是否适应本地区社会、经济、科技文化以及教育的发展需要；反馈到高职院校自身，接受学校对人培养质量的评价，即学校培养出来的毕业生群体的人才培养量是否符合学校的专业培养目标的定位；而且，高职人才培养结果必须用高职教育思想和教育观念予以评价。当高职人才培养模式实施所反映出来的培养结果与社会需求不相适应，或者滞后于社会发展时，高职院校必须对人才的培养目标、培养规格、培养方案及培养途径进行调整。

（二）微观结构

高职院校人才培养模式改革的微观结构，包括以下三个层次：全校性的、专业性的和培养途径的改革。

全校性人才培养模式改革，是高职院校总体主动适应社会的表现。它以社会需要为参照基准，首先优化学校的专业总体结构，并对每一个专业，包括增设的专业、合并后的专业，重新定位培养目标、设计培养规格、制定培养方案、选择培养途径。

专业人才培养模式改革，是专业整体适应社会的表现。当专业的人才培养结果反馈给社会，社会认为高职院校的人才培养质量不能很好地适应社会的需要与高职教育发展趋势的时候，高职院校应当以社会对本专业人才的类型、规格要求为参照基准，对专业的培养目标、培养规格进行调整，进而根据培养目标与培养规格，调整专业的培养方案与培养途径，使之更好地适应社会经济建设需要。

专业培养方案与培养途径的改革，是专业人才培养过程局部适应社会的表现。当某一专业的人才培养结果用原先定位的培养目标进行评价时，若该专业的人才培养质量不能很好地符合办学定位和专业的培养目标时，应对该专业的培养方案与培养途径进行调整。

五、改革的基本原则

高职院校人才培养模式改革应坚持突出特色、准确定位的原则，就业导向、能力本位的原则，工学结合、突出实践的原则，特殊针对性与普遍适应性相统一的原则。

（一）突出特色、准确定位的原则

高职院校人才培养模式的改革，应以形成办学特色的办学指导思想和定位为前提，特别是大部分独立高职院校由中专转制而来，跨入高等教育行列的时间较短，更要通过科学的分析社会需求、准确估价自身的办学实力、主动适应行业或区域经济社会发展的环境来实现自身的正确定位，优化教学资源分配，制定切合自身实际的发展目标及独具特色的人才培养模式。

（二）就业导向、能力本位的原则

高职教育作为高等教育的一种类型，应充分体现出人才类型的职业性和人才档次的高层性。要根据高职教育培养高素质技能型人才的定位及明确的培养目标，坚持以就业为导向、以岗位能力培养为主构建课程体系和制定人才培养方案，这是人才培养特色的关键所在。在借鉴 CBE 理论和 DACUM 方法的基础上，注意对职业岗位能力科学、准确地定位与准确地分析。注重岗位能力训练，掌握熟练、规范的操作技能和将理论转化为实际成果的专业能力，并能随着岗位的变化，很快适应新岗位的要求。

（三）工学结合、突出实践的原则

校企合作、工学结合是高职教育人才培养模式改革的方向。要使培养的高素质技能型人才适应社会、经济发展的需求，高职院校就要加强与社会、企业的密切联系，建立教师深入生产第一线的制度，调查企业对高素质技能型人才知识、能力、素质的要求，以此为依据来修订教学计划、改革教学内容和课程体系。要加强双师结构教学团队建设，聘请企业领导或工程技术人员参与教学改革，指导教学设计、教学改革，与企业联系建立稳定的顶岗实习基地，将就业与顶岗实习紧密结合。

（四）特殊针对性与普遍适应性相统一的原则

人才培养模式既要有普遍的适应性，普遍适应于学校专业群的整体实际；又要有一定的针对性，针对不同专业的个体差异。课程的适应性与针对性是一对矛盾。作为以就业为导向的高职教育，教学环节及课程的设置必须针对一定的职业岗位（群），同时还必须考虑培养学生的就业弹性与可持续学习能力。

要体现"以人为本"的教育理念。在注意共性教育的同时，要注重个性教育，要引入学分制的教学管理方式，发挥学生的学习自主性，要多开设选修课与讲座，使学生的学习有更大的选择余地，为他们个性化学习创造更大的空间。同时，要注意做到学习上要求严格，生活上主动关心，为学生成才创造一个良好的环境。

参考文献

［1］龚怡祖. 论大学人才培养模式［M］. 南京：江苏教育出版社，1999.

［2］石亚军. 面向21世纪高等文科教育的改革与建设［M］. 北京：中国人民大学出版社，1998.

［3］史根东. 创建新型人才培养模式［N］. 光明日报，2000-05-10.

［4］谢培松. 大学人才培养模式改革：涵义、结构及归因［J］. 沧桑，2007

(5), 191-193.

[5] 李国志. 高职院校人才培养模式的内涵、特征及选择原则 [J]. 中国职业技术教育, 2008 (19): 23-25.

[6] 刘坚平. 我国高等职业教育人才培养模式转型研究 [D]. 天津: 天津大学, 2003.

[7] 崔岩. 高职院校人才培养模式创新研究 [J]. 当代文化与教育研究, 2008 (1), 1-4.

创新人才培养模式　打造行业品牌专业

崔　岩

摘　要：本文以陕西工业职业技术学院为例，主要论述了高职院校在人才培养模式创新、专业定位、专业建设以及校企合作机制体制等方面的探索，提出了高职院校只有积极主动地创新人才培养模式、着力打造品牌专业、培育招牌教师、培养名片学生、铸就行业名校，才能走出一条具有地域特色、行业特质、自身特点的科学发展之路。

关键词：高职院校；模式；创新；品牌专业。

发表期刊：《中国职业技术教育》，2010（28）：92-94。

一、引言

装备制造业是我省八大支柱产业之一，作为面向装备制造业培养高素质技能型人才的高职院校，如何适应产业发展需求，在日益严峻的竞争中保持办学优势，做到人无我有、人有我优、人优我精、人精我特，一直是我们思考和探索的问题。

近年来，我院以国家示范院校建设为契机，以不断深化教育教学改革为突破口，依托牵头组建的"陕西装备制造业职业教育集团"和校办实习工厂，积极主动地和企业深度合作，初步形成了"人才共育、过程共管、成果共享、责任共担"的紧密型校企合作办学模式，探索出了一条"地方政府、行业企业合作办学、合作育人、合作就业、合作发展"的新型办学之路，在创新人才培养模式、打造品牌专业、培育招牌教师、培养名片学生、铸就行业名校等方面进行了有益探索。

二、认识与探索

我国高等教育大众化所引发的毕业生就业问题和人才培养质量问题，已经成为全社会广泛关注的热点。高职教育由于自身的"先天不足"（中专和技校升格）和"后天营养不良"（政府对高职重视程度有限），以及地方本科院校的重心下移（重视培养应用型人才）和中职院校的质量上行（重视素质培养），使处于夹缝中寻求发展的高职院校面临严峻的生存危机。要从根本上解决以上问题，人才培养模式的改革是关键，这也是打造品牌专业的重要突破口。以人才培养模式改革为切入点，带动专业调整与建设，引导课程设置、教学内容和教学方法的改革，是高职院校发展的必由之路。

人才培养模式最高的抽象和概括就是培养人的方式，高等职业院校人才培养模式是指在一定高职教育理念引领下，以校企合作为基础，以工学结合为抓手，在专业建设的平台上实施的人才培养模式。人才培养方案是操作指南，是以社会需求和高职人才培养目标为导向，依托自身可利用的办学条件，在特定时限内为学生达到一定职业人才规格要求所预设的知识、能力和素质结构，以及实现这种结构的较为稳定的施行范式，主要解决高职教育"培养什么人才"和"怎样培养人才"这两个根本性问题。其内涵主要包括教育理念、培养目标、质量规格、系统设计和培养方式，赖以产生的理论基础是现代职业教育思想。

专业是高职院校服务社会的载体，也是高职院校联系社会的纽带。专业的改革与建设关系到高职院校服务于经济建设和社会发展的方向性和有效性，也关系到学校能否满足学生择业的需要。品牌专业是指经过多年专业建设积淀，具有深厚底蕴，为其他专业建设起到引领和示范作用，并被社会、行业企业、学生、家长广泛认可的专业。品牌专业建设应解决"培养什么人才""怎样培养人才"和"人才的社会效应"三大问题。高职院校打造行业品牌专业，可以吸引到更广泛的生源，进而提高学校知名度，保持专业的协调、可持续发展。

我院紧紧围绕陕西支柱产业——现代装备制造业对高素质高级技能型人才的需求，充分依托学院的8个工程训练中心、校办工厂和牵头组建的"陕西装备制造业职业教育集团"，进行人才培养模式改革的探索。经过不断实践和完善，形成了基于工学结合、企业深度参与、具有装备制造行业特色的"工学六融合"人才培养模式，即人才培养与企业需求相融合、专业教师与能工巧匠相融合、理论教学与技能培训相融合、教学内容与工作任务相融合、能力考核与技能鉴定相融合、校园文化与企业文化相融合，其核心是"产教互动、工学结合"，本质是"异质融通、完全渗透"。

三、改革与实践

(一) 人才培养模式创新

根据"工学六融合"人才培养模式框架和学院多年的专业建设积淀,我院示范专业通过企业人才需求调研分析,结合专业教学特点,凝练具有专业特色的人才培养模式,制订以服务为宗旨、以就业为导向的人才培养方案,构建基于工作过程或职业岗位能力的课程体系,探寻高职院校专业建设与发展的有效途径。

1. 机械制造与自动化专业的"学工合一、知技融通"人才培养模式

学工合一:是指学生在学习中工作、在工作中学习,学习过程与工作过程有机结合,使学生在理论学习和实践过程中担当学生和"准职业人"两种身份。

知技融通:是指知识和技能的融会贯通,通过理论、实践、理论的多次循环,将学生培养成"懂设计、通工艺、精操作、会维修、能创新"的高素质技能型人才。

2. 电气自动化技术专业的"实境教学、学训三合"人才培养模式

实境教学:是指在校办工厂、校外实训基地等真实企业工作情境中开展教学活动,使生产性实训和理论教学一体化。

学训三合:是指学习和工作相结合,生产性实训、顶岗实习与订单培养相结合,专业关键能力培养与学生创新能力培养相结合。

3. 材料成型与控制技术专业的"全真载体、实境训能"人才培养模式

全真载体:是指依托校办工厂,选定"灰铸铁壳体、球铁皮带轮、铸钢底板、铜合金轴套、铝合金活塞"五类铸件作为实训载体,进行教学活动。

实境训能:是指在真实生产环境中使学生感受企业文化和氛围,并通过亲自完成5种类型铸件的生产加工进行技能训练。

(二) 专业定位

对接装备制造业,依托行业协会,合作骨干企业,实现产业、行业、企业三结合。其中,产业是基础,行业协会是纽带,企业是合作实体。根据学院实际,建设具有可持续发展的高职培训型专业,培养满足装备制造业链条不同领域需要的生产、建设、管理、服务第一线的高素质技能型专门人才。

（三）专业建设

按照专业不同的人才培养方案，重点培育品牌教师，构建基于工作过程或职业岗位能力的课程体系，完善梯级训练的实践教学体系，进行社会服务能力建设，探索校企合作体制机制，搭建校企合作平台。

1. 制订师资队伍建设"四项计划"，打造双师结构教学团队，培育招牌教师

按照"以德为先、崇尚技术、培育名师、打造团队"理念，以"提升双师素质、优化双师结构"为建设重点，实施专业带头人培养计划、骨干教师培育计划、双师素质提升计划、兼职教师团队建设计划。

通过鼓励教师考取工程领域职业资格证书、安排教师到一线企业参加实践锻炼、参与企业科技创新和技术培训等工作，形成双师素质教师培养机制；专业建设实施"双带头人"机制，课程建设团队中实行"双骨干教师"机制，聘请企业高级技术人员、管理骨干和能工巧匠为兼职教师，打造双师结构教学团队。

采取政策导向、机制激励、过程监管、全面评价、交流提高等措施，通过工程实践、科研开发和技术服务等途径，将校内专业带头人培养成为在行业和专业领域中有一定知名度的招牌教师。

2. 实施课程建设"四项计划"，构建基于工作过程系统化课程体系

深入企业调研，进行典型工作任务分析、行动领域归纳；根据职业领域成长规律，进行学习领域转换及学习情境设计。在行业、企业、教育专家指导下，实施"岗位职业标准建设""课程标准建设""优质专业核心课程建设""特色教材建设"四项计划，构建基于工作过程系统化的课程体系。

3. 完善三级递进的实践教学体系

紧扣"校厂一体、产教并举、工学结合"办学特色，优化重组校内实训资源，引企入校，和企业共同规划、布局新建实训基地，以企业为主组织实训。加大教学硬件设施投入力度，加强校内生产性实训基地内涵建设，以制度为保障，开发制定实习标准、实训教材、实训指导手册、技能试题库和实训考核标准等，开展实训教学改革研究与实践，建成保障工学结合要求的实训基地配套管理体系。

与合作企业一同加强针对岗位任职需要的技能培训，大力提升学生的技能操作水平，提高就业能力。落实课程体系中相关实践内容，构建三个开放式训练平

台（通用能力、专项能力和综合应用能力训练平台），建成融教学、培训、职业技能鉴定和技术研发功能于一体的生产性、开放式、共享型专业综合性实习实训基地，不断完善"实训室—校内实训基地—校办实习工厂"三级配套并向校外实习基地和产业基地延伸的实践教学和学生能力训练体系。

4. 进行社会服务能力建设

充分利用品牌专业的实践教学资源优势和专业师资优势，建设"中央财政支持的陕西省职业教育咸阳实训基地"，与多家企业签订技术服务与项目合作协议，为企业开展技术革新、产品研发、成果转化以及专业岗位培训、职工技能培训、农村劳动力转移培训等社会服务；依托学院"陕西省职教师资培训基地"，为陕西省职业教育领域培训优秀教师。

利用品牌专业建设的优质资源，以网络为载体，形成多层次、多功能、交互式教、学、研资源服务体系，进行资源共享，带动校内专业群均衡发展，辐射省内外多家兄弟院校共同发展。

（四）探索校企合作体制机制，搭建三个校企合作平台

专设校企合作机构（校企合作处），牵头组建由28家企业参与的"陕西装备制造业职业教育集团"；出台《关于加强校企合作工作的若干意见》等相关制度，设立校企合作奖励基金，探索校企合作长效机制。

聘请企业高工兼职专业带头人，定期召开研讨会，组建专业建设委员会，搭建专业建设的"咨询决策平台"；充分利用校内外实训室（基地），安排学生实训和就业顶岗实习，搭建"实训资源共享平台"；为企业培训职工、提供技术服务，进行产学研合作，实现校企深度合作、互利共赢，搭建"互利服务平台"。

（五）融合校企文化，不断提高学生的综合素质

我院培养的是工业企业的一线员工，这一特点要求学院应建立具有行业属性和职业特点的校园文化，确保学生毕业后能迅速适应现代企业的管理理念和方法，顺利完成从"学生"到"员工"的角色转变。

在校园文化建设中，我们围绕铸就"陕工职院"品牌，开展具有现代工业特色、体现校企合作的校园文化建设系列活动。在人才培养过程中，坚持理想信念教育着力传承工业精神、养成教育着力发扬工业传统、素质教育着力满足工业企业对人才的职业素养要求、校企合作着力吸纳工业企业文化，为培养现代工业

企业急需的高素质技能型人才创造了良好的育人环境。

在校园环境布置上，突出装备制造行业特点，设立了"企业文化长廊"和"优秀校友风采展示"，展出55家合作企业单位和省内外行业骨干企业的经营生产理念、产品介绍和35名各条战线优秀校友的业绩，设置具有装备制造业特色的走廊文化和楼道文化，让学生置身其中，接受现代工业文化的熏陶，感受"职业目标在眼前、事业榜样在身边"。我们还着力推进"企业专家进校园"活动，先后邀请秦川机床集团有限公司龙兴元董事长、陕西机械研究院杜芳平院长、中船重工第十二研究所赵峰彦书记等企业专家、领导来校进行专题讲座，使学生了解行业企业发展现状和趋势，增强职业意识。开设"校友大讲堂"，邀请杰出校友以鲜活生动的事例为在校学生现身说教，为其今后顺利实现角色转换、走向成功提出有益建议。这些企业经营发展、个人事业奋斗的精髓理念浸润着学生的成长，既有助于人才培养质量的提高，也拉进了我们与企业的距离，加深了校企之间的感情，使得校企合作不断向纵深发展，特色校园文化建设取得了丰硕成果。

四、初步成效

经过近三年人才培养模式改革和品牌专业建设的探索与实践，陕西工业职业技术学院初步形成一些阶段性成果。

品牌专业建设工程的实施，使学生的专业技能鉴定通过率、综合素质、就业率大幅提高，进一步提高了学院的社会知名度，对学院的发展产生了深远的影响。

（一）学生的专业技能明显增强

通过三级递进的技能训练，学生的专业技能大大增强。近两年，我院学生参加"全国大学生电子设计竞赛""全国大学生数学建模竞赛""大学生机械创新设计大赛""全国职业技能大赛"等国家级和省级以上大赛，先后获国家级技能大赛等奖项46项，其中获得国家级一等奖2项、二等奖9项，省级技能大赛获奖122项，其中多项竞赛是与本科院校同台竞技，我院学生同样摘取过一等奖，得到了兄弟院校的认可。

（二）毕业生就业率连年攀高

品牌专业建设带来丰硕的成果，近几年我院毕业生就业率连年保持在 96% 以上，今年达到 98.49%，学院连续多年被评为"陕西省就业工作先进集体"。学院招生就业工作呈现出"出口畅、进口旺"的良好态势，2008 年、2009、2010 年新生第一志愿上线率都超过 150%。

（三）在陕西乃至全国装备行业铸就了"陕西工院"知名品牌

我院毕业生表现出较强的首岗适应能力、多岗迁移能力和可持续发展能力，以"下得去、留得住、用得上、干得好"的优良表现，得到了企业的高度认可，赢得了良好的社会声誉，在全国装备制造行业形成了"陕西工院"品牌，专业对口率不断提高，用人单位对我院毕业生综合评价的称职率为 99.84%，优秀率 54.65%，企业对毕业生的评价是："专业基础扎实，文化素养高；动手能力强，定位准确，吃苦耐劳，安心一线工作。"目前，我院已与国内 500 多家大中型企事业单位建立了长期、稳固的用人合作关系，毕业生面向机械制造、航天航空、石油化工等多个行业和领域，遍布全国 29 个省（自治区、直辖市）。

五、结束语

通过"工学六融合"人才培养模式的推行，学院的机械制造及自动化专业、材料成型与控制技术专业、电气自动化技术专业等三个重点建设专业成为陕西乃至全国装备制造行业的品牌专业。在 9 月 5 日沈阳举行的首届"中国职业教育与装备制造业创新发展高峰论坛"举行的颁奖表彰大会上，我院被中国机械工业教育协会、机械工业教育发展中心授予"全国机械行业骨干职业院校"荣誉称号、"全国机械行业校企合作与人才培养优秀职业院校"荣誉称号、我院机械制造与自动化、材料成型与控制技术、电气自动化技术等三个专业被授予"全国机械行业技能人才培养特色专业"。品牌专业建设造就了一批教学名师和骨干教师，培养了一批综合素质优、实践能力强的名片学生，得到了企业高度认可，赢得了良好的社会声誉。

基于行业标准的高职特色专业建设研究与实践

崔 岩

摘 要：国家示范性高等职业学院校建设计划的主要任务是重点专业建设，而机械行业高职院校的重点专业具有浓厚的行业特色和地域特色。本文在国家示范性高职院校建设实践的基础上，对如何建设机械行业特色专业进行了研究，提出了建设思路，即：创新专业人才培养模式、优化人才培养方案、强化实训基地建设、提升教师教学能力、力促校企文化融通，从而达到建设享有良好社会声誉的特色专业，以促进学院全面协调可持续发展。

关键词：机械行业；特色专业；思路；实践。

发表期刊：《教育与职业》，2011（20）：27-28。

机械制造业是国民经济的支柱产业，由于中国潜在的巨大市场和丰富的劳动力资源，世界的制造业正在向中国转移，中国正在成为世界的制造大国。2010年6月公布的《国家中长期人才发展规划纲要（2010—2020）》，明确提出实施国家高技能人才振兴计划，适应走新型工业化道路、加快产业结构优化升级的需要，加强职业院校专业建设和实训基地建设，培养造就一大批具有精湛技艺的高技能人才。

机械行业高职院校的重点专业具有浓厚的行业特色和地域特色，国家示范性高等职业院校建设计划的主要任务是重点专业建设，作为有深厚基础的机械行业高职院校，以国家示范性高职院校建设为契机，依托机械行业，对接企业，在专业人才培养模式创新、人才培养方案优化、实训基地建设、教师教学能力提升、融合校企合作文化等方面进行探索和实践。本文在国家示范性高职院校建设实践的基础上，利用联系学校和社会的专业平台，根据行业标准，对如何建设机械行业特色专业进行研究，为学院夯实基础、优化结构、调整布局、提升内涵、全面协调可持续发展提供建设思路。

一、创新人才培养模式

"人才培养模式"是指在一定的现代教育理论、教育思想指导下，按照特定的培养目标和人才规格，以相对稳定的教学内容、课程体系、管理制度和评估方式，实施人才教育过程的总和。它具体包括四层含义：一是培养目标和规格；二是为实现一定的培养目标和规格的整个教育过程；三是为实现这一过程的一整套管理和评估制度；四是与之相匹配的科学的教学方式、方法和手段。一个学校的人才培养模式是在一定体制机制下，长期发展积淀形成的，具有浓厚的行业特色和地域特色。

（一）携手政府、企业，创新办学体制机制

在省教育厅和省机械行业工业联合会的指导下，由我院牵头组建"陕西装备制造业职业教育集团"，该集团联合陕西省内外多家高职院校、职教中心、科研院所、大中型骨干企业、行业学会、咨询服务机构参加，按照自愿平等、资源共享、优势互补、互惠共赢、共同发展的原则，组成以联合办学为基础、以校企产学研合作为重点的职业教育联合体，初步形成了"校厂一体、产教并举、中高衔接、区域联动"的陕西装备制造业职业教育集团化办学模式。

（二）强化内部管理，促进学院科学持续发展

及时调整管理机构，优化设置管理岗位，处科级干部竞聘上岗，管理重心实现下移，实行二级学院管理，强化监督与考核，为专业建设、师资队伍建设、课程建设、实验实训条件建设提供了机制保障；有效利用办公自动化系统（OA系统）、教务管理系统、数字化校园系统等，提高工作效率，降低管理成本，加强部门执行力，管理效能日益凸显；按照"发挥优势、强化功能、创新机制"的总体思路，将校办实习工厂纳入学院整体教学组织体系进行管理，使其角色和功能实现了向具有"生产、教学、科研、培训、服务"五位一体功能的校内生产性实训基地的彻底转变。

(三) 形成"工学六融合"人才培养模式

通过打开时间壁垒——实现教学过程开放性,打开空间壁垒——实现"教、学、做"一体化,打开课程壁垒——实现理论课程与实践课程综合化,打开人员壁垒——促进双师结构教师团队建设,打开校企壁垒——促进产学合作等五大壁垒,总结凝练出学院"工学六融合"人才培养模式。即"人才培养与企业需求融合、专业教师与能工巧匠融合、理论教学与技能培训相融合、教学内容与工作任务相融合、能力考核与技能鉴定相融合、校园文化与企业文化相融合"。"工学六融合"是完全渗透式的六融合,其核心是工学结合。

按照"面向产业、服务区域、发挥优势、协调发展"的思路,在学院"工学六融合"人才培养模式框架下,5个重点建设专业形成了各具特色的专业人才培养模式。机械制造与自动化专业形成了"学工合一、知技融通"人才培养模式、电气自动化技术专业形成了"实境教学、学训三合"人才培养模式、材料成型与控制技术专业形成了"全真载体、实境训能"人才培养模式、计算机应用技术专业形成了"双融通"人才培养模式、物流管理专业形成了"职教合一"人才培养模式。

二、优化人才培养方案

人才培养方案是学校根据人才培养目标对人才的知识结构、能力与素质结构、培养过程与环节、课程体系及教学内容的总体设计与构建。它是人才培养目标的实施蓝图,也是人才培养活动的具体计划,包含人才培养目标、专业岗位职业标准、专业课程体系等内容。

各专业通过深入陕西装备制造业职业教育集团中的多家企业调研,引入行业标准,进行职业领域分析,确定了毕业生的就业岗位和各个工作岗位的典型工作任务;通过对行动领域归纳,总结出所需的职业能力、知识和职业素质要求;通过对学习领域转换,设定了相应的"理实一体化"课程和必需的单项技能训练,形成专业课程体系;与相关企业紧密联合、多次研讨,制定了符合企业用人标准的专业岗位职业标准,最终形成全新的人才培养方案。

（一）人才的培养目标确定

根据高职教育培养生产、建设、服务和管理第一线需要的高技能人才的定位与特点，进行企业调研，以确定企业为本专业毕业生所设置的工作岗位、工作范围、工作职责，以及对其专业能力、专业知识、职业素质要求等。根据调研结果，按照职业成长规律，确定本专业的工作岗位、工作范围、工作职责和工作任务，进一步确定各岗位的知识、能力、素质体系，从而确定人才培养目标。

（二）专业岗位职业标准制定

专业岗位职业标准是确定专业对应的工作岗位、工作范围、工作职责的规范性文件，应符合企业实际，具有一定的代表性和通用性；所对应的专业能力、专业知识、职业素质、职业道德应满足工作职责需求，对高等职业院校和企业职教培训机构培养高技能型从业人员具有很强的指导性、实用性和推广价值。制定专业岗位职业标准应与相关行业、企业紧密联合，广泛调研，校企合作，反复研讨，专家论证后形成。

（三）课程体系构建

根据专业岗位职业标准和广泛的市场调查，以职业领域分析为基础，从职业岗位标准入手，紧扣学生就业岗位群，生成工作任务和典型工作任务。针对完成这些典型工作任务凝练产生核心职业能力、职业知识、职业素质，并设定相应的支撑课程和技能训练内容。此后，解构现行的学科课程体系，按照由简单到复杂的认知规律，重新划分各个课程边界，构建课程体系。针对新的课程体系，按照相应的教学模式和"教、学、做"一体化要求，设定不同的学习情境，按照工作过程要求和学生学习认知规律重新序化课程内容，拟订相应的教学情境、教学方法、教学手段和教学活动，形成了"基于工作过程系统化和行业标准的课程体系"。

三、强化实训基地建设

依托国内同类院校中规模最大、工种最全的校办实习工厂（咸阳机床厂），根据行业标准，优化重组校内实训资源，建成生产性、开放式、共享型专业综合性实训基地。该基地能有效组织生产和实训,达到了"实训室—车间、教师—师傅、学生—学徒、实习—生产、作品—产品"的有效融通。按照工厂实际生产流程,采取"结合生产、针对岗位、按需施教"的教学模式,让学生在真实的生产环境中接受封闭式强化训练,以实际生产项目为载体,使学生熟练掌握各种专业知识和技能,并参加工厂真实的生产项目,积累实际工作经验,强化技能,提高就业竞争力。

分期建设生产性实训厂房,打破原有结构建制,建成了与专业结构、人才培养规格相匹配的生产性实训车间及相应的教学生产相兼容的组织管理机构。开发制定实习标准、实训教材、实训指导手册、技能试题库和实训考核标准等,建立了适应行业需求的实训基地配套管理制度;设置实训教学组,编写了以典型零件制造为载体、以典型工艺分析和加工操作技巧为主线的车工、钳工、磨工等多种实训教材及配套多媒体课件,扩大了生产性实训规模。所有重点建设专业和专业群的生产性实训得到充分保障,较好地搭建起了"校厂一体"的能力培养平台,营造起了"产教并举"的能力培养环境,建成了集"生产、教学、科研、培训、服务"五位一体、管理先进、功能完备、辐射面广、资源共享的示范性校内生产性实训基地,在装备制造业高职院校中,成为校厂异质融通、工学深度融合的典范。

通过以上建设,组成由校内实验室、综合实训基地、工业技术实训中心、校办实习工厂、校外实习基地五大实践训练环节,各环节既相对独立,又互补互促、阶梯上升,形成开放式技能训练体系,为单项技能训练、综合技能训练、实际操作训练奠定基础,为高技能人才培养创造良好环境。

四、提升教师教学能力

根据行业人才成长规律和行业标准,按照"以德为先、崇尚技术、培育名师、打造团队"的理念,以"提升双师素质、优化双师结构"为重点,全面实施了"专业带头人培养计划""骨干教师培育计划""双师素质提升计划""兼职教师团队建设计划"。即通过校企双向兼职,聘请企业高级技术人员、管理骨干和能工巧匠为兼职教师,形成专业建设"双带头人"制度、课程建设"双骨干教师"制度;通过鼓励教师考取行业职业资格证书、安排教师到一线企业参加实践锻炼、参与企业科技创新和技术培训等方式,形成双师素质教师培养机制;在青年教师中培育教坛新秀,在中级职称教师中培育优秀教师,在高级职称教师中培育教学名师,形成名师分层培养机制。这些制度、机制的建立和运行,为打造优秀教学团队奠定了坚实的基础,逐步形成了专兼结合、结构合理的双师型教学团队,其中"机械制造与自动化专业"教学团队成为国家级教学团队,"电气自动化技术专业"等8个教学团队成为省级教学团队,多位教师入围省级教学名师行列。

五、融合校企合作文化

著名企业都有知名企业文化。企业文化就是企业的经营理念、价值体系、历史传统和工作作风的具体体现,是企业员工的职业精神、价值标准、行为准则、职业习惯、道德规范和文化素质的具体体现,是行业标准的重要组成部分。

作为培养高素质技能型人才的高职院校,校园文化与企业文化融合是校企合作的重要组成部分,通过文化建设,帮助学生跨越企业文化门槛。

学院与行业企业深度合作,建立了"企业文化长廊"和"优秀校友风采走廊",展出74家合作企业单位和省内外行业骨干企业的经营生产理念、产品介绍和48名各条战线优秀校友的业绩,拉近了学院与企业的距离,让学生置身其中,足不出校园就能接受行业企业真实工作任务和环境的熏陶,接受现代工业文化;开设"校友大讲堂"、举办"企业家讲坛",开展企业专家进校园活动,让优秀校友现身说法,让企业成功人士言传身教,教育和帮助学生树立正确的人生观、就业观和职业观,形成良好的职业素养。

六、结束语

根据行业有所为、有所不为的发展规律,依据"适应产业结构,立足区域经济,瞄准岗位需求,强化技能培养"的专业建设思路,我院形成了"国家级重点专业、省级重点专业、院级重点专业"三层并进的专业建设体系,并按照"优先发展潜力专业,重点发展骨干专业,适度发展基础专业"的原则,通过充分挖掘校内师资与实训资源,依托行业协会、合作骨干企业,对接装备制造业打造专业品牌。通过不断深化改革、加强内涵建设,特色专业建设取得实效,2010年9月,我院被中国机械工业教育协会、机械工业教育发展中心授予"全国机械行业骨干职业院校""全国机械行业校企合作与人才培养优秀职业院校"荣誉称号；我院机械制造与自动化、电气自动化技术、材料成型与控制技术三个专业被授予"全国机械行业技能人才培养特色专业"荣誉称号。

参考文献

[1] 马国湘. 发挥行业组织在职业教育发展中的作用 [J]. 教育与职业, 2010 (13): 6.

[2] 杜祥培. 一流高职院校发展的策略探讨 [J]. 教育与职业, 2010 (3): 13-15.

[3] 王纪安, 王辉, 白树新. 高职院校文化建设探究 [J]. 教育与职业, 2010 (3): 40-41.

[4] 廖传林, 何琼. 高职教育校企合作、产学结合双赢策略 [J]. 中国职业技术教育, 2010 (12): 94-95.

[5] 刘方, 何玉宏, 赵家华. 高职院校办学特色探索 [J]. 教育与职业, 2008 (23): 19-21.

西部高职院校特色专业建设的研究

崔 岩

摘 要：本文根据国家建设现代职业教育体系的新要求，为系统培养高端技能型人才，在分析西部产业结构的基础上，提出了西部高职院校特色专业建设的思路，即积极探索校企合作体制机制，改革人才培养模式，优化人才培养方案，深化课程内容改革，强化实训基地建设，打造双师教学团队，搭建资源共享平台，提升社会服务能力。

关键词：西部；高职院校；特色专业；建设；研究。

发表期刊：《中国职业技术教育》，2011（24），61-64。

2010年颁布的《国家中长期教育改革和发展规划纲要（2010—2020）》，提出建设现代职业教育体系，是继教育部2000年2号文件、2006年16号文件之后，我国高等职业教育发展的又一个里程碑式的文件。

鲁昕副部长在2010年6月8日教育部举办的"高等职业教育引领职教科学发展战略专题研讨班"上做的《引领职业教育科学发展 系统培养高端技能型人才》主题报告中讲道："高等职业教育处于技能型人才培养的高端，对职业教育的人才培养和教育教学具有引领和导向性的作用"，提出今年要重点做好培养目标、专业设置、课程体系与教材、教学资源、教学过程、招生制度、评价机制、教师培养培训、行业指导、集团化办学等"十个衔接"；今后两年形成现代职业教育体系的初步架构；力争10年内建成中国特色、世界水准的现代职业教育体系。对于西部高职院校来说，要在培养高端技能型人才的实践中，紧紧抓住实现"十个衔接"的纽带——专业，积极探索适合具有地区特色的发展之路。

西部由于地域辽阔和历史的原因，注重第一、第二产业的发展，装备制造业基础雄厚，国防工业和航空航天工业颇具实力，但第三产业发展相对滞后。国家"关中—天水经济带"建设、陕西"西咸一体化暨西安国际化大都市"建设，为西部发展带来了难得的机遇。但西部的产业环境与东部和沿海地区相比，差异较大，高职教育面临的问题更多、挑战更大。如何适应西部经济发展，培养高质量、高端技能型人才，走出一条适合西部产业环境的高职教育路子，突破口就在于建设具有西部产业特征的特色专业。

西部高职院校特色专业可按以下思路进行建设：积极探索校企合作体制机制，改革人才培养模式，优化人才培养方案，深化课程内容改革，强化实训基地建设，打造双师教学团队，搭建资源共享平台，提升社会服务能力。

一、探索适应西部产业环境的校企合作体制机制

西部产业环境未来的走向集中在"劳动密集型产业、能源矿产开发和加工业、农产品加工业、装备制造业、现代服务业、高技术产业和加工贸易业"等领域，地处西部的高职院校应积极探索适应西部产业环境的校企合作体制机制，构建"人才共育、过程共管、成果共享、责任共担"的紧密型校企合作长效机制，促进资源共享，优化资源配置，提高人才培养质量，寻求地方政府、行业企业"合作办学、合作育人、合作就业、合作发展"的新型办学之路，实现专业建设新突破。

职业教育集团化办学模式是行之有效的特色专业建设路径之一。以陕西省为例，在政府和行业协会的领导和指导下，联合省内外高等职业院校、职教中心、科研院所、大中型骨干企业、行业学会、咨询服务机构，按照自愿平等、资源共享、优势互补、互惠共赢、共同发展的原则，组成了以联合办学为基础，以校企所、产学研合作为重点的职业教育联合体，包括装备制造、能源化工、现代服务等16个职教集团。通过校企共建、中职高职衔接、省内区域联动、城乡结合等方式，进一步加强学校与企业、学校与学校、企业与企业、学校与地方政府的联系，整合教育资源，实现资源共享，实现职业教育的规模化、集约化和高效化，构建职业教育集团化办学管理体制。充分运用市场机制，引进国内外大企业集团投资和加盟，建设有一定实力的生产型实训基地（车间），形成产业化规模，使教育、研发、培训、社会服务、生产紧密结合，成为集团化办学核心竞争力。

二、根据西部经济结构调整需求，改革人才培养模式

人才培养模式是学校为学生构建的知识、能力、素质结构，以及实现这种结

构的方式，应坚持育人为本、德育为先，注重职业道德和职业精神培养，强化职业技能训练，促进学生全面发展，它从根本上规定了人才特征，并集中地体现了教育思想和教育观念。

西部地区地域辽阔，战略性资源丰富，市场空间和回旋余地大，具有明显的后发优势和巨大的发展潜力，是我国扩大内需和承接产业转移的重点区域。西部地区正大力推进经济结构战略性调整。未来10年，西部地区将着力加强现代产业体系建设，不断完善特色优势产业体系；着力推进科技进步和自主创新，加快科技成果向现实生产力的转化，积极发展绿色经济、循环经济和低碳技术，以科技进步和自主创新塑造竞争新优势；着力改善发展环境和条件，建设和完善"五横四纵四出境"交通大通道，加快水利、能源、信息、市政基础设施建设，增强发展保障能力。

高职院校应围绕行业企业对高端技能型人才的需求，通过开放办学、企业深度参与，进行顶层设计，进一步优化专业人才培养目标和规格，反复研讨、试点检验、完善总结，形成具有行业特色的学院人才培养模式框架；各专业在此框架下，结合专业实际，进行专业人才培养模式改革，衍生各具特色的专业人才培养模式，为企业培养业务精湛、技艺高超、素质优良的高端技能型人才奠定基础，最终使学校、企业、家长、学生四方受益。

三、依据西部产业结构调整，优化人才培养方案

人才培养方案是学校根据专业人才培养目标对人才的知识结构、能力与素质结构、培养过程与环节、课程体系及教学内容的总体设计与构建，是人才培养目标的实施蓝图，也是人才培养活动具体化的计划形式。

《国务院关于中西部地区承接产业转移的指导意见》（国发〔2010〕28号）中指出：依托中西部地区产业基础和劳动力、资源等优势，推动重点产业承接发展，进一步壮大产业规模，加快产业结构调整，培育产业发展新优势，构建现代产业体系。西部高职院校应顺应西部产业结构调整，优化人才培养方案，积极进行企业调研，确定专业岗位设置与对应的岗位能力要求；按照职业成长规律，确定各岗位的知识、能力、素质体系；校企共同研讨，确定专业人才培养目标和人才规格及专业核心能力；开发专业岗位职业标准；构建专业课程体系；进行教学内容总体设计，形成人才培养方案。

四、服务西部经济发展方式转变，深化课程内容改革

西部大开发 10 年来，陕西省优势特色产业增势强劲。能源化工产业发展迅猛，2009 年实现总产值 3750.79 亿元，占规模以上工业总产值的 45% 以上。装备制造业实力不断增强，民用飞机、机床、输变电设备等已形成规模。高新技术产业的引领作用进一步凸显，新材料、生物医药等新兴产业快速发展。果业和畜牧业已成为农民致富和县域经济发展的主导产业，苹果面积、产量均居全国第一位。文化产业竞争力明显增强，旅游业在全国地位进一步提升。

西部高职院校应紧扣西部经济发展方式转变，以能力为本位、以职业为主线、以课程为主体、以优质专业核心课程建设为重点，面向岗位群及工作过程，深入企业调研，进行职业领域分析、行动领域归纳、学习领域转换，形成基于工作过程系统化或基于行业标准的课程体系，校企合作制定专业课程标准，引入行业企业技术标准开发专业课程，建成一批以工作过程、项目教学、案例教学为导向的专业核心课程、精品课程、特色教材和优质课件。

五、合作区域现代企业，强化实训基地建设

西部大开发已使得西部区域协调发展新格局初步形成。仅以陕西省而言，关中大力发展装备制造、高新技术、现代服务等优势产业，2009 年生产总值达到 5249.83 亿元，占全省 64.1%，是全省经济发展的重要支撑；陕北着力打造国家级能源化工基地，生产总值达到 2022.83 亿元，占全省 24.7%，成为全省经济发展新的增长极；陕南积极发展现代中药、绿色食品、生态旅游等特色产业，生产总值达到 916.23 亿元，经济发展内生动力逐步增强。

高职院校应紧扣自身办学特色，积极合作区域现代企业，优化重组实训资源，全面规划、合理布局，校企合作建设与专业结构、人才培养规格相匹配的生产性实训车间，形成"校内实训室、综合实训基地、校内生产性实训基地和校外实习基地"组成的实践训练体系，体现由单项技能训练、综合技能训练到顶岗实习阶段的认知递进规律，既相对独立，又互补互促、阶梯上升，强化提高学生技能。

同时，还应加强校内实训基地内涵建设，通过不断规范、完善和创新教学运

行模式，和企业合作开发制定实习标准、实训教材、实训指导手册、技能试题库和实训考核标准等，开展实训教学改革研究与实践，建成保障工学结合要求的实训基地配套管理体系。校外实习实训基地通过创新校企实习实训合作模式，构建校企合作长效运行机制，使双方由松散型合作发展为稳定的合作伙伴。

六、"内培外引、双向兼职"，打造双师教学团队

《国家中长期教育改革和发展规划纲要（2010—2020）》提出，到2020年，形成适应经济发展方式转变和产业结构调整要求、体现终身教育理念、中等和高等职业教育协调发展的现代职业教育体系，培养一支技艺精湛的高端技能型专业人才队伍，实现我国高技能人才总量2015年达到3400万人、2020年达到3900万人的人才战略目标。

高端技能人才的培养离不开双师结构的教师队伍，构建现代职业教育体系要注重为教师发展提供空间，激发教师工作热情，从而形成在教学、科研、社会服务等方面做出突出成效的高职优秀教学团队。西部地区高职院校要通过鼓励教师考取行业职业资格证书、安排教师到一线企业参加实践锻炼、参与企业科技创新和技术培训等工作，形成双师素质教师培养机制；充分利用西部企业资源，寻求和高职院校特色专业相匹配的企业技术骨干和能工巧匠，通过校企双向兼职，形成专业建设"双带头人"制度、课程建设"双骨干教师"制度；在青年教师中培育教坛新秀，在中级职称教师中培育优秀教师，在高级职称教师中培育教学名师，形成名师分层培养机制，打造专兼结合、结构合理的双师型教学团队。

七、以西部建设现代产业体系为契机，搭建资源共享平台

目前，西部各地区正在把推进西部大开发与加快产业结构优化升级结合起来，努力构建现代产业体系。陕西省将立足资源条件和产业基础，按照巩固一产、做强二产、提升三产的思路，统筹谋划、整体推进，促进三次产业协调发展、互动联动。

西部各高职院校应以此为契机，以专业为背景、以课程为核心、以资源素材开发为基础、以服务教学和培训为目的，从企业用人需求和学习者学习需求出发，基于先进网络信息技术，按照"系统设计、整体解决、合作共建、资源共享，共性为

主、兼顾个性，网络运行、持续更新"的建设思路，设计具有系统性、多样性及开放性的资源平台。依托西部著名企业，建成包括专业介绍、行业标准、专业调研报告、课程体系、人才培养方案等丰富的立体化专业资源，涵盖专业资源、课程资源及素材资源三层结构体系的专业教学资源库，实现资源共享。

八、培养西部产业发展急需人才，提升社会服务能力

当前，西部省份正借助国家西部大开发的有利时机，把做精做强特色产业作为提升产业整体水平的关键，加快实施产业调整振兴规划，积极发展装备制造、高新技术、能源化工等产业，延长产业链，促进集群化，形成竞争新优势；把扶持发展战略性新兴产业作为产业优化升级的重点，加快发展新能源、新材料、节能环保、生物医药等产业，着力培育新的经济增长点；把大力发展服务业作为产业结构调整的突破口，努力扩大规模、拓展领域、优化结构，做大做强旅游业和文化产业，推动生产性服务业迈出新步伐、生活性服务业跨上新台阶。

西部高职院校应依据区域产业调整设置专业，培养区域产业发展急需人才。开展对口支援，在教学改革、课程建设、实训基地建设等方面加强区域院校合作，利用开放式教学资源平台，实现资源共享，互派人员、相互交流、共同提高，达到双赢目的。依托教育资源优势，主动回馈社会，为企业员工进行专业技能、高技能和新技术培训，参与企业技术创新和研发，服务西部社会经济发展。

综上所述，西部高职院校只有围绕办学定位与目标，依据"适应产业结构，立足区域经济，瞄准岗位需求，强化技能培养"的思路，有效构建起质量优异、结构合理、优势明显、特色鲜明的专业体系，才能不断提升办学实力，提高教育教学质量，为西部大开发做出新的更大的贡献。

参考文献

[1] 国家中长期教育改革和发展规划纲要（2010—2020）[EB/OL]. [2010-07-29]. http://www.gov.cn/jrzg/.

[2] 马国湘. 发挥行业组织在职业教育发展中的作用 [J]. 教育与职业, 2010（13）: 6.

[3] 廖传林, 何琼. 高职教育校企合作、产学结合双赢策略 [J]. 中国职业技术教育, 2010（12）: 94-95.

以订单培养为突破口 全力推进高职教育与产业对接

崔岩 黎炜①

摘 要：本文全面阐述了订单培养的内涵及其在推进高职教育与产业对接中的重要作用，从高职教育的现状出发，提出了实施"订单培养"的具体措施，并对高职教育与产业有效对接进行了系统思考，期望为建立现代职业教育体系提供借鉴和参考。

关键词：订单培养；高职教育；产业；对接。

基金项目：此文是全国教育科学"十二五"规划2011年度教育部重点课题"高职教育集团化办学模式研究"（DJA110293）阶段性教学成果。课题组负责人：崔岩。

发表期刊：《中国职业技术教育》，2012（7），82-85。

高职教育的生命力在于不断满足行业企业对高端技能型人才的需求。因此，适应产业结构调整和经济转型升级，依托行业企业，以订单培养为突破口，大力推进高职教育与产业对接，共同建立高职教育产学研结合的运行机制，已经成为当前发展高职教育的有效途径。

一、"订单培养"的内涵

（一）"订单培养"的含义

所谓"订单培养"，就是学校按照用人企业对某个专业人才的特殊要求"量身定做"，充分利用校企双方的优质教育资源，共同培养用人企业所需的专业人才，实现预定的人才培养目标，最后由用人企业按照协议约定安排学生就业的合

---

① 黎炜（1967—），男，陕西长武人，陕西工业职业技术学院科研处处长，教授，主要从事高职科研管理工作。

作办学模式。

(二)"订单培养"的条件

"订单式"人才培养模式建立在校企双方相互信任、紧密合作的基础上,就业导向明确,企业参与程度深,能极大地调动学校、学生和企业的积极性,提高人才培养的针对性和实用性,实现学校、企业与学生的"三赢",是校企合作最行之有效的方式。这种"订单",是企业从自身文化特征和岗位要求出发,从参与人才培养目标的设定、培养方案的制订、理论与实践环节的衔接、教学任务的承担等方面全方位介入高职教育的始终,实现产学深度合作。

(三)"订单培养"的特征

订单培养使高职教育专业设置与企业需求相协调、技能训练与岗位要求相协调、培养目标与用人标准相协调,有效沟通"入口"(招生)与"出口"(就业),从而以"出口"带动"入口",具有十大显著特征:一是校企合作的规范性。订单是一种以契约形式固定下来的合同关系,它要求校企双方明确各方责、权、利,形成一种法定的委托培养关系。二是教育资源的共享性。实现学校与企业的资源互补,达到"产销链接",使学校人才培养与企业人才使用"无缝"对接。三是培养目标的针对性。围绕订单建构人才培养的全过程,人才培养计划有很强的岗位针对性,能大大缩短学生就业后的岗位适应时间。四是专业设置的市场性。以市场为导向、以企业的需求为依据设置专业,培养出来的学生能迅速适应就业岗位的需要。五是课程开发的职业性。订单是课程开发的依据,企业对职业岗位的要求是课程开发的逻辑起点。六是教学方式的灵活性。校企双方发挥各自优势,创新教育模式,实行灵活多样的教学方法,学生既可以在校学习,也可以到企业参观实训,更可以采用半工半读、工学交替、顶岗实习等方式方法。七是信息沟通的及时性。由于订单式培养使三方利益主体融为一体,信息沟通及时,从而解决市场供求的多样性和多变性。八是学生评价的客观性。企业对学生的"规格""型号"和"质量标准"都提出了具体要求,这样,对订单式培养的评价就有客观依据,对学生的评价不只是学校说了算,企业有很大的话语权。九是毕业生就业的定向性。"按需培养、企业录用"是订单式教育的显著特征。十是参与主体的多赢性。对于学校而言,有助于学校根据实际需要把握办学方向,调整专业设置,使专业设置更加符合企业和市场的需求;对于企业而言,订单式培有助于企业缔造稳定的员工队伍,是企业的"人力资源库";对学生而言,实现了招生即招工、毕业即就业;对社会而言,减少了就业压力,为构建和谐社会做出了贡献。

二、"订单培养"在推进高职教育与产业对接中的重要作用

(一)政府大力提倡职业教育开展"订单培养"

《国家中长期教育改革和发展规划纲要(2010—2020)》指出,职业教育应开展委托培养、定向培养、订单式培养试点,以推进政府统筹、校企合作、集团化办学为重点,探索部门、行业、企业参与办学的机制,到2020年,形成适应经济发展方式转变和产业结构调整要求、体现终身教育理念、中等和高等职业教育协调发展的现代职业教育体系。《教育部关于充分发挥职业教育行业指导作用的意见》(教职成〔2011〕6号)提出,职业教育应根据当地产业发展的实际,针对区域产业发展和企业需求,与行业企业共同制定实施人才培养方案和教学计划,编写校本教材,培养培训师资,组织实施教学,使学校人才培养最大限度地与区域产业发展需求相吻合,实现职业教育人才培养与产业,特别是与区域产业的紧密对接。鲁昕副部长在"高职引领职业教育科学发展战略研讨班上"的讲话中指出:职业教育应大力推行就业导向的培训模式,开展订单式培训、定向培训、定岗培训,增强培训的针对性和有效性,促进专业与产业对接、课程内容与职业标准对接、教学过程与生产过程对接、学历证书与职业资格证书对接。

(二)高职教育与产业对接被确定为国家教育体制改革试点项目的主要内容

"建立职业教育与产业对话协作机制"已被列为国家教育体制改革试点项目——"探索职业教育集团化办学试点方案"(陕教职〔2011〕10号)的子项目,由国家示范院校——陕西工业职业技术学院牵头组织试点。学院依托陕西装备制造业职业教育集团,根据产业发展对高端技能型人才的需求,整合校中厂优势资源,按照"联合策划合作方案、联合制订培养计划、共同打造教学团队、携手推进现场教学、协同实施双向管理、共建共享实训基地、合力构建评价体系"的原则,与企业深度合作,联合举办多种形式的订单班,并以此为突破口,进行

经常性协商,大力推进高职教育与产业对接工作。

在学院开展的众多订单班中,学院与世界知名企业欧姆龙公司的合作,成为践行这一思路最成功的典范。公司在学院建立了"欧姆龙订单培养基地",每年选拔100名学生开展订单培养,成为全国最大的一线人才培育基地;公司投入90万元共建的"自动控制与传感器应用实训室",成为订单班学员及全校师生的技能训练与认证基地;从公司全套引入技术与国际员工素质培训体系,学院成为欧姆龙西北地区最大的技术推广中心;公司投入20万元用于院内骨干教师赴日本、上海等地培训,聘请36名企业人员来校教学,打造了订单班国际化教学团队;企业先后投入40万元设立奖学金、5万元用于订单班管理,并聘任一名企业高级人事顾问常驻学院进行学生管理工作,将企业文化引入学生培养的全过程,打造了招生与就业的品牌,促使学院2011年在招生规模、报到率及就业率等方面再创新高。该种合作方式引起日本朝日新闻、中国教育报、陕西日报等国内外媒体的广泛关注。在教育厅主导下,2011年8月1日,学院联合部分陕西中职院校与欧姆龙公司举办了"合作育人、合作就业"研讨会,探索中高衔接的有关问题,有力促进了高职教育与产业对接工作的深入开展。

(三)"订单培养"是促使高职教育与产业对接的最佳载体

"十二五"时期,我国经济保持平稳较快发展的基本条件和长期向好的基本趋势不会改变,但由于宏观政策注重经济转型升级和科学发展,机械工业必须加快发展方式的转变,由过度依赖于消耗能源、资源和增加环境成本,向更多地依靠技术创新、管理创新和劳动者素质提高方面转变;生产模式努力向节能减排、绿色制造转变;产品结构努力向高端产品升级转变;产业技术向与信息技术等新技术的深度融合方向转变;增长点从传统产业向新兴产业方向转变。这就需要大力培养高级技能人才等专业人才,强化职工培训,提高职工队伍素质,满足企业可持续发展需要。与此同时,高职教育在这一时期也超常发展,为缓解行业第一线技能型人才的紧缺做出了重要贡献。但是短时间内职教资源快速积累,带来一些新的问题。比较突出的是专业布局过度分散;管理多头而标准无序;质量参差不齐;与行业企业的联系机制缺失;生产技术不断进步导致设施标准提高,而教育设施投入不足,一些地区办学低水平重复建设造成资源浪费严重等。种种现象说明高职教育必须与产业对接,满足社会经济发展的迫切要求,而订单培养则是其最佳载体。

（四）"订单培养"是促使高职教育与产业对接的便捷通道

"以学校为中心、以教师为中心、以理论为中心、以考试为中心"的传统教育模式，严重制约和影响着现代高职教育的发展。以国家装备制造业主要基地之一的陕西省为例：全省已形成门类齐全、具有相当规模和水平的装备制造业体系，振兴陕西及西部地区装备制造业，需要大量高端技能型人才的支持，仅2011年陕西省对机械类专业人才需求量达11万之多；到2015年，电气类专业在陕西装备制造产业中的应用比例将不断加大，年需培训12000人，新增就业岗位2.6万个；省内外企业对材料类高技能人才的年需求量约为2000人，约2万名员工急需技能培训与职业资格鉴定。面对产业快速发展的局面，高端技能型人才的培养必须紧跟产业行业需求，全面推动高职教育随着经济增长方式转变"动"，跟着产业结构调整升级"走"，围绕企业人才需要"转"，适应社会和市场需求"变"，着力推进教育与产业、学校与企业、专业设置与职业岗位、课程教材与职业标准、教学过程与生产过程的深度对接与融合，其便捷通道必然是"订单培养"。

三、实施"订单培养"的具体措施

为满足产业发展对高端技能型人才的需求，兼顾政府、行业、企业、学校的各方要求，寻求教育与产业的利益平衡，高职院校与相关企业应开展战略合作，开设多层次、多批次订单班，提升学生综合素质，实现校企文化融合，培育"一流员工"，促进高职教育与产业对接，有效带动区域职教协同发展。

（一）按照产业升级对一流员工培养的要求，校企联手策划合作方案

校企联动从建立人才培养基地、全套引入技术培训包、整体引进产业文化、人员互动、设立企业冠名奖学金等五个方面入手，签订校企战略合作协议，开展"四合作"育人。

（二）按照现代员工现场工作要求，校企联合制订培养计划

结合企业产品技术特点和专业人才培养要求，引入国际质量认证标准、生产现场管理标准、企业员工培训包、产品技术培训包等，形成全新的订单人才培养计划。

（三）依据校企双方的师资特点，校企共同打造教学团队

通过校内骨干教师培养、派遣企业精英授课、聘请校外技术专家等方式打造订单班一流的教学团队。

（四）按照国际员工素质要求，校企携手推行现场教学

校企联合组成教学团队，采用理实一体化方式，指导学生按"小组计划—共同研讨—团队工作—成果发布"的企业化项目工作路径在校内工作现场实施教学。

（五）按照企业化的组织模式，协同实施双向管理

学院选派院级优秀班主任担任订单班日常管理工作；企业选派人事部门高级管理干部常驻学校对学生进行一流企业管理理念渗透，缩短学校和企业管理的距离；将企业文化纳入培养方案，定期开展具有企业文化特色的员工活动，使学生感受企业人文关怀，增强学生的企业归属感。

（六）按照企业工作环境要求，共建共享实训基地

合作建成真实工作情境的实训基地，为订单班学生提供良好的实训环境；由企业技术支持、捐赠设备，建成企业技术与文化推广基地，为师生提供了解产品与训练实用技术的真实场所。

（七）按照企业岗位任职要求，合力构建评价体系

校企双方共同参与学员选拔、过程监控、技能考核、素质评价等订单培养的全过程，建立起一整套与国际质量体系、职业技能标准、员工素质要求、生产现场评价等相结合的订单培养质量评价体系。

（八）订单带动，促进职教与产业共赢

在人才共育的过程中，以订单班为纽带，依托学院的优势资源，面向产业，培养适应岗位需求的大批一线人才；产业中最新的技术与文化走进校园，促进校园成为企业产品与技术的展示窗口；利用共建的实训基地，开展服务产业的技术培训与认证，促使学院成为区域内对接产业的技术推广中心。同时，学院吸引产业内的优势企业持续投入，打造了优秀教学团队、优化了人才培养方案、引进了

现代企业技术、促进了校企文化融合，人才培养水平与就业质量不断提升，真正实现职业教育与服务产业的共赢发展。

四、实施"订单培养"的几点思考

调整优化产业结构，大力发展新型工业，高新技术将得到广泛的应用，对高端技能型人才的需求量将越来越大。作为培养高端技能型人才主体承担者的高职院校，应根据产业发展对高端技能型人才的需求，大力开展订单培养，并以此为突破，进而衍生多种方式和途径，实现职业教育与产业有效对接。通过实践，有以下几方面的思考：

一是高职院校应积极开展产业转型升级专项调研与课题研究，把握区域经济特别是地方经济产业结构调整的方向，及时调整学校的专业布局，发展与支柱产业、优势产业、基础产业和新兴产业对接的专业；二是积极争取地方政府的支持，成立有关行业、产业部门领导参与的产业合作委员会，指导专业与产业对接工作；三是成立由教师、企业技术人员、行业专家和职能部门领导组成的专业指导委员会，有效利用企业和行业的资源优势，研究制定专业发展规划，帮助学校进行专业论证和调研，及时调整课程设置和教学内容；四是主动邀请行业和企业领导（专家）来校交流校企合作、人才培养等相关信息和要求；五是通过教师主动为相关企业职工提供培训服务，积极参与企业的技术革新和新产品的开发，进一步提升产、学、研水平，在服务中提高自身能力；六是通过与产业对接，做到按行业与企业的评估标准实施教学过程与教育教学活动；七是把学校文化建设与企业文化建设进行融合，注意吸收先进企业文化的精神内核，让学生时时经历与感受企业文化的熏陶与影响，了解现代企业的精神、内涵，从而在"于无声处"中积淀产业文化的素养。

五、结束语

高职教育与产业对接是一项开拓性的工作，从中央到地方正在进行多方面的试点和探索，高职教育应进一步立足区域产业环境，依托职教集团平台，充分利用优质教育资源，借鉴现代企业的经营理念，继续加大订单培养力度，积极寻求多种途径，开展全方位与产业对接工作，使教育、研发、培训、生产紧密结合，为社会培养更多高端技能型人才。

装备制造业职业教育集团化办学的探索与实践

崔岩　王晓江　刘向红　黎炜

摘　要：本文主要介绍了西部职业教育集团化办学的产业环境和陕西职业教育集团化办学存在的主要问题。从集团化办学组织机构建立、集团化办学运行机制建设、现代职业教育体系构建、与产业行业对话对接协调机制建立、国际化合作等五个方面阐述了陕西装备制造业职业教育集团化办学的初步探索与实践。

关键词：职业教育；集团化办学；运行机制。

基金项目：陕西省国家教育改革试点项目——探索职业教育集团化办学（主持人：崔岩）；全国教育科学规划项目教育部重点课题——高职教育集团化办学模式研究（项目编号：DJA110293；主持人：崔岩）；陕西省教育科学重点规划课题——西部高职教育集团化办学体制机制创新研究（项目编号：11GG18；主持人：崔岩）。

发表期刊：《中国职业技术教育》，2012（19）：64-67。

职业教育集团化办学是近年来我国职教领域的重大改革之一，《国家中长期教育改革和发展规划纲要（2010—2020年）》中明确提出："支持一批示范性职业教育集团学校建设，促进优质资源开放共享。"2011年陕西省教育厅承担了国家教育改革试点项目——职业教育集团化办学，拟探索建立政府推动、行业企业参与、院校牵头、优势互补、资源共享的职业教育集团化办学模式，形成行业性和区域性职业教育集团相互补充、共同发展的办学格局，促进职业教育专业与产业对接、课程内容与职业标准对接、教学过程与生产过程对接、学历证书与职业资格证书对接、职业教育与终身学习的深度对接，建立校企一体化办学新机制。主要从"建立职业教育与产业对话协作机制、完善职业教育集团化办学制度机制、推进校企一体合作办学、建立并落实教师到企业实践制度"等方面开展各项试点工作。

陕西装备制造业职业教育集团属于陕西18个行业职教集团之一,作为陕西集团化办学的牵头试点单位,在集团化办学组织机构建立、集团化办学运行机制建设、现代职业教育体系构建、与产业行业对话对接协调机制建立、国际化合作等方面积极开展探索和试点,以期搭建起校企深度合作平台,促进专业建设与发展。

一、陕西职业教育集团化办学的产业环境

陕西地处西部,地域辽阔,历史积淀深厚。通过深入调研我们发现,西部第一、二产业比重大,装备制造业基础雄厚,产业环境有别于东部和沿海地区。"劳动密集型产业、能源矿产开发和加工业、农产品加工业、装备制造业、现代服务业、高技术产业和加工贸易业"等领域是西部产业环境未来的集中走向。同时,国家新一轮西部大开发、西咸新区、两江新区、关中天水经济区建设,为职业教育积极探索适应西部产业环境的校企合作体制,构建"人才共育、过程共管、成果共享、责任共担"的紧密型校企合作长效机制,促进资源共享,优化资源配置,提高人才培养质量,探索行业企业"合作办学、合作育人、合作就业、合作发展"的新型办学之路带来了新的发展机遇。

陕西又是国家装备制造业主要基地之一,全省已形成门类齐全、具有相当规模和水平的装备制造业体系。《陕西省国民经济和社会发展第十二个五年规划纲要》提出:"运用先进技术,加快改造步伐,推动重大装备自主化、成套化、高端化,推动骨干企业由单机制造向系统集成转变,推动主体产品由生产制造向服务型制造转变,培育一批具有自主知识产权和名牌产品的龙头企业,建设具有国际竞争力的先进装备制造基地。"

振兴陕西及西部地区装备制造业,离不开高端技能型人才的支持。经过调研,到2015年,仅陕西省对机械制造与自动化专业人才需求量达11万之多;电气自动化技术专业在陕西装备制造产业中的应用比例将不断加大,年需培训12000人,新增就业岗位2.6万个;省内外企业对材料成型与控制技术专业高技能人才的年需求量约为2000人,约2万名员工急需技能培训与职业资格鉴定。在此背景下,如何服务陕西经济发展、培养高端技能型人才,走出一条适应西部产业环境发展的职业教育新路,是陕西集团化办学试点工作中着重考虑的问题。

二、陕西职业教育集团化办学存在的主要问题

以专业为纽带，由行业或高职院校牵头，中等职业学校和企业广泛参与，"大力推进校企合作，建设行业性、区域性职业教育集团，构建职业教育和普通教育互通融合的'立交桥'，逐步实行中等职业学校毕业生注册进入高等职业院校学习制度。"全省相继建成装备制造业、能源化工、交通物流、现代服务业、现代农业、电子、航空、机电、经贸等18个行业性职教集团和2个区域性职业教育集团，吸纳职业院校304所，行业协会和科研机构89个，企业组织431家。职教集团内中等职业学校在校生总数达到27.5万人，高等职业院校在校生达到22.1万人，分别占到全省中职和高职在校生总数的30.6%和57.8%。职教集团成员企业投入2351.3万元支持职业院校建设实训基地，接受职业学校教师实践锻炼1.3万人次，接收17.99万学生开展顶岗实习；职教集团成员学校为企业培训职工18.1万人次。

初步搭建了校企合作平台，但在集团化办学试点中，还存在一些问题。一是职业院校对企业的服务能力不强，导致职业教育校企合作的紧密度不够，学校热企业凉，校企合作的模式单一；二是职业教育办学资源分散，教师队伍中的"双师型"数量和质量均达不到从业标准，职业教育的教学内容、方法均有待进一步改善；三是集团化办学的制度和法律不健全，缺少政策层面的互利互惠共赢发展的机制；四是对集团化办学缺少研究和理论指导，集团化办学的内涵、标准、效益等方面缺乏定性、定量分析研究；五是学校与企业（用人单位）需求脱接，校企合作难。

因此，建立和完善职业教育集团化办学保障机制，落实企业参与职业教育的税费优惠政策，引导行业企业主动参与职业教育集团化办学，建立新型的产教结合纽带，充分调动和发挥集团内各成员单位的积极性和主动性，以培养生产、建设、管理、服务第一线的技能型人才是陕西职教健康发展的当务之急。

三、陕西装备制造业职业教育集团化办学主要举措

陕西装备制造业职教集团于2009年7月成立，是在陕西省教育厅和陕西省机械工业协会的领导和指导下，由陕西工业职业技术学院牵头，联合省内外高等

职业院校、中等专业学校，装备制造业的科研院所、大中型骨干企业、行业学会参加，按照自愿平等、资源共享、优势互补、互惠共赢、共同发展的原则组成的以联合办学为基础、以校企产学研合作为重点的职业教育联合体，现有成员35家，其中高职院校和职教中心11家、科研院所4家、大中型骨干企业20家。

（一）建立健全组织机构，确保集团工作顺利运行

为确保集团化办学的顺利实施，陕西装备制造业职教集团成立了相关的组织机构。一是设理事会、常务理事会和秘书处等机构。理事会是集团最高权力机构，常务理事会是理事会的执行机构，在理事会的领导下进行工作，秘书处设在理事长单位，是集团的常设机构，负责集团的日常事务。二是成立行业指导委员会。行业指导委员会负责为企业提供科技力量与技术咨询，指导院校参与企业的技术开发和成果转化工作，为校企双方提供培训师资、实训基地及技术支持等，同时促进毕业生在行业企业的就业，搭建行业与职业教育的互动平台。三是成立相关专业的专业教学指导委员会。依托互动平台，联合职业院校、行业企业、职教集团、科研院所等，成立职业院校专业指导委员会，为院校及时提供专业设置（调整）、人才培养规格等指导意见，促进行业企业参与教学过程和人才培养质量评价，规范专业建设。

（二）完善集团化办学的运行机制，实现资源共享

集团化办学应始终坚持"以服务为宗旨，以就业为导向，走产学研相结合的道路"的高职教育办学方针，按照"政府主导、行业指导、企业参与、学校主体"的运行机制，充分调动四方的办学积极性，发挥各自在产业规划、经费筹措、先进技术、兼职教师聘任、实训基地建设、学生就业等方面的优势，制定相关的文件、制度，规范、约束集团成员单位的合作行为，以制度为前提，共商共建、合作共赢。

集团成员单位在办学上采取紧密性原则，充分体现教学、生产、科研、实训紧密结合，实现集团学校资源共享、行业企业资源共享、学校企业资源共享。

集团之外的业务企业和辐射单位，采用松散性原则，吸引行业、企业、咨询服务机构充分利用其资源优势，辅助集团教育、生产等工作，使人才培养与行业需求和陕西经济需求直接对接。

(三）开展中高衔接、高本对接，构建现代职业教育体系

通过集团统筹，有效利用和共享集团学校的资源，实现师资、校舍、实验实训条件等教育资源的共享和互补，实现中高等职业教育在专业设置、办学层次、教育内容、人才培养规格等多方面的衔接与沟通，促进中高职业教育的协调发展。

一是实行"五年一贯制"直通式高等职业教育办学试点工作。由中职、高职、企业三方共同参与，实施"三统一"，即统一制订计划、统一教学、统一协调管理。实行学分制管理，院校间学分互认，集团内企业优先接收学生顶岗实习和就业，接纳中职教师挂职学习，建立中等职业院校骨干师资培训和实践基地。

二是与应用型本科教育、专业学位研究生教育建立全方位联系。邀请本科以上教育专家开展多种形式的专业技术讲座，承接本科院校学生的技能培训，派送教师深造，疏通学生专升本渠道，开展校际交流等活动。

三是开展各类职业培训。面向未升入高一级学校的初高中毕业生、退役士兵、青年农民、在职职工、农民工、城镇失业人员以及所有有职业教育需求的社会成员，提供多样化的职业教育培训；广泛开展在岗职工技能提升培训和高技能人才培训；针对创业者特点和创业不同阶段需求，开展多种形式的创业培训，提高创业能力和创业成功率；大力推行就业导向的培训模式，开展订单式培训、定向培训、定岗培训等培训。

（四）定期开展校企对话对接活动，实现全方位的校企合作

在集团化办学试点过程中，由学院牵头的陕西装备制造业职教集团定期举办"四个论坛"，即校企峰会论坛、人才培养主题论坛、实用技术推广论坛、学生职业素质养成论坛，开展多层次对话活动。

校企峰会论坛是在政府宏观指导下，学校和行业企业高层人员参加，对涉及双方利益、决策等重大问题进行研讨，对职业教育与产业对话协作的焦点、难点问题进行协商，达成共识，形成相关决议。

人才培养主题论坛是由学校和企业专家参加，对企业人才需求和岗位进行分析、对学院专业设置（调整）、课程建设、实验实训条件建设、师资队伍建设等问题进行研讨；对职业教育与产业对话协作的具体问题进行协商，达成共识，重

点形成学校的专业人才培养方案。

实用技术推广论坛是由学校和企业专家参加，对新技术、新工艺、新发明、新创造开展研讨和方案论证，重点推广实用技术，解决企业生产技术难题；参与学校的专业建设、课程建设和教材建设等。

学生职业素质养成论坛是通过与行业企业深度合作，在学院设立"企业文化长廊"和"优秀校友风采走廊"，展出合作企业单位和省内外行业骨干企业的生产经营理念、产品介绍和各条战线优秀校友的业绩，设置走廊文化和楼道文化，让学生置身其中，接受现代工业文化的熏陶；开设"校友大讲堂"，举办"企业家讲坛"，让学生足不出校就认识社会、认识工作岗位要求，帮助其树立正确的人生观和职业观，养成良好的职业素质。

（五）加强国际交流与合作，不断提升办学水平

学院与全球知名的自动化控制及电子设备制造厂商、掌握着世界领先的传感与控制核心技术的日本欧姆龙公司合作，公司把"欧姆龙订单培养总部"设立在陕西工业职业技术学院，以机械制造与自动化、电气自动化技术等国家级示范专业为重点，进行联合培养。在深度合作过程中，校企双方探索出"联合制订培养计划、共同打造教学团队、携手推行现场教学、协同实施双向管理、共建共享实训基地、校企共育高端技能人才"的合作育人方式；为此，企业每年设立40万元奖学金，为企业订单培养200名技术员工，使其成为欧姆龙公司最大的一线高技能人才培育基地；另外，企业还向学校捐资90万元，按照欧姆龙企业标准，建成了欧姆龙技术实训基地，在服务订单培养的同时，成为欧姆龙公司西部最具规模的技术推广中心，也成为欧姆龙公司自动化产品西部地区重要的展示窗口；依托"订单总部"，在陕西省教育厅指导下，由陕西工业职业技术学院牵头，联合省内12家中高职院校，于2011年8月建立了区域订单培养协作机构。这种多赢的合作模式，不仅受到了国内多家主流媒体的报道，也被日本《京都新闻》专版报道，在国际上产生了积极影响。

作为省级重点专业，陕西工业职业技术学院数控技术专业在教育部职成司和世界著名日资企业FANUC公司共同支持下，成立西北地区唯一的FANUC数控系统应用中心并落户学院，主要承担FANUC公司在西北地区的数控系统技术培训、师资培训、企业职工培训和技术服务等工作。与全球领先的机床制造商德国

DMG公司合作，经教育部和DMG专家的共同遴选，学院成为西北地区首批DMG职业教育数控专业领域项目合作院校。根据协议，DMG公司将发挥其在全球数控专业领域的高端技术和专业优势，合作内容包括向学院捐赠（含师资培训和教学资源开发两个部分）。此外，DMG公司还将动员其商业合作伙伴参与合作学校的校企合作。

学院机械、材料、电气、数控、物流、信息、土木等各级重点专业，积极探索与国外教育机构合作，为学生提供与国际化教育标准衔接的技能培养及人才成长新途径，为教师营造与先进教育理念接轨的专业学习环境。首先，与德国奥斯特法力亚应用科技大学合作，邀请学院2名教师和2名学生免学费参加2012年5月开始的"夏季大学计划"；其次，与德国BSK国际教育机构（德国政府、德国法院批准设立的国际教育公益机构）签订合作协议，为学院提供3名教师赴德公立大学短期进修的名额及费用，在学院选拔2名应届毕业生（全国50个名额）赴德学习6年，攻读硕士学位，成为德制硕士学位工程师。目前，学院参加项目的3名教师和2名学生均已通过德方选拔。并且在合作的过程中，与该机构进一步签署了《关于建立德语中心的协议》和《关于共同启动在德国应用科技大学订单培养中国高职院校"双师型师资"的项目协议书》。至此，学院与德国BSK国际教育机构的合作项目扩展至4项，双方进入了中德高等职业教育领域的深度合作期。

四、结束语

经过近3年的陕西装备制造业职教集团化办学的探索与实践，高职院校立足区域产业环境，充分依托组建的职业教育集团，整合优质教育资源，借鉴现代企业经营理念，全方位开展与产业对接，使教育、生产、研发、培训紧密结合。通过创新有效的内部运作机制来实现专业设置（调整）、办学层次等多方面的衔接与沟通、学历教育和职业培训的融通，进一步延伸职业教育集团的教育功能和社会功能，切实引导好、保护好、发挥好各方面促进职教集团持续发展的积极性，构建与社会主义市场经济相适应的现代职业教育体系，形成"专业与产业互动、学校与企业共同发展"的职业教育新格局。

参考文献

[1]《国家中长期教育改革和发展规划纲要（2010—2020 年）》[EB/OL].[2010-07-29]. http：//www. gov. cn/jrzg/.

[2] 教育部 财政部关于支持高等职业学校提升专业服务产业发展能力的通知 [EB/OL]. [2011-09-30]. http://www. tech. net. cn/.

[3] 教育部关于推进高等职业教育改革创新引领职业教育科学发展的若干意见 [EB/OL]. [2011-10-12]. http://www. tech. net. cn/.

[4] 陕西省国民经济和社会发展第十二个五年规划纲要 [EB/OL]. [2012-02-08] http://www. chinaero. com. cn/.

[5] 沈一民，石静，常秋菊，等. 校企合作机制创新的探索 [J]. 中国成人教育，2011（20）：85-87.

装备制造业职业教育集团化办学探究

崔岩　刘向红　黎炜　段峻

摘　要：本文论述了当前高职教育集团化办学的内涵、体制、运行机制以及办学模式，以及在装备制造业背景下高职院校的实践经验，期望对我国高职教育有序开展集团化办学提供参考和借鉴。

关键词：高职教育；集团化办学；体制机制。

基金项目：全国教育科学规划项目教育部重点课题"高职教育集团化办学模式研究"（项目编号：DJA110293；主持人：崔岩）；陕西省教育科学重点攻关课题"西部高职教育集团化办学体制机制创新研究"（项目编号：11GG18；主持人：崔岩）。

发表期刊：《中国职业技术教育》，2013（36）：23-26。

近年来，我国高职教育发展迅速，在校企合作、工学结合方面进行了有效探索。为了解决校企深度融合问题，真正培养适合生产一线的高级技术技能型人才，形成有中国特色的高职教育发展模式和职业教育体系，国内高职院校积极开展了集团化办学探索。在实践过程中，为了寻求集团成员利益契合点，统筹政府、行业、企业、院校四方的协调运作，解决集团成员关系松散、无法形成集团办学合力的矛盾，明确集团化办学的内涵，进行体制机制创新，是高职教育集团化办学必须面对的问题。

一、高职教育集团化办学内涵

高等职业教育集团化办学是指政府、行业、企业、学校通过各种形式，借鉴现代企业的经营理念，充分运用市场机制，聚集多方力量，整合各方资源，引进国内外相关企业加盟，使教育、研发、培训、社会服务、生产紧密结合的新型办学形式。其基本功能是以高等职业院校牵头，借助规模效应、品牌效应和对口效应，实现技术技能型人才培养的高质量和集约化，使得集团各方利益共赢，共同发展，形成"政府主导、行业指导、企业参与、学院实施"的政、行、校、企深度融合的长效办学机制，最大限度提高高等职业教育的办学质量和办学效益。

二、"多元联动"的高职教育集团化办学体制

体制创新是集团化办学改革的难点，为了有效解决办学过程中的责任分工、组织架构、运行方式等根本问题，教育部专门确定了高职教育集团化办学试点研究课题，并在北京、陕西、甘肃等地开展试点。陕西装备制造业职教集团是承担教育部试点项目的牵头单位之一，通过积极探索，在试点和研究的基础上，确定了"四方高层聚力、高职院校牵头、理事会议决策、职教集团运作"的装备制造业高职教育集团化办学"多元联动"体制。"四方高层聚力"是指政府领导层、行业领导层、企业领导层、学院领导层齐心协力，为集团化办学宏观指导和统筹规划，出台相关有利政策，确保集团化办学有方向、有领导、有组织、有支持；"高职院校牵头"是指由具有装备制造行业背景的高职院校，在集团化办学中作为办学独立主体牵头组织实施，引领集团化办学朝着设定目标迈进；"理事会议决策"是指集团化办学实行理事会领导的理事长负责制，理事会是集团化办学的最高机构，通过理事会对章程与制度的制订与修订、成员的加入与退出、办学方向的确定等进行决议，确保集团化办学人才培养工作顺利开展；"职教集团运作"是指在运行层面，利用职教集团的特有优势，成员单位、各类指导委员会、咨询机构等各负其责，各司其职，有序开展各项工作。

三、"六措并举"的高职教育集团化办学运行机制

在"多元联动"的高职教育集团化办学体制框架下，陕西装备制造业职教集团从六个方面开展办学的具体工作。一是组建职教集团，建立校企合作长效机制。通过集团化办学，使学校和企业你中有我、我中有你，实现学校要素和企业

要素深度融合，实现校企合作双方良性互动，最大限度提高职业教育的运行质量和办学效益。二是开展对接对话，形成产教信息互通机制。定期举办装备制造业与高职教育对话对接论坛，倾听各方声音，寻求成员单位的利益契合点，实现信息互通有无。三是传承工业精神，构建校企文化融通机制。在高职院校专设企业文化长廊，弘扬企业文化进校园，使学生感受企业文化的熏陶，实现校企文化有机融通。四是实施内衔外接，推行多元立交运行机制。对内实行中高衔接，对外寻求国际公司、办学机构、职业院校等建立战略同盟，开展高本对接，为培养高级技术技能型复合型人才搭建成长的立交桥。五是聚集各方优势，形成资源共享机制。集团成员单位在办学上采取紧密性原则，充分体现教学、科研、实训、生产紧密结合，实现集团学校资源共享、行业企业资源共享、学院企业资源共享、生产资源教育资源共享。六是服务集团企业，建立人才共育机制。面向行业企业，注重学生养成教育，共同培养高级技术技能人才。

四、高职教育集团化办学模式

根据集团化办学体制框架和运行机制，依靠高职院校行业背景，立足学校发展现状，通过完善集团章程、制订相关制度及形成激励机制，明晰责权利关系，积极寻求集团内成员利益契合点，聚集优势资源，兼顾生产与教学的不同要求，在企业内按照教学要求共建实训车间和开发专业岗位，建立"厂中校"。在院校内对接生产需求引入企业资源构建"校中厂"，从而在集团内形成"实训室—车间、教师—师傅、学生—学徒、实习—生产、作品—产品"有效融通的"校企一体"格局。同时有效利用和共享集团学校的资源，在区域内对下衔接中职院校、职业高中、中专学校、职教中心，向上对接本科层次职业教育，为培养高级技术技能型人才搭建桥梁，形成了独具特色的"校企一体、产教并举、中高衔接、区域联动"的装备制造业高职教育集团化办学模式。在此模式下，校企双方联合策划合作方案，联合制订培养计划，联合打造教学团队，联合推行现场教学，联合实施双向管理，联合建设实训基地，联合构建评价体系，为培养高级技术技能型人才奠定基础。

综上所述，形成的集团化办学概念模型如图1所示。

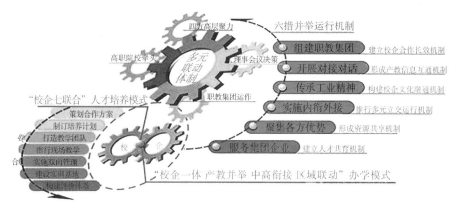

图 1 集团化办学概念模型

五、装备制造业高职教育集团化办学的实践

在集团化办学概念模型指导下，陕西工业职业技术学院作为有深厚行业背景的高职院校进行了一系列实践，取得了集团化办学的丰富经验。

（一）政行企校充分合作，创新集团化办学体制机制

在陕西省教育厅主导和陕西省机械行业协会指导下，2009 年，陕西工业职业技术学院携手秦川机床工具集团有限公司、陕西柴油机重型工程机械集团等 17 家骨干企业，4 家科研院所，11 所中、高职院校，牵头组建"陕西装备制造业职业教育集团"。充分发挥校企双方资源优势，以"合作办学、合作育人、合作就业、合作发展"为目标，搭建了教育信息汇集平台、教育合作机会发现平台、教育资源配置优化平台、教育模式探索创新平台和教育成果服务共享平台，构建起"政府、学校、行业、企业"优势互补、资源共享、利益交融的职业教育发展战略联盟，建立了基于装备制造业职教集团的校企合作长效机制。

在政府主导下，联合陕西装备制造行业主管部门，成立"陕西装备制造业职业教育集团行业指导委员会"（简称行指委），搭建行业与职业教育的对话协作交流平台，制定专业岗位职业标准，指导院校参与企业的技术开发和成果转化，协调企业为集团内院校提供师资培训、实训基地及技术支持，促进毕业生在集团内企业就业。

积极吸纳行业企业专家组建各专业（专业群）建设指导委员会（简称专指委），参与集团内院校人才培养及专业建设。根据技术领域和职业岗位（群）的任职要求，共同审定和修订专业人才培养方案，共同研究确定专业核心课程，制定课程标准及教学方案，指导开发专业特色教材；指导教师到企业挂职锻炼、企业人员到校担任兼职教师；落实学生到企业顶岗实习实训活动的组织和管理，探索生产实习实训期间的"双导师"制；指导专业应用技术开发和推广。

（二）开展职业教育与产业对接对话，形成产教信息互通机制

为建立健全高技术技能型人才培养、交流、使用、激励的新体系、新机制，探索校际合作、校企合作、职业院校与科研院所深入合作的有效途径，促进职业教育实现工学结合、顶岗实习人才培养模式的转变，推进陕西职业教育与产业对接，更好地为地方经济发展服务，由省教育厅主办、省机械工业协会指导，举办了"陕西职业教育与装备制造业对接对话论坛"和"应用技术推广论坛"。通过举办论坛，倾听了企业对职业教育人才培养的需求，搭建起了职业教育与产业对话平台，密切了合作关系，沟通了合作信息，探讨了合作新路，挖掘了合作潜力，扩大了合作范围，实现了企校之间优势的有机融合，有力推进了职业教育集团化办学试点工作，形成了产教信息互通机制。

（三）传承现代工业精神，构建校企文化融通机制

大力推进"产业文化进教育，工业文化进校园，企业文化进课堂"，以具有现代工业特色、体现校企合作的校园文化建设系列活动为先导，与知名企业共同构建校企文化氛围；聘请企业兼职教师，在课堂教学过程中引入企业文化开展教学；大力弘扬"让学生动起来"的校园技能文化，让学生在"真实"的企业赛事环境中砥砺技艺，不断提升职业素质；将行业职业道德规范贯穿于人才培养方案的始终，设置走廊文化和楼道文化，建成"企业文化长廊"和"优秀校友风采展"，以企业文化精粹装点校园，营造浓郁的行业职业氛围；开设"校友大讲堂"，举办"企业家讲坛"，邀请企业家做客校园开坛论道，使学生在愉悦和谐的校园氛围中感知企业文化真谛。同时，学院积极承办合作企业文艺表演活动，大力开展"走进社会、走进企业、走进学生家庭"三走进活动，将学院文化带入合作企业，实现校企文化全方位融通。

（四）实施内衔外接，推行多元立交运行机制

在集团化办学过程中，确立了"对内实行中等职业教育与高等职业教育的衔接（内衔），对外寻求与国际教育机构及企业开展合作（外接）"的工作思路，组织召开"全省示范高职院校建设与高职教育发展研讨会"，深入研讨了中高衔接的有关事宜，达成了共识，为中高衔接奠定了基础。在2012年全省职业教育工作会议上，陕西工业职业技术学院与3所中职院校签订了《中高职五年制连读试点协议》，以机械制造与自动化、电气自动化技术、数控技术3个优势专业为试点进行招生。利用品牌和专业优势，遵循"项目推动，全院参与，拓展领域，强化管理"的国际交流与合作教育发展思路，积极争取各类项目，自行配套优惠政策，和国外同类院校建立紧密的战略伙伴关系。2011年学院与德国BSK国际教育机构签署了《中德教育交流与合作框架协议书》，并设立5000元出国奖学金，启动合作培养应用型德制硕士学位工程师项目。先期选拔两名优秀学生在国内本科院校集训并拿到了德国伊尔姆瑙工业大学的录取通知书，在完成校内学业后，将按照德国工程教育体制完成学士学位和硕士学位的学习，取得在国际上作为从业工程师职业资格的硕士学位工程师文凭，实现硕士学位与注册工程师的无缝对接。通过学生出国攻读硕士学位、海外实习、定向生联合培养、交换生双向共育、师资双向交流、师资双向兼职等形式，有力推进了陕西省现代职业教育体系的逐步建立。

（五）聚集各方优势，形成资源共享机制

学校投入部分设备或资金，与合作企业共建应用技术研发、推广、服务机构，共建实训基地，企业为学生无偿提供实习实训岗位并向学生支付适当劳动报酬，校企双方协商成本核算和收益分配，企业根据自身条件和实际需要，在厂区车间内设立"生产与教学合一型"校外实习实训基地，接纳学生带薪顶岗实习和教师下企业实践，实现教学过程与企业生产过程融合，生产场所与实习场所相融合。依据区域内职业教育多样化趋势，强化集团化办学统筹力度，发挥职业院校的相互合作与促进作用，与中职、国外应用型本科院校合作，开展联合办学试点；依托陕西装备制造业职业教育集团中的著名企业，利用建成的开放式教学资源平台，实现资源共享，使兄弟院校及相关企业广泛受益；借助集团化办学的经验和成果，与合作院校在教学改革、课程建设、实训基地建设等方面加强合作，

互派人员，相互交流，共同提高，达到了双赢目的；依托资源优势，主动回馈社会，为高职院校进行教师教学能力培训，为中等职业学校培训骨干教师，为各县职教中心培训教学管理骨干，彰显大职教特征，形成面向全民的、多层次的、形式多样的大职教共享联动局面。

（六）服务集团企业，建立人才共育机制

陕西是装备制造业大省，拥有秦川机床工具集团有限公司、陕西鼓风机（集团）有限公司等一批大型企业，同时，国家新一轮西部大开发以及西咸新区、两江新区、关中天水经济区建设，有力促进了装备制造业的快速发展，集团企业急需"下得去、留得住、用得上、干得好"的生产、建设、管理、服务一线的高级技术技能型人才。学院依托陕西装备制造职业教育集团，与企业合作，建立起由校内实验室、综合实训基地、工业技术实训中心、校办实习工厂、校外实习基地组成的实践训练五大环节，构建起通用能力、专项能力和综合应用能力三个开放式训练平台，形成融教学、培训、职业技能鉴定和技术研发功能于一体的技能训练系统，为企业员工进行专业技能培训，为咸阳市下岗职工进行再就业技能培训，开展以"四合作"为主线的"校企七联合"人才培养，注重学生养成教育，建立起了高级技术技能人才培养机制。

参考文献

[1] 肖文，钟晓红. 职业教育集团化办学的理论探讨 [J]. 职教论坛，2012 (16)：68-70.

[2] 曹晔. 关于我国职业教育集团化办学基本问题的思考 [J]. 教育发展研究，2012 (3)：24-28.

[3] 尚丽娟，丁明，王金贵，等. 我国职业教育集团化办学机制研究 [J]. 职业时空，2012 (6)：14-17.

[4] 沈怡，董大奎. 职教集团化办学的中高职教育贯通研究 [J]. 职业技术教育，2011 (7)：28-31.

[5] 王超. 对职业教育集团化办学模式的分析与思考 [J]. 现代企业教育，2010 (22)：5-6.

[6] 徐丽华. 职业教育集团化办学的管理体制构建 [J]. 职业技术教育，2009 (1)：43-45.

德国"双元制"职业教育发展趋势研究

崔 岩

摘 要：德国双元制是一种职业培训模式。本文介绍了德国双元制的内涵和特点，分析了当前德国双元制职业教育的发展现状和趋势，德国双元制发展趋势对我国构建现代职业教育体系的借鉴与启示，探讨了德国双元制对我国职业教育的借鉴和启示。
关键词：德国双元制；培养层次；职业教育；启示。
基金项目：陕西省国家教育改革试点项目——探索职业教育集团化办学（主持人：崔岩）；全国教育科学规划项目教育部重点课题——高职教育集团化办学模式研究（项目编号：DJA110293；主持人：崔岩）。
发表期刊：《中国职业技术教育》，2014（27）：71-74。

德国双元制职业教育已经成为其经济发展一个极为重要的智力支持，德国前总理科尔称其为战后德国经济发展崛起的"秘密武器"。德国双元制职业教育模式是在其国情基础上，经过200多年的积淀和论证实践探索出来的符合德国国情和经济发展规律的教育模式，有其特殊性和本土性的特点。深入研究其运作特点及发展，对于指导现阶段我国的职业教育发展方向、完善职业教育法制体系、深化职业教育管理体制等都有着非常重要的借鉴意义。

一、德国双元制职业教育概况

德国双元制职业教育模式的形成与发展是社会经济发展和科技进步的产物，是在德国几百年职业教育实践的基础上逐步形成起来的。1920年，德国正式使用职业学校的名称，1938年，正式实行普通义务职业教育制度。双元制职业教育模式的正式称谓是在1948年德国教育委员会《对历史和现今的职业培训和职业学校教育的鉴定》中使用的，1969年，德国政府在《职业教育法》中对其作了具体规定，使其进一步规范化和法制化。20世纪70年代，"双元制"职业教育进入新的快速发展时期。

（一）德国双元制职业教育的内涵

双元制职业教育，是指职业培训要求参加培训的人员必须经过两个场所的培训学习，其中一元是职业学校，其主要职能是传授与职业有关的专业知识；另一元是企业或公共事业单位等校外实训场所，其主要职能是让学生在企业里接受职业技能方面的专业培训。德国双元制职业教育是学生在学校接受普通文化知识和专业理论知识，在企业接受职业技术技能培训的一种教育模式。该模式以培养现代技术工人为主要目标，同时注重学生的自我完善和发展。

双元制是德国复杂教育体系的一个组成部分。德国的教育体系中，高等教育分为综合大学（大学）、应用科技大学（FHS）、职业学院（BA）及双元制职业学校（中职）；初中毕业对应职业学校，高中毕业对应职业学院、应用科技大学、综合大学；应用科技大学和职业学院作为高等教育的组成部分也举办职业教育。结合我国的国情，不能简单说我国的高等职业教育与德国的哪类学校或哪种类型对应。

（二）德国双元制职业教育的特点

德国双元制职业教育模式的本质在于向青年人提供职业培训，使其掌握职业能力，而不是简单地提供岗位培训，所以德国双元制职业教育模式不仅仅注重基本从业能力、社会能力，而且强调综合职业能力的培养，其特点主要有三方面。

一是学员在两种培训机构中承担着两种培训身份。职业学校的任务是传授与职业有关的基础知识和专门知识，企业的任务是传授职业技能和与之相关的专业知识以及培养职业经验。一方面，学员以企业学徒的身份与企业签订培训合同，在企业接受培训时，其身份便是企业的学徒；另一方面，学员以学生的身份在职业学校接受理论课教学，身份便是职校的学生。

二是两类教师（师傅）承担两种教学内容。为学员培训的企业教师是企业的雇员，必须是掌握教育理论的技术专家，方可担任实训教师；为学员授课的职业学校的理论教师，主要进行专业理论课和普通文化课的能力提升。企业提供的培训内容近乎职业实践，主要是传授职业技能和与之相关的专业知识和职业经验。职业学校的教学内容除专业理论知识外，还包括普通文化知识，教学形式是课堂教学。

三是两种环境提升两种职业技能。学员在学习中,培训企业使用的是联邦职业教育研究所编写的全国统编教材,而职业学校使用的理论教材则是由各出版社组织著名专家编写的,是针对培训职业的技能要求编写的。实训教材旨在教会学生怎么做,而理论教材的目的则是告诉学生为什么要这么做。职业学校的合格毕业生应具备两张毕业证书,一张为毕业证书,代表着学生专业理论知识所达到的水平;一张为技术等级证书,代表着学生在相应职业岗位方面的职业技能水平。

二、德国双元制职业教育的现状分析

德国"双元制"职业教育模式在德国取得了较大的成功,社会经济发展得到了飞跃性的发展,除了德国政府的大力扶持,德国多年的文化积淀、国人的观念更新、机制的创新等都起到了非常关键的作用。

(一)职业教育学习终身化

德国的双元制教育以终身教育思想为指导,建立了职业教育的终身教育体系。主要表现在:一个方面是完善的职业进修教育制度。1998年德国联邦政府对地区行业协会编制的900个继续教育培训规章制度进行了分析、筛选,制定了较为完善的15个德国统一的进修职业条例。另一个方面是制定了高等职业教育措施。将卓有成效的双元制的教育模式和教育思想引进了高等职业教育领域,与企业及应用科技大学进行校企合作,构建了双元制职业教育体系。

(二)职业培训形式现代化

德国的职业教育进行的职业培训始终紧跟信息社会对职业人才培养的要求。一是在增长较为迅速的就业领域里面发展新的职业培训;二是改革并加速现有的职业培训项目与培训内容,紧跟社会发展需求;三是加快对人才的职业培训,培训方案每年都会进行紧跟时代发展的改革。

(三)职业教育发展多样化

德国的职业教育法中明确强调了职业教育的多种形式:一是对社会、企业开展的各种各样的职业教育或职业预备教育均予以认可;二是职业院校学生参加行业协会考试并颁发行业协会证书;三是允许不同教育要求和不同教育年限的职业教育形式存在。职业教育发展的多样化，满足了职业人及企业对人才的需求。

（四）职业教育发展层次化

德国职业教育随着工业化进程推进而诞生，从 18 世纪萌芽期的职业教育，到开创期的高等专科学校（FH），发展到 20 世纪的职业学院，德国职业教育已经将高等专科学校升格为应用科技大学，将学生的就业从针对单一岗位转变为针对职业群和行业发展，并顾及学生的职业生涯发展。德国的高等职业教育的多层次发展经历了两次变化与飞跃，第一次是高等专科教育向本科教育的飞跃，第二次是本科教育向更高层次教育的迈进。德国高等专科学校享有和综合大学同等的地位，确保了在尊重传统职业教育的情况下，顺利实施高等专科学校向本科高职学校转型，近几年升格的 7 所应用科技大学就是在原有高职学校的基础上转型而来。

三、德国双元制职业教育的发展历程及趋势

德国双元制教育在德国的各级教育领域中承担着不同的角色，通过多种形式、多种层次开展职业教育和培训，建立了较为完善的职业教育体系，为学生的终身教育提供了平台。

（一）萌芽期：手工作坊中的双元制

德国职业教育有文字可考的历史可以追溯到 12 世纪，在当时的手工业作坊中，主要是"师傅带徒弟"这种传授手工艺和技能的学徒培训方式，但这并不是师徒双方个人的事情，而是要受到行会的监督。19 世纪在英法等国工业革命的影响下，德国经济也迅速发展，尤其是制造业的蓬勃发展，致使各种岗位对学徒文化知识的要求增加，改进学徒培训方式以提高劳动力素质成为繁荣经济的必然要求。于是，出现了行业进修学校，双元制职业学校的原型也逐步显现出来。

（二）稳定期：职业学校中的双元制

经过不断发展，双元制已经在德国中等职业学校成熟、稳定。企业可以根据学生的类型来选择学生，学生被分别送到不同类型的学校，然后由学校按照学校录取要求办理入学手续。

学生参加企业的培训学习主要场所在企业，学习过程由企业提供工作岗位、实习车间及实验室、企业内的课堂、跨企业培训场所，包括提供教学基础中的培训职业内容、培训框架计划、考试要求等，这些是由联邦职业教育法规定的。

学生参加职业学校（公立）的培训学习主要场所在学校，学习过程由学校提供学习的教室、实验车间及实验室，包括提供教学基础中的教学计划、课程表及考试要求。这些由各州的学校法规定。

企业和职业学校之间合作与协调一致。接受培训的人，对企业来讲是学徒（法律基础是培训合同），对学校来说是职业学校的学生（法律基础是学校教育义务，即学校法），培训结束时进行技术工人考试或学徒满师考试。

例如，大众公司的做法是双元制学生首先需取得高中入学资格，然后与公司签订合同，才能到学校上课，大众公司每年可以收到15000人申请，但大众只选300个，根据确定的不同专业送到不同的学校，企业每月给每个学生资助500~600欧元。公司对职业教育的支持主要收获是投资不多，但培养了一个工程师。企业对进入双元制学习的学生要求很高，达不到所要求的分数线，企业就有权解除合同，学生就变成了普通学生。所以一般具有企业入学资格的学生压力较大，培训后的淘汰率高达到25%，最终被筛选的学生素质较高，学习结束后到企业可成为终身职员。

（三）拓展期：应用科技大学中的双元制

德国的双元制发展初期主要是在中等职业学校实施，随着社会的发展及对人才的需求，由于传统大学的实验实训环节只约占总学时的15%，不能满足高技术发展的要求，于是在应用科技大学中实施双元制教学，将学生理论与实践紧密相连，为学生在企业工作做好充分准备，有工程师本科毕业证。应用科技大学的学生没有普通学生的寒暑假，但有企业假期，学制一般为4年。一般的程序是：学生在进学校之前，先在企业工作5个星期；开学后在学校学习半个学期，第一学期后半段和第二学期在企业工作；第二学年学生在企业学习；第三学年第一学期在学校学习，第二学期在企业学习，年底必须通过行会的资格考试；最后一年在企业做毕业设计。

应用科技大学的学生同其他学生（综合大学）的区别是以工科为主，进入应用科技大学的学生具有企业经历，并需要在企业学习实习60周才能考试，对学生来说压力非常大，有25%的学生中途退出。

（四）未来趋势：博士人才培养中的双元制

德国应用技术大学不能培养博士，一般需要和综合大学联合进行培养，合作的主要方式是学生主要在研究所做工程项目，项目做成后论文就写出来了，博士就可以正常毕业。

在德国，每个教授都有几个助手，属于科技人员，同时读硕士或博士，其中就有双元制学生。德国教授一般成长历程是文理高中13或12年，进入综合型大学，然后经过本科、硕士阶段，最后需要跟教授做项目；经过团队科研项目、自选科研项目、毕业设计项目的锻炼，25岁可以进入博士学习，30岁可以取得博士学位，进入研究所进行项目研究；工作5~7年（这是教授的先决条件），一般人成为教授的年龄段主要在38~44岁。教授有钱可以自主组建研究团队，自主筹措资金，学校不予资助。招生时由教授直接去招。

例如，奥斯特法利亚应用科技大学机械工程学院机电一体化研究所目前有3位教授，都有工业界经验，现在做的许多项目都是大众公司的研发项目。一般是教授首先要在企业拿到项目，才能得到企业资金资助，学校不投资费用。项目的所有开支由教授负责，包括助教、其他科技人员、企业参与项目人员（一般都是读博士或硕士的）工资。

四、德国双元制职业教育模式对我国构建现代职业教育体系的启示

德国双元制作为一种较为成功的办学体制，对各国职业教育发展起到了示范和推动作用，双元制发展的历程及趋势对进一步促进我国现代职业教育体系的构建有非常重要的意义。

当前我国正处于构建现代职业教育体系的关键时期，国内职业教育至高等职业教育（大专层次）就无法再突破，成了名副其实的"断头教育"。尽管也有不少高职院校联合本区域本科院校进行联合培养本科层次的人才，但从职业教育层面来看，这类人才还具有明显的学科体系的烙印，本科层次教育甚至更高层次的教育无法在职教领域实现。

因此，我们应结合我国国情，充分借鉴德国双元制职业教育，积极探索中职、高职和应用型本科院校之间的专业和课程教学的有效衔接，国家和政府层面

应实施中高职一体化管理，营造一体化政策环境、理顺纵向一体化管理机制。合理规划和设计中职、高职教育的培养目标、岗位群、职业能力和职业素质大纲，做到试点专业的中职教育教学目标要求和高职教育教学起点的衔接，高职教育教学目标要求和应用型本科教育教学起点的衔接，使中职、高职、应用型本科三级职业教育层次在培养目标、课程体系、岗位能力和素质方面形成有序的阶梯式发展，形成各类职业教育互相衔接、互相沟通、互为补充的现代职业教育体系。

同时，以专业建设引领职业教育改革与发展，可以在工科类国家示范高职院校中试行应用型本科培养体系的建立，把培养工程师的高职院校作为我国高等教育体系的另一个类型，选择应用性强、技术内涵要求高、有良好行业背景的专业进行试点，培养可以获得技术学士、甚至技术硕士学位的应用型专业技术人才，使得我国的应用型专业技术人才培养得到有效改观；也可以允许具有工科背景的本科院校举办应用型本科教育，进一步完善我国职业教育体系。

鉴于德国双元制职业教育模式需要诸多方面因素协调配合才能取得较大的成功，我们在借鉴和实践过程中必须结合我国的职业教育实际，因地制宜、有所取舍，把德国双元制职业培训的创新精神、社会协调参与的思想引入我国的职业教育实践中，发挥我国职业教育的传统优势，建立具有中国特色的现代职业教育体系，为经济建设提供强有力的人力资源支撑。

参考文献

[1] 陈啸，刘杨. 国际应用型本科教育教学法研究的启示 [J]. 中国大学教学，2012（4）：92-95.

[2] 姚寿广. 德国两类技术型大学的比较与启示 [J]. 中国大学教学，2011（3）：92-95.

[3] 姜大源. 德国职业教育的最新改革与发展动态 [J]. 中国职业技术教育，2010（5）：5-9.

[4] 张庆久. 德国应用科技大学与我国应用型本科的比较研究 [J]. 黑龙江高教研究，2004（8）：31-33.

[5] 刘玉东. 德国职业教育与中国职业教育特点比较 [J]. 职业教育研究，2010（4）：158.

[6] 顾金良. 德国应用科技大学研究撷谈——兼论其对我国高职院校发展方向的启示 [J]. 职教通讯，2011（7）：50-52.

基于行企校联合制定的专业人才培养标准建设高职特色专业的研究与实践

崔岩 等[①]

摘　要：高职教育规模扩张以来，专业建设的同质化现象日益严重，树立"依托行业、联合企业、服务产业、凸显特色"的理念，成为高职教育开展专业建设的普遍共识，基于行企校联合制定专业人才培养标准建设专业，是高职院校专业建设形成特色的有效途径。

关键词：高职；特色专业；人才培养标准。

发表期刊：《中国职业技术教育》，2014（29）：38-41。

针对高职院校特色专业建设本科压缩痕迹明显、缺乏自我特征、专业建设的基础规范缺失、人才培养不能紧跟行业企业需求等现状，行业、企业、院校联合制定专业人才培养标准，并基于此进行特色专业建设，成为高职院校摆脱专业建设困境的有效实践。

一、高职专业建设存在的问题

近年来，高职院校处在强势发展的提升期，但从全国情况来看，各高职院校在专业设置上存在相互跟风现象，专业建设的同质化日益严重，普遍存在与产业技术进步、行业职业标准以及企业岗位标准结合不紧密、人才培养与行业企业需求脱节等问题，甚至在一定程度上形成了"热门专业过热，地方特色罕见"的"千校一面"的局面，致使高职生不但就业形势严峻，而且报考率持续下降，以陕西为例，2010年至2014年连续四年报考人数不足，专业设置的趋同性致使高

[①] 国家级获奖教学成果，其他完成人：刘向红、黎炜、张碧、蒋平江、贺天柱、段峻、刘永亮、焦胜军。

职院校面临着前所未有的生存危机。

行企校联合制定专业人才岗位职业标准，并对应被行业认定为行业通用的专业人才培养标准，基于此进行特色专业建设，有效解决了专业人才培养的"针对性"问题。针对高职院校特色专业建设内容不明确、建设路径不清晰，通过建立特色专业建设体系，有效解决了特色专业"建什么"和"怎么建"问题。

二、特色专业建设

（一）行企校联合制定专业人才培养标准

行业、企业、学校合作，系统分析行业国家职业标准，吸纳行业技术标准、行业职业规范、职业资格标准、职业道德规范和岗位任职要求，联合制定包括"适用范围、职业岗位、岗位职责、岗位职业要求、岗位职业培训及认证、相关技术标准与法规"等内容的专业人才岗位职业标准，制定流程如图1所示。其中电气自动化技术专业、数控技术专业、材料成型与控制技术专业人才岗位职业标准通过全国机械职业教育教学指导委员会和机械工业教育发展中心认定，成为全国行业通用的专业人才培养标准。

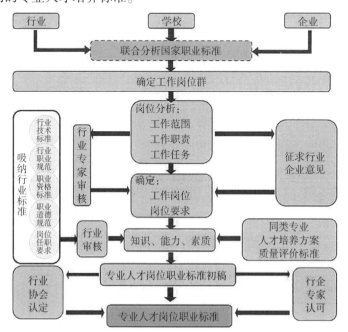

图1 专业人才岗位职业标准制定流程

（二）特色专业的内涵

特色专业是指紧贴产业技术进步和产业行业发展需求（行业发展特色），在区域内有一定影响和竞争优势（区域优势特色），能较好服务行业和区域经济发展（服务贡献特色），按照专业人才岗位职业标准进行人才培养（职业标准特色）的专业。它具有符合地方主导产业需求、有强大产业支撑、内涵底蕴深厚、毕业生就业质量高、社会需求旺盛、行业特征明显等六大显著特征，往往与学校的历史渊源、行业属性一脉相传。

（三）基于专业人才岗位职业标准，形成特色专业建设体系

基于专业人才岗位职业标准，建立包括建设内容、建设方法、动态监控及反馈、多元化评价等在内的特色专业建设体系，形成特色专业的行业发展特色、区域优势特色、服务贡献特色和职业标准特色。

1. 建设内容

一是创新标准贯通的人才培养模式；二是联合制订人才培养方案；三是合作开发专业核心课程；四是打造双师结构的教学团队；五是建设真实情境的实训基地。六是建设多元融通的专业文化。

2. 建设方法

行企校三方联合，进行特色专业的"六对接"建设。一是对接行业人才需求，创新人才培养模式，即在行业指导下，通过企业深度参与，在真实工作情境中开展教学，同时注重职业素质和人文素质培养，实现学习与工作相结合，使知识与能力相融通、理论与实际相融通、技能与素质相融通。二是对接岗位职业标准，优化人才培养方案，即针对岗位职业标准，按照人才成长规律，确定培养目标、人才规格及专业核心能力，形成知识、能力、素质体系；重新划分各课程边界，构建课程体系，行企校联合制订各具行业特色的专业人才培养方案。三是对接岗位核心能力，建设专业核心课程，即基于企业典型生产过程和项目，按照岗位核心能力要求，联合制定课程标准，共同开发核心课程，建设精品课程、特色教材和优质课件等在内的系列优质教学资源。四是对接行业技术专家，打造专业教学团队，即通过教师到企业一线参加实践锻炼，考取职业资格证书，推行"双师"素质教师培养机制。聘请企业高级技术人员、能工巧匠为兼职教师，建立专业建设"双带头人"、课程建设"双骨干"、顶岗实习"双导师"制度，建成

"双师结构"教学团队。五是对接行业技术规范，共建生产性实训基地，即引入行业标准规范，选择企业真实设备，以企业车间为参照，校企共建生产性实训车间及实训基地；引进企业培训包，与企业合作开发实训考核标准、教材、指导手册和技能试题库，建设生产性实训基地。六是对接行业企业文化，建设多元融通的专业文化，即开辟"企业文化墙"，展示合作企业的文化建设成果；引入企业员工技能比赛项目，开展学生技能大赛；开设美育讲坛，举办大学生艺术节、高雅艺术进校园等活动，提高学生艺术修养和文化素质；实现企业职场文化、校园技能文化、校园艺术文化融入专业文化建设。

3. 动态监控及反馈

瞄准企业岗位技术技能新变化，跟踪行业企业新技术、新工艺、新方法，在专业建设的各环节进行反馈，及时更新教学内容、教学团队专业技术知识和实训设备，实施教学方法和考核方式改革，建立"全程覆盖、适时调整"的动态监控和反馈机制。

4. 多元化评价

从专业人才培养质量高低、专业的行业特色是否鲜明、是否开展理实一体化教学、教学团队是否为双师团队、实训基地是否能产教并举、专业文化中是否融入企业文化等方面进行评价，确保特色专业的人才培养满足行业企业需求。

（四）特色专业建设原则

基于行业标准的特色专业建设应遵循以下原则：一是突出特色、就业率高的原则。高职院校首先要满足学生就业的需求，这是特色专业建设的前提和动力。二是整合资源、带动性原则。专业建设是高职院校内涵建设的着力点，高职院校要整合资源，以特色专业建设带动以相关专业为支撑的专业群的建设。三是准确定位、前瞻性原则。专业建设必须与行业发展状况以及区域的社会发展和经济建设相联系，同一个专业在不同地区的建设方案可能有所区别，不能生搬硬套，要在"特"字上做文章。还要具有前瞻性，既遵循专业自身发展的规律又紧密联系社会需要，在创新中保持优势。四是顶层设计、校企合作原则。特色专业建设作为创建特色高职学院的战略措施，起着龙头的作用，应通过人才培养模式的顶层设计与特色专业建设规范来实施。五是集中力量、重点突破原则。要集中力量抓特色专业的建设，科学规划，不搞平均主义。

三、特色专业建设成效

(一) 提升了特色专业学生技能水平

在特色专业课程中设置创新能力环节，在实训基地中设立创新工作室，在企业中开发创新实践岗位等，不断加强学历证书与职业资格证书的融合，第二课堂与技能大赛并重，学生技能水平显著提高。四个实验班学生"双证书"获取率明显提升，省级以上获奖 16 项，如表 1 所示。

表 1 技能证书与获奖统计对比表

专业	项目/班级	双证书获取率	比较结果	项目/班级	省级以上获奖数量	比较结果
电气自动化技术	实验班/电气 0901	100%	+2.2%	实验班/电气 0901	5	+67%
	普通班/电气 0906（双证获取率最高）	97.8%		普通班/电气 0903（获奖项数最多）	3	
数控技术	实验班/数控 0901	100%	+3.4%	实验班/数控 0901	4	+33%
	普通班/数控 0904（双证获取率最高）	96.6%		普通班/数控 0903（获奖项数最多）	3	
材料成型与控制技术	实验班/材料 0901	100%	+4.5%	实验班/材料 0901	3	+50%
	普通班/材料 0903（双证获取率最高）	95.5%		普通班/材料 0902（获奖项数最多）	2	

(二) 特色专业招生就业"两旺"

2013 年，在陕西省高职院校生源持续减少的情况下，电气、数控、材料专业计划招生 645 人，实际报到 848 人，特色专业实验班毕业生在清华大学、北京航空航天大学等高校就业的已达 11 人，毕业生专业对口率达到 90% 以上，如表 2 所示。

表 2 就业信息统计对比表

专业	项目/班级	一次就业率	比较结果	专业对口率	比较结果	用人单位评价优秀率	比较结果
电气自动化技术	实验班/电气 0901	100%	+2.6%	93.8%	+13.6%	69.2%	+23.8%
	普通班/电气 0904（就业率最高）	97.4%		80.2%		45.4%	
数控技术	实验班/数控 0901	99.39%	+2.19%	93.6%	+11.1%	70.4%	+20.5%
	普通班/数控 0902（就业率最高）	97.2%		82.5%		49.9%	
材料成型与控制技术	实验班/材料 0901	100%	+2.5%	94%	+16%	68.8%	+21.5%
	普通班/材料 0903（就业率最高）	97.5%		78%		47.3%	

（三）提升了特色专业综合实力

通过研究与实践，形成了电气自动化技术专业"实境教学、学训三合"、数控技术专业"一个平台、产学交叉、四个对接"、材料成型与控制技术专业"全真载体、实境训能"人才培养模式，优化了专业人才培养方案，其中两个方案由高等教育出版社出版；建成了国家级精品课程 1 门、精品资源共享课 1 门、省级以上精品课程 16 门，开发了特色专业系列教材 34 本，形成了特色专业课程标准 39 门；培育出省级教学团队 10 个、教学名师 9 名，建成国家级实训基地 2 个、省级实训基地 6 个，专业综合实力显著增强。

2010 年，电气自动化技术、材料成型与控制技术两个专业被中国机械工业教育协会、机械工业教育发展中心命名为"全国机械行业技能人才培养特色专业"，数控技术专业为"全国机械行业合作培养高素质技能人才创新建设专业"。本成果曾获陕西省人民政府教学成果奖特等奖、全国机械职业教育优秀实践性教学成果奖一等奖；部分成果先后获得陕西省人民政府教学成果奖一等奖、全国机械高等职业教育教学成果奖一等奖。

（四）增强了特色专业社会服务能力

近四年，电气、数控、材料三个特色专业为中冶陕压重工设备有限公司等单位培训员工 2637 人次、技能鉴定和考评 3251 人次；新增实用新型专利 8 项，其中学生专利 2 项；"XYJ-2015 数控阀芯槽倒角磨床"通过省级科技成果鉴定；完成了"在线式粮食水分传感器研制"等 20 项与企业合作进行的科技开发与技术服务项目，行业影响力较为突出。

四、推广应用

该研究成果在两所院校的推广，催生了应用化工技术、机电一体化技术和工程测量技术三个专业成为"高职院校提升专业服务产业发展能力项目"支持建设专业。

该研究成果在全国机械行业职业教育专业创新建设等服务产业升级专项活动中得到运用，并被金华职业技术学院、西安铁路职业技术学院等省内外兄弟院校在专业建设中广泛吸纳，为高职院校特色专业建设提供了借鉴和参考，吸引了山西、甘肃、山东等高职教育代表团以及河南工业职业技术学院、常州机电职业技术学院等来校交流学习。

该研究成果先后被《光明日报》《中国教育报》《中国青年报》等媒体报道，成果主持人受邀在教育部主办的全国"首届中国职业教育与装备制造业创新发展高峰论坛"等活动中作了主题发言 10 次，在行业职业教育各类会议、论坛作典型交流报告 20 余次。其中，2013 年 12 月，在"全国高职院校提升专业服务产业发展能力经验交流与成果展示会"上，作为从全国 977 所院校所选的 4 所院校之一，作了题为《对接行业标准打造特色专业，深化示范成果提升服务能力》的发言，产生了较大的影响。

五、结论

该研究与实践形成的特色专业建设基本理论，为高职院校专业建出特色指明了方向；行企校合作，制定的专业人才岗位职业标准，成为行业通用的人才培养标准；创建的特色专业建设体系，实现了高职教育人才培养的普适性与针对性的有机统一。

参考文献

[1] 马国湘.发挥行业组织在职业教育发展中的作用[J].教育与职业,2010(13):6.

[2] 王纪安,王辉,白树新.高职院校文化建设探究[J].教育与职业,2010(3):40-41.

[3] 廖传林,何琼.高职教育校企合作、产学结合双赢策略[J].中国职业技术教育,2010(12):94-95.

[4] 刘方,何玉宏,赵家华.高职院校办学特色探索[J].教育与职业,2008(23):19-21.

[5] 国家中长期教育改革和发展规划纲要(2010—2020)[EB/OL].[2010-07-29].http://www.gov.cn/jrzg/.

[6] 叶华光.内涵发展视域下高职教育的专业开发研究[J].教育与职业,2011(8):5-7.

[7] 许士群,张荣华.校企合作与工学结合三级平台人才培养模式的探索与实践[J].教育与职业,2011(2):24-26.

创新发展职业教育

崔 岩

发表期刊：《中国职业技术教育》，2015（19）：17。

基于学校办学实践，我对职业教育创新发展提出以下几点建议：

一是支持国家示范高职院校举办高职本科试点，加快本科层次职业教育发展步伐。目前，引导普通本科高等学校转型面临着不可预计的阻力。相比之下，部分高水平的国家示范性高职院校，在行业背景、专业特色、师资力量、实训条件等方面具有鲜明的职业教育办学特质优势。由此，建议在力推普通本科转型发展的同时，可以采取转型和补充相结合的方式，借鉴以往高职教育发展所采用的"三改一补"的形式，支持国家示范性高职院校作为发展本科层次职业教育的补充力量，实现向技术应用本科以及以上层次的"合理延伸"和"有机衔接"。

二是制定职业教育教师资格条例，进一步形成各层次职业教育教师应用能力培养机制。制定职业学校教师准入制度，实施单独的职业学校教师录用考试办法和考核制度，把技能考试纳入考试内容；完善教师聘用制度，从企业引进一批生产和服务第一线的高级技术人才充实教师队伍；完善高素质教师补充机制，借鉴德国"双元制"培训模式，建立专业教师定期轮训制度，支持教师到企业进行工作实践；规划建设职教师资培养培训基地，强化"双师型"教师的培养和培训力度；加强青年教师教学能力提升培训，加强师德建设。最终形成满足中等、高等职业院校，以及转型发展的应用型大学人才培养工作的师资建设标准，切实提高职业教育人才培养工作水平。

三是稳步推进高职招生制度改革，在生源危机背景下重点着眼于教育结构优化和教育质量提高。根据生源数量变化和招生态势，逐年、逐步扩大高等职业院校自主招生试点规模和范围；为促进高职院校稳步发展，停止本科院校安排专科层次高职教育招生计划；稳步推进高职院校综合评价注册入学试点工作，可选择部分高职院校和一些农林、水利、地矿等行业特色鲜明且社会急需的专业实施综合评价注册入学试点。最终形成以高考录取为主，自主招生、注册入学等多种形式为补充的格局。

四是制定校企合作促进条例和劳动资格准入制度，为职业教育增强办学吸引力提供强有力保障。尽快出台国家层面的校企合作的刚性法规条例，建立健全促进职教可持续发展的配套政策，加快建立行业企业参与高职教育的政策制度，有效形成校企合作长效机制；制定毕业生学业考核评价制度以及国家层面的资格证书准入制度，切实实行以职业资格为准绳的就业准入制度，增强职业教育办学吸引力和说服力。

高等职业院校招生制度改革的有效途径分析

崔岩　黎炜[①]

摘　要：高职院校招生制度改革，是当前构建现代职业教育体系的重要举措之一。本文从当前高职院校招生改革现状出发，分析了当前高职招生改革的现状和趋势，探讨了深化我国高职招生制度改革的有效途径。

关键词：高职；招生；改革。

基金项目：全国教育科学规划项目教育部重点课题——高职教育集团化办学模式研究（项目编号：DJA110293；主持人：崔岩）。

发表期刊：《中国职业技术教育》，2015（24）：36-39。

第七次全国职教工作会议的召开，国务院《关于加快发展现代职业教育的决定》和教育部等六部门印发的《现代职业教育体系建设规划（2014—2020年）》，为高职院校进一步深化改革、加快构建现代职业教育体系、贯通职教人才成长通道，明确了目标、途径和任务。特别是国家出台的《关于深化考试招生改革的意见》提出实行分类招考政策以及各省份陆续推进招生制度改革的形势，为高职院校日后着力构建现代职教人才立交桥带来了机遇，同时也带来了挑战。找到高职院校招生制度改革的平衡点，建立具有中国特色的高职教育招生考试制度，进一步提高高职教育的办学吸引力，加快构建现代职业教育体系的步伐，值得我们深入地思考和研究。

一、高职院校招生制度改革现状

高职院校招生制度改革一直是职业教育发展和社会关注的焦点问题。教育部出台《关于积极推进高等职业教育考试招生制度改革的指导意见》，明确提出的

---

① 黎炜，陕西渭南人，陕西工业职业技术学院科研处处长，教授，主要研究方向为高职教育研究。

以高考为主,自主招生、对口招生、注册入学等形式为辅的高职教育招生制度改革制度框架,给高职院校生源危机带来了转机。目前的招生形式主要有:一是秋季高考。在重点大学、普通及民办本科录取批次完成后,按划定分数线录取高职学生。高职院校近60%左右的生源来自普通高考这条途径。二是单独考试招生。自2005年上海市率先试行自主招生以来,现已扩大到全国范围内国家示范(骨干)高职院校,以及部分省份的省级示范性高职院校,自主招生比例由20%已经扩大到50%。三是对口单招。从中等职业学校毕业生中选拔一部分学生,使完成中等职业教育的毕业生有继续升学的直接通道。据统计,通过此途径录取的考生占高职招生总计划10%左右。四是"3+2"中高职贯通模式。从初中毕业生中招收学生入读高职5年制。五是技能拔尖人才免试入学。对于获得全国或省级职业院校技能大赛奖项的中职应届毕业生以及其他技能拔尖人才,可免试入学部分高等职业学校。六是综合评价注册入学。依据考生考试成绩和综合素质评价结果,综合评价,择优录取。从后五种先后推行的高职院校招生制度改革可以看出:逐步下放高职招生自主权,体现了顶层设计的政策导向;拓宽入学渠道、解决传统普通高考招生的单一化问题,体现了适应广大学生求学需要;推行部分院校"3+2"连读试点,实现了职教中高衔接的有益尝试。但从进一步实现高等职业院校创新发展、增强高等职业教育吸引力、有效发挥高职院校在加快构建现代职教人才立交桥中承上启下的重要作用,以及综合考虑国家深化考试招生改革的决策和《关于加快发展现代职业教育的决定》所提出的保持中职教育规模、推进新建本科院校转型等政策因素出发,如何改革高职院校招生制度,促进高职院校的健康长远发展,发挥高职院校在现代职教体系的重要地位,将是当前高职发展历程中的一件大事。

二、多元因素影响下的高职招生制度改革分析

从目前的情况看,国家明确提出的以高考为主,自主招生、对口招生、注册入学等形式为辅的高职教育招生制度改革框架,从理论上讲,体现了与普高教育、中职教育、职后教育、终身教育等有效衔接;从实践角度看,体现了多样化探索的有益尝试,改革已是大势所趋。但如何在当下生源逐年减少、生源质量偏低、社会认可度不高等多元因素影响下,理性分析高职招生制度改革,成为高职院校招生制度改革亟待解决的问题。

（一）"先本后专"的僵化录取原则，对提升高职教育的社会地位不利

高考录取作为大部分高职院校目前招生的主要途径，受到招生批次滞后与本科批次和生源数量逐年下降的影响，从近几年的高职招生录取线就不难看出，高职院校生源质量连年下滑。长此以往，高职生源质量得不到明显改善，谈及高等职业教育的办学质量与水平形同"空中楼阁"，这也与国家加快发展现代职业教育，提升职教地位的宏观指导不符。在观念上，更加剧了社会长期把高职教育看成"次等"教育的看法，必将成为高职院校发展的一大阻力。

（二）"一张试卷"的单一应试标准，难以筛选出适合技术技能发展的考生

目前的高考制度，从科目设置、考试内容来讲，高职院校招生考试与普通本科院校无异，无法衡量学生的职业潜能，没有体现出普通本科教育与高等职业教育之间人才培养目标与层次上质的区别，更无法实现高职院校专业对接产业、课程对接岗位的培养机制，为经济社会发展输送高素质技术技能人才困难重重。虽然目前正在探索实施在统一高考基础上，对报考高等职业学校的考生增加通用技术基础、职业倾向和职业潜能等技能考查内容的形式，但仍然处在初级试点阶段。因此，高职院校只能录取本科淘汰的考生，势必导致社会公众对于高职院校专业的认知模糊，致使许多考生及家长并不了解从业岗位的要求，增强高职院校的办学吸引力成为空谈。

（三）"断头教育"的人才培养现状，对构建现代职教人才立交桥造成壁垒

虽然目前个别省份探索高职试办本科层次的职业教育，但从全国总体上观察，传统"断头"高职教育的现状尚未被打破，国家示范性高职院校探索应用型本科教育还未全面启动，高职院校作为建设现代职业教育体系中承上启下的关键，其作用没有得到充分发挥，造成学生从高职到本科的求学上升通道尚未打通，不利于构建现代职教人才立交桥。

（四）高职院校生存发展空间受到挤压

在生源危机给高职院校生存发展带来强大的冲击下，虽然自主招生、中高职五年连读、注册入学等制度改革拓宽了高职院校的招考入口，但由于不同省份统筹管理的力度与方式不同，相关招生政策或多或少地制约了高职院校的招生空间。特别是在以高考为主体的高职院校招生方式尚未实现与普通高考的真正分离、多元化的高职院校招生人才选拔机制尚未形成的情况下，本科院校与高职院校瓜分高职招生计划，势必导致高职招生萎缩。长此以往，高职院校的生存发展空间令人担忧。

（五）新建本科院校转型加剧高职院校办学水平分化

从高职院校来讲，办学层次处于弱势地位的情形更加明显，对已经出现的高职院校办学水平分化和学校类型分化的影响将持续加剧。特别是受到高职原则不升本的政策制约，办学水平突出、已经具备试办本科层次职业教育的高职院校也将处在办学层次的弱势地位，吸引力与竞争力必将受到严重影响，最突出的影响就是招生。

（六）盲目招揽生源导致高职自主招生公信度降低

高职单独考试招生、注册入学等自主招生的本意是赋予办学好、信誉高的优秀学校，优先、自主选拔具有职业发展取向和专业潜质的学生，通过因材施教，加强人才培养的针对性和有效性，提高技术技能人才的质量。但有部分办学实力本身不强的学校借政策之机，不断降低门槛、放宽条件，盲目招揽生源导致高职自主招生公信度降低，严重影响高职院校的声誉和良性发展。

三、高职院校招生制度改革的理性思考

对现行高职招生制度改革现状及多元因素对高职招生的影响进行分析，不难看出，科学、有序进行高职招生制度改革，成为高职院校把好技术技能人才培养质量的"第一关"。有必要从以下五个方面先行先试、逐步推进，从而提升高职生源与高职教育使命的"匹配度"。

(一) 分类考试、平行录取，形成职教高考体系

从高等职业教育与普通高等教育这两种不同类型的教育本质出发，高职院校招生考试改革的根本问题，应该是如何解决高等职业院校生源构成的职业性。目前执行的"先本后专"录取制度，不利于高职院校向社会传达教育公平的意义，势必会延续多年来"职教低于普教"的错误认识。因此，将高职与本科招生放在公平竞争的环境中，对发展现代职业教育意义重大。一是构建相对独立的高等职业教育招生统一考试及录取平台，试行高职院校高考单列批次录取，逐步构建与本科院校录取同时进行的高职高专统考的两类不同层次类型高考体系，增强高职院校录取的选择性与针对性，引导更多的优质生源向高质量高职院校合理分流。二是采用多元录取评价标准，根据高职教育的人才培养目标要求，采用"学业+专技"的方式，在试题的科目设置、要求和难度上都应与本科招生考试有差异，并以各种职业技能类考试成绩作为主要录取依据；从学生职业生涯和专业发展角度出发，按照考生所报考的专业来实施评价，主要测试其职业能力，考查其对所报专业的适应度。

(二) 加强统筹、分类指导，科学引导高职院校招生制度改革

加强省级统筹力度，进一步平衡高职教育公平和教育效率的关系。一是实行高职院校招生制度改革分类管理，根据国家示范（骨干）、省级示范、一般高职院校和民办高职院校的不同发展基础，在招生政策扶持、招生计划等方面实行分类指导与支持，有效发挥各类高职院校的优质教学资源优势，推动高职院校办出特色。二是逐步推行本科院校退出高职招生机制，在加快发展现代职业教育、输送紧缺技术技能人才配合国家产业升级转型的需求下，逐步建立本科院校不再安排专科层次高职教育招生计划的改革机制，以进一步促进高职院校整体办学水平和人才培养质量不断提升，增强对区域经济社会发展的贡献度。

(三) 择优试点、合理延伸，推行高职试办应用型人才培养实质性改革

在全国范围内，目前也仅是一小部分省份开展了高职试点应用型本科教育，延缓了构架职教人才立交桥的步伐。"断头"的高职教育不利于现代职教体系的构建，应充分发挥高职院校在建设现代职业教育体系中承上启下的重要作用，创新发展高等职业教育。一是推进高等职业教育的层次和类型取得制度性突破和实

质性进展，大力支持和鼓励优质高职院校选择精品专业，开展四年制应用型本科专业人才培养试点，着力培养本科层次技术技能人才。二是在继续实施中、高职衔接的基础上，启动实施高等职业教育与本科教育对口贯通分段培养、单列招生计划，通过实行中高衔接和高本对接的对口贯通分段培养，打通学生从中职到专科、专科到本科乃至研究生教育上升通道，逐步实现具有中国特色的中高衔接、高本对接的上下贯通人才培养的有效衔接。

（四）结合实际、科学导向，把好高职院校生源质量关

随着生源质量的逐年下滑，高职教育优质生源短缺，技术技能人才培养受阻，给高职院校办学质量带来了严重影响。高等职业教育不经过高等教育入学考试的招生方式，不但不利于维护高职招生考试制度改革的严肃性，而且会加深高职院校的社会认同危机，甚至引发高职招生的腐败现象（已经或多或少出现了包生源、买生源的现象）。把好高职院校生源质量关，必须以学业水平考试为前提，融入技能考核的职业特点，选取合适人才，从而为提高高职院校办学质量和水平打好基础。同时，加强监督监管制度建设，加大信息公开力度，提升高职分类考试的社会公信度。

（五）依托行业，发挥职教集团优势，创新高职教育专业招生机制

技术技能人才的成长规律决定了职业教育必须依靠行业企业办学。目前的高职招生制度改革中，无论是对口单招、中高职贯通、免试入学，还是高本联合培养，尚存在不同层次间的人才培养模式不统一、人才培养方案不衔接、课程体系不吻合等现象。为了真正实现贯通培养，切实做好职业教育各层次人才培养的有效衔接，可充分发挥职教集团优势，探索建立产业与专业、企业生产标准与职业院校标准、企业生产过程与职业院校教学课程相衔接的运行模式，由高职院校依托职教集团联合组建高职考试指导委员会，统一制定本行业内专业大类的人才培养方案、课程标准与实践考核标准等，形成统一的专业招生标准体系，有效解决职业教育各层次间的培养体系"两张皮"问题。

四、结束语

目前我国高职院校招生制度改革已经迎来了创新发展的新时期。高职院校招

生制度改革作为国家招考制度改革的一项重要环节,在其探索实施初期出现的问题,我们不可回避。如果说推进高职院校招生制度改革,是高职招生困难问题迫切需要通过招生改革来解决——"问题导向",公众对高考制度改革不适应高职发展的呼声日渐增强——"社会需求",以及发展现代职教、打通职业教育人才培养立交桥——"政策引导"的三方面有机汇合,那么找准政策稳步推进、社会广泛认可、院校自身特色发展的"平衡点",并不断探索和完善,高职院校的办学质量和吸引力就会不断加强,构建现代职教体系的宏伟蓝图就会早日实现。

参考文献

[1] 傅维利. 我国高考改革的困境、出路及新方案设计 [J]. 教育研究, 2009 (7): 8-13.

[2] 王后雄, 李木洲. 新课程下高考质量与新课程改革发展关系探析 [J]. 中国考试, 2010 (9): 3-12.

[3] 刘海峰. 高考改革: 公平为首还是效率优先 [J]. 高等教育研究, 2011 (5): 34-40.

"中国制造2025"背景下的现代职业教育发展战略

崔 岩

摘 要：现代职业教育是实现制造业强国崛起的关键，必将成为助推我国制造业转型升级的人力与智力源泉。为此，"中国制造2025"实施关键期现代职业教育必须实现四大发展战略：一是纵向贯通，打破职业院校学生成才发展的"天花板"；二是横向融通，构建职业教育互通合作的"共同体"；三是外部联通，构建职业教育与职业培训的"双路径"；四是对接产业，打造专业服务产业能力"升级版"。

关键词：中国制造2025；现代职业教育；职业教育体系。

发表期刊：《中国职业技术教育》，2016（30）：92-93+96。

为了实现"中国制造2025"，打造具有国际竞争力的"中国制造"和"制造业强国梦"的战略目标，首要问题是培养符合国际标准的技术技能人才。这就将同步产业转型，培养一支能把"中国制造2025"落到实处的技术技能人才队伍提到了空前的高度。因此，如何紧贴"中国制造2025"发展战略，寻找两者之间的"最大公约数"，壮大产业人力队伍，提升人力资源水平，成为职业教育必须完成的历史命题。

一、"中国制造2025"是现代职业教育发展的新风向

从外部动力来看，"中国制造2025"是多元世界经济体"联合挤压"的产物；从内生动力来看，是中国制造从资源和劳动密集型向资本和技术密集型转变的必然选择。从外部压力来看，西方发达国家通过振兴本国制造业实现新一轮的经济增长，德国"工业4.0"、美国的"再工业化"等理念都是这一背景下的政策产物。引导部分高端制造企业回归本土，致使我国制造业企业在关键核心技

上长期受制于人，对我国制造业转型升级构成不小的威胁，也对我国人力资源市场造成了强力冲击，进而促使人力资源队伍建设的结构性矛盾进一步凸显：一方面是中低劳动密集型技能人才数量过剩，另一方面是高端技术应用与创新型人才数量明显不足。

职业院校是我国高技能人才队伍培养的主阵地，破解职业教育在制造业人才队伍建设中的"尴尬境遇"是职业教育创新发展的新着力点。职业教育已成为我国"调结构、转方式、促升级"的重要支撑。但制造业伴随着快速发展而出现的高端技术技能人才短缺、结构失衡、领军人物匮乏等问题直接反映了职业教育还没有完全同步经济发展与制造业升级的节奏。到2020年，高端技术技能人才需求达3900万人，其中技师、高级技师达1000万人左右，高端技术技能型人才培养已经成为制约我国制造业转型发展的痼疾。因此，在今后相当长的一段时间里，职业教育必须适应我国制造业转型升级需求，成为产业的人力与智力源泉。

二、"中国制造2025"实施关键期现代职业教育发展战略

未来10~25年，是全球制造业价值链分工新一轮调整的重要阶段，也是我国实现制造业强国崛起关键时期。加快以人力资本提升、自主创新等为基础的竞争优势，促进人力资源大国向制造业强国转变，是确保经济社会平稳健康发展的必然选择，其中同步产业发展适应社会需求的现代职业教育发展是实现制造业强国崛起的关键。在"中国制造2025"背景下，构建新型人才培养体系，加快发展现代职业教育可以实施四大战略。

（一）纵向贯通，打破职业院校学生成才发展的"天花板"

我国的职业教育包括职业学校教育和职业培训。职业学校教育分为初、中、高三个层次，其中中等职业学校是我国职业教育的基础，主要培养中低端的技能型人才。我国制造业转型升级，对人才的层次需求更趋高端，专业技术型人才、智能型人才等高级技术人才的需求量逐渐加大，而这类人才主要由高等职业教育来培养。要实现人才培养规格的提高，就需要将职业教育的办学层次从"中低端"向"高端"延伸。现代职业教育要以服务发展为宗旨，将中职学校办成中级工、高级工技能人才培养基地；将高职办成高端技术应用与创新人才培养基

地，将其建成直接服务区域经济社会发展，融职业教育、高等教育和继续教育于一体的新型大学；同时还要建立以提升职业能力为导向的专业学位研究生培养模式。从而纵向贯通，打破制约职业院校学生成长的"天花板"，使学生成长成才的路径更加畅通。

（二）横向融通，构建职业教育互通合作的"共同体"

现代职业教育具有跨界属性，是跨界教育，跨界就需要适切利益相关者的利益诉求，实现互利共赢，无论是校际合作还是校企合作都需要横向融通。其一，校际合作，推进学研融合。建立职业院校与职业院校之间的交流与合作，实现资源整合共享和优势互补；深化职业院校和高等院校之间的合作，加强科研和教学之间的联系，推进专业优化和教学改革；通过课程与学分互认、学分累积转换等方式，开启职业教育与普通教育的互联互通之门。其二，校企合作，推进产教融合。校企合作往往呈现出初级形态、中级形态、高级形态。初级形态基本表现为校企共办订单班、共建实训基地、互聘教师；中级形态基本表现为校企建立"双主体"办学机构，共编教学标准，共同培训教师，共享教育资源；高级形态基本表现为共建研发中心或技术中心，建立"校企共同体"，成为行业发展的技术源或创新源。加强校企合作，促进产教融合，就是要破解校企合作中的产权问题、利益分配问题、资产租赁问题等，通过职教集团化办学、职教园区建设等方式，推进校企合作从初级、中级形态向高级形态转向。

（三）外部联通，构建职业教育与职业培训的"双路径"

现代职业教育要以促进就业为导向，就需要建立"学习—就业创业—再回炉"的培训通道，将学历教育与非学历教育有机结合，实现职业教育与培训一体化。其一，加快建设现代职业教育制度，加强制度供给，推进现代职业教育制度与技工培训制度的有机衔接，统筹现代职业教育与技工教育的关系，加快推进职业资格证书考试与学历证书考试的"二合一"及双证融通，将职业教学内容无缝对接职业资格标准，将职业标准植入课程标准、课程内容的设计和实施中；教学与生产合一，强化工学结合，加强实习实训环节，培养符合国际标准的人才；职业教育衔接终身学习，根据产业发展和技能型人才成长需要，拓宽学习渠道，为人才可持续发展提供支撑。其二，在新型城镇化背景下，惠民生需要劳动力充分就业、劳动力技能大幅提高。无论是解决总量上的就业难题还是结构上的就业矛盾，无论是解决季节性的"技工荒"还是常年性的技工短缺，都需要大力发展现代职业教育与职业培训，加强农村实用型技能人才培训、在岗职工技能提升培训、学生就业技能培训、学生创业技能培训，增强就业、从业人员的岗位适应能力与岗位胜任能力。

（四）对接产业，打造专业服务产业能力"升级版"

从传统制造业对单一技能型人才的需要到新型制造业对高级复合型人才的需求，职业教育的人才培养也应从单一的技能培训向智能型、高级技术技能型转变。现代制造业对人才的需求已经不是简单的具有"一技之长"，而是要有严谨的职业精神和精湛的技艺以满足对产品零部件质量的需求，有多方面知识以满足对整个生产线的认识，精通信息网络以满足对智能设备熟练操作的需要等。职业教育的专业结构应随之转型升级，实现专业适应力、竞争力与地方经济综合竞争力相匹配，专业设置与行业、产业转型升级的需求相匹配，技术技能人才培养与企业实际需求相匹配，实现依据岗位需求定制教学，依据产业发展设置专业，依据市场需求调整结构。与此同时，还需要充实和挖掘专业的创新创业教育资源与信息化优质资源，培养学生的批判性思维和创造性思维，提升学生的创新创业能力和思维能力。

现代职业教育要渗透"工匠精神"，不仅教会学生通透的知识与娴熟的技能，还要引导学生具有能够进行全面自我认识的能力，具有创新意识、发展眼光、职业意识等；社会教育不仅要弘扬"劳动光荣、技能宝贵、创造伟大"的时代风气，还要形成"崇尚一技之长、不唯学历凭能力"的社会氛围，推进教育现代化建设，构建现代教育体系，架构人才成长立交桥。唯此，中国的制造业才能从"合格制造"到"优质制造"再到"精品制造"，产业才能从"中国制造"到"中国智造"再到"中国创造"。

参考文献

[1] 张莉. 解读《中国制造 2025》[J]. 今日中国，2015（7）：15-16.

"一带一路"建设视野下推进我国高职教育特色化、国际化发展的若干思考

崔 岩

摘 要：随着国家一系列关于现代职业教育发展政策的有序推进，一批高职院校办学水平得以迅速提升，"一带一路"建设为我国高职院校"走出去"办学提供了战略机遇。通过研究高职教育办学的现状与困境，分析得出高职院校特色化、国际化发展的路径与对策，为高职教育"走出去"办学的有效实施提供政策保障，有利于加快高职院校国际合作办学进程，为高职院校培养复合型、国际化人才提供广阔空间。

关键词："一带一路"建设；高职教育；国际化。

基金项目：本文系陕西省2015年度高等教育教学改革研究项目专项课题"全国高职教育对比分析研究"的阶段性研究成果；2016年陕西省高等教育管理重大问题研究课题"陕西高职院校治理体系和治理能力现代化标准体系研究"项目研究成果。

发表期刊：《中国职业技术教育》，2016（33）：118-120。

《高等职业教育创新发展行动计划（2015—2018年）》要求全国高职院校"配合国家'一带一路'建设，助力优质产能走出去，扩大与'一带一路'沿线国家的职业教育合作。主动发掘和服务'走出去'企业的需求，培养具有国际视野、通晓国际规则的技术技能人才和中国企业海外生产经营需要的本土人才"。这也是今后一个时期高等职业教育加快创新发展的一项主要任务。

在当前全球经济一体化、教育国际化的环境中，高等职业教育的改革和发展引进借鉴发达国家的先进教学模式，全面开展各领域、多层次、高质量的教育国际交流合作，支持并加快优质产能"走出去"，促进现代职业教育的快速发展，进一步提升国家的综合国力和国际竞争力。至此，如何紧抓"一带一路"建设机遇，寻找切实可行的路径与对策，让高职教育真正实现特色化、国际化发展，

是我们亟待研究和解决的问题。

一、"一带一路"建设为高职教育"走出去"办学带来新机遇

随着国家一系列关于现代职业教育发展政策的有序推进，一批高职院校办学水平得以迅速提升，一些院校特色鲜明的专业已经具备一定的国际竞争优势，尤其在国家着力推进"一带一路"建设的背景下，"一带一路"沿线的50多个国家、90多个城市，将为我国高职院校"走出去"提供难得的战略机遇。

（一）为职教育"走出去"办学的有效实施提供政策保障

高等职业教育的国际化发展，首先要以政策保障有效实施。可以借鉴的成功经验是2002年欧盟启动的"哥本哈根进程"，通过政策保障实现成员国之间在职业教育层面的深度合作，建立了如"欧洲职业教育学分转换系统""欧洲资格框架""欧洲职业教育质量保证参照框架"等一系列有利于各国职业教育合作的政策合作的标准。同样，在我国"一带一路"建设带动下，通过高级别的会议或者合作论坛来启动我国高职教育领域与"一带一路"周边国家的政策对话，通过凝聚各国职业教育的力量，加强与沿线国家职业教育发展战略和政策的交流与对接，共商、共建、共享职业教育等级参照标准，推进合作规划和措施，实现区域人员合理有序流动，促进职业教育政策的趋同化发展和成功经验的相互交流。

（二）有利于加快高职院校国际合作办学进程

不难发现，"一带一路"沿线的中亚、非洲等国家在职业教育上依然存在产教融合度低、基础设施落后、学生就业难等问题，而高职教育伴随着企业"走出去"，不仅可以满足这些国家产业转型升级对高技能人才的需求，也可以为我国高职院校境外办学提供广阔机遇。此外，通过国际合作办学，共建特色专业，共同培养人才，对提高当地人才就业率，促进当地经济发展具有重要作用。

（三）为高职院校培养复合型、国际化人才提供广阔空间

实施"一带一路"建设，促进与"一带一路"沿线及周边国家的深度合作，促使沿线及周边国家在法律、政策、设施、资金等方面做出新的规划与部署，以

适应"一带一路"建设所带来的新环境。同样，我国职业人员就要充分掌握并结合自身行业专业知识，加强自身能力提升，以满足国际多元化的需要。与此同时，通过"一带一路"建设将促使我们把沿线及周边一些国家超前的教育理念、优良教育手段、先进的教育技术以及优质教育资本引进来，以促进我国高职教育向国际化人才需求的培养方向迈进。另外，随着教育环境的变化，各国教育市场逐步开放，我国大量富余的优秀产能可以向周边国家的输出，一方面，满足了这些国家对技能的需求，另一方面，也使得我国职业教育毕业的人才有机会参与境外工作，国际产能合作也为毕业生提供了大量的境外工作就业机会。

二、高职教育"走出去"办学的现状与困境

相比我国对外经济贸易的"顺差"，我国对外教育则处于"逆差"状态，不但国内教育机构到境外办学的项目数量远远低于国内引进的国外院校的合作办学项目数量，而且国内到海外留学的人员数量与海外来华的留学生数量相比也相差甚远。在近几年高职的生源录取工作中相当数量的高职院校遭遇"零投档"，而且这种情况逐渐成为一种非个案的现象；而与国内生源萎缩的"冰点"相比，国外生源却呈现出非常火热的状态。更为明显的是，据 2015 年高职年度质量报告统计：服务企业"走出去"战略开展中外合作办学的高职院校 194 所，仅占全国高职院校总数的 14.3%。在"走出去"办学的道路上，高职院校仍然处在狭窄的"慢车道"。

（一）缺少明确的办学目标与规范的约束机制

目前，我国高职院校"走出去"办学的目标市场以发展中国家为主，特别是相比本科院校的办学实力和声誉优势，高职院校缺乏吸引力，职能主要是通过降低学费、提供奖学金等优惠政策吸引外籍学生。与此同时，很多高职院校仅仅为了"国际化"而国际化，导致各高职院校盲目开展各种国际合作办学活动，很大程度上影响着高职院校"走出去"办学的声誉。

（二）国际化办学水平不高

目前，国家示范高职院校已成为我国优质高职教育资源相对集中、办学特色比较明显的一类院校，具有较长时间的国际化办学基础，一大部分院校已将"国

际化"作为具体发展战略,但我国高职院校现有的"走出去"办学活动主要依附于外部资源,依托自身优势"走出去"的院校较少,这也意味着他们并不完全具备"走出去"发展的实力。

(三) 国际化师资队伍建设滞后

高水平国际化师资队伍建设是高职院校"走出去"办学的前提。没有良好的师资队伍,难以保障"走出去"办学的竞争力和可持续发展。随着近几年高职院校国际化办学活动的开展,一些教师获得了出国进修机会,但是碍于外语水平和教师个人资质的限制,不少教师对国际先进的教学理念、教学方法和教学模式没有全面认识,也缺乏对国外优秀教育模式和手段的借鉴吸收,从而限制了国际化师资队伍整体水平的提高。能够适应"走出去"办学需要的国际化高职教师队伍建设急待加强。

(四) 与我国跨国企业合作的深度不够

高职院校国际化不同于本科高校国际化的一个重要特征在于,高职教育国际化是突出与国际企业合作的,所要求的与企业"走出去"发展战略的紧密性更高。虽然全国范围内,不少高职院校在与跨国企业合作方面取得了实质性进展,例如陕西工业职业技术学院近年来与国际知名企业欧姆龙、美国卡夫开展了深度合作,举办了多期订单班,培养了企业满足的岗位人才,但从我国高等职业教育的全局来看,要培育跨国人才,仍然存在着差距。目前能够与跨国企业合作的高职院校仍然凤毛麟角。我国高职院校"走出去"办学还处于起步阶段,区域间分布并不均衡。

三、高职院校特色化、国际化发展的路径与对策

影响高职院校走出去办学的因素十分复杂,既有高职院校自身内部因素,也有国际大环境、国家政策、海外文化差异、海外教育成本等外部因素。因此,规范并推动高职院校"走出去"办学,需要协调各方利益主体形成联动机制。

(一) 政府应做好必要的规划和支持工作

目前,我国现有政策尚未实现"引进来"与"走出去"协调并重,只明确

了"招收中国学生为主"这一层面,使"走出去"办学难以有法可依。因此,建议政府结合企业"走出去"发展需求,协助高职院校做好优势专业遴选与宣传,提升国内优质高职办学影响力。与此同时,高职院校"走出去"会受到所在国职业教育相关政策法规的制约,这必须借助政府之间的有效协商来解决。

(二)高职院校需要不断增强自身办学实力

我国高职院校自身办学实力不足、缺乏吸引力,是影响走出去办学的决定性因素。这就需要高职院校注重办学特色的培育,重点进行专业建设、师资队伍建设、人才培养模式改革等方面的特色培育,通过特色立校,增强高职院校的海外吸引力,从而增强对国际留学生的吸引力。

(三)转化已有中外合作项目

现有的一些海外教学活动实质的合作基础不牢固,院校领导的更替可能就导致合作项目的搁置。因此,要在高职院校现有长期中外合作项目的基础上转化为"走出去"办学项目,使国际合作双方深入了解彼此的人才培养模式和管理模式,从而为海外办学提供牢靠的合作基础。

(四)建立完善的质量保障机制

构建完善的"走出去"办学质量保障机制,是高职院校走出去办学可持续发展的根本保证。可以充分借鉴澳大利亚海外办学的相关监管措施,组建专门的质量审核机构对输出高职教育的院校以及海外教学活动进行定期质量审核,确保国内高职院校具有国际水平的办学标准,与高职教育输入国共建良好的质量保障体系。

从我国高职教育发展趋势与承担的时代责任来看,立足院校自身优势输出教育资源,才是真正体现高职教育办学质量和国际地位的根本标志,实现"促进共同发展、实现共同繁荣的合作共赢之路,迈上增进理解信任、加强全方位交流的和平友谊之路"。

参考文献

[1] 何国伟. 五大发展理念视阈下西部高职院校发展研究——以贵州高职院校发展战略为例 [J]. 当代职业教育, 2016 (8): 26-29.

［2］杜璋璋，贾翠娟，张田，等."一带一路"与我国高职教育发展初探［J］.中国现代教育装备，2015（17）：129-131.

［3］马玉梅.高等职业教育内涵发展的路径与对策研究［J］.中国教育学刊，2015（S1）：35-36.

［4］邢晖，李玉珠.百所高职院校国际化发展现状调查［J］.教育与职业，2014（7）：34-37.

［5］李念良，李望国.高校构建协同创新人才培养新模式的对策与建议［J］.长春教育学院学报，2013（16）：76+78.

［6］邵文红.关于高职院校人才培养模式的思考［J］.教育发展研究，2013（3）：69-72.

［7］王丹平.注重人才培养的协同创新发展［J］.中国高等教育，2013（1）：42-44.

［8］刘育锋.加强职业教育国际交流与合作的新方向与新要求［J］.中国职业技术教育，2014（21）：227-230.

［9］张立圃.高职教育制度的缺失与创新浅析［J］.教育与职业，2013（3）：26-27.

实践创新：铸就中国特色高等职业教育品牌

崔 岩

改革开放以来，我国高等职业教育经历了探索实践、规模扩张、质量提升、创新发展四个关键阶段，闯出了一条符合中国国情、具有中国特色和世界水准的发展道路。为贯彻全国教育大会精神，落实《国家职业教育改革实施方案》（简称《实施方案》），教育部、财政部启动高职教育高水平高职学校和高水平专业建设计划（简称"双高计划"），集中力量建设一批引领改革、支撑发展、中国特色、世界水平的高职学校和专业群，引领职业教育持续深化改革、强化内涵建设，推进高职教育由优向精，进入中国品牌建设阶段。

一、规模扩张：高职教育实现跨越式发展

高职教育是我国改革开放后为适应国家经济转型升级而探索出的一种新的高等教育类型，具有高等教育和职业教育的双重属性，是具有中国特色的一种办学形式。1994年国家决定"通过现有的职业大学、部分高等专科学校或独立设置的成人高校改革办学模式、调整培养目标来发展高等职业教育，在仍不满足时，经批准利用少数具备条件的重点中等专业学校改制或举办高职班作为补充来发展高等职业教育"，即高职教育"三改一补"的发展路径，确立了高职教育在我国高等教育中的重要地位。1996年《中华人民共和国职业教育法》颁布，从法律上确立了高职教育的地位和作用。1999年以后国家把职业技术学院审批权下放给地方，各地高职院校如雨后春笋般建立起来，部分地方本科学校也设立职业技术学院，标志着我国高职教育进入快速发展时期。

2000年《教育部关于加强高职高专教育人才培养工作的意见》颁布，提出了我国高职教育的办学指导思想、人才培养工作重点和思路，明确高职教育"以培养高等技术应用性专门人才为根本任务"。2002年《国务院关于大力推进职业教育改革与发展的决定》提出了改革发展职业教育的目标、任务，确立了高职教

育以"服务为宗旨,以就业为导向,走产学研结合"的发展道路,标志着高职教育发展在办学体制、管理体制、运行机制和教育教学改革上的历史性转折。同年,我国高等教育毛入学率达到15.2%,进入大众化阶段。

从2004年开始,教育部启动高职院校人才培养水平评估工作,围绕"以评促建、以评促改、以评促管、评建结合、重在建设"的方针,引导学校准确定位,对我国高职教育的整体发展产生了重大而深远的影响。

"十五"期间,我国高职教育规模得到迅速扩大,2005年,我国高职院校数量已占普通高等院校数量的51.39%,高等教育毛入学率达到21%。

二、示范建设:快速提升高职教育整体发展水平

"十一五""十二五"期间,教育部、财政部分两轮实施了"国家示范性(骨干)高等职业院校建设计划",通过"示范(骨干)校"建设,高职教育整体发展水平得到大幅提升,在办学体制机制创新、人才培养模式改革、增强社会服务能力、优质教育资源跨区域共享等方面取得了显著成效,人才培养质量整体提高,社会美誉度和吸引力显著增强,高职教育进入新的发展阶段。

"示范建设"期间,教育部、财政部实施"高等职业学校提升专业服务产业发展能力"项目,以提升专业服务产业发展能力为目标,提高高等职业学校办学水平和人才培养质量,提高高职教育服务国家经济发展方式转变和现代产业体系建设的能力。高职院校"发展能力"建设,优化了区域专业布局,推动高等职业院校调整专业结构、凝练专业特色、打造专业品牌,持续深化人才培养模式改革,不断创新办学体制机制,为国家现代产业体系建设培养高素质技术技能人才,高职院校专业发展水平和服务产业能力整体提升。

到2015年,全国独立设置高职院校1341所,招生348万人,在校生1049万人,比1999年增长了8.9倍,招生规模与本科大体相当,高等教育毛入学率达到40.0%,高职教育成为培养高技能人才的主力军。

三、"行动计划":全面推动高职教育高质量发展

教育部从2015年开始以《高等职业教育创新发展行动计划(2015—2018年)》和《职业院校管理水平提升行动计划(2015—2018年)》为抓手,明确扩

大优质教育资源、增强院校办学活力、加强技术技能积累、完善质量保障机制、提升思想政治教育质量五大发展目标，开展突出问题专项治理、管理制度标准建设、管理队伍能力建设、管理信息化水平提升、学校文化育人创新、质量保证体系完善等有机衔接和互为贯通的六大行动，以"教育部规划管理、省级统筹保障、院校自主实施"的管理机制，全面推动高职教育创新发展，加快实现高职院校治理能力现代化。通过调动地方布局实施一批任务和项目，引导高职学校围绕国家战略，迎合新兴产业、先进制造业、现代服务业发展对技术技能人才培养的新需求，关注新技术、新业态、新产业、新模式，创新建设国家优质高职院校和骨干专业，试点职业教育集团化办学、现代学徒制、混合所有制改革。全国共启动建设优质高职院校486所、骨干专业4737个、"双师型"教师培养培训基地901个、校企共建生产性实训基地2567个、省级协同创新中心551个、职业能力培养虚拟仿真实训中心949个，与"一带一路"沿线国家开展351项国际合作。优质高职院校树立了高职教育新标杆，骨干专业提升服务产业发展能力，引领新一轮高职教育高质量发展。

至此，我国已建成了世界上规模最大的职业教育，体系框架初步成型，高职教育基本形成了以专业目录、专业教学标准、课程教学标准、顶岗实习标准、专业仪器设备装备规范等五个部分构成的国家教学标准体系，迈向了高质量发展的新阶段，具备了向"世界一流"职业教育迈进的能力。

四、"双高计划"：打造中国特色高职教育品牌

《实施方案》中的"双高计划"，将高职教育推向中国品牌建设的新阶段。"双高计划"是新时代落实国家职业教育发展战略布局的具体行动，要集中力量建成一批高水平技术技能人才培养培训基地和技术技能创新服务平台，形成中国高职教育模式和标准以及具有国际竞争力的人才培养高地，必将推动具有中国特色、世界水平的高职教育在创新发展的基础上向"世界一流"迈进。

"双高计划"对接国家阶段性战略发展目标，对高职教育发展做出战略规划。一是要为职业教育改革发展和培养千万计的高素质技术技能人才发挥示范引领作用，使职业教育成为支撑国家战略和地方经济社会发展的重要力量，形成一批有效支撑职业教育高质量发展的政策、制度、标准；二是中国特色高等职业教育的品牌和优势进一步彰显，引领职业教育实现现代化，为促进经济社会发展和提高

国家竞争力提供优质人才资源支撑；三是使高职教育成为建设教育强国和人才强国的骨干力量，为促进全球经济社会发展和构建人类命运共同体贡献更多中国元素、中国智慧和中国方案。

"双高计划"是新时代高等职业院校发展的战略举措，是我国高职教育从创新发展到中国品牌、走高质量内涵发展道路的必然选择，对高职教育服务国家重大发展战略具有极强的带动作用。我们要创造性地使计划"落地生根"，创新产教融合、校企合作体制机制，与行业企业共同推进技术技能积累创新机制形成，在创建"中国品牌"的过程中，大幅提升人才培养水平，为学生就业有优势、创业有本领、升学有渠道、全面终身发展创造良好的环境。

"双高计划"的实施，必将推动我国高职教育扎根中国、放眼世界、面向未来，推动一批优质高职学校和专业群率先发展，引领职业教育服务国家战略、融入区域发展、促进产业升级，带动培养千万计高素质技术技能人才，为建设教育强国、人才强国做出重要贡献，造就具有世界领先水平的高职教育"中国模式"新品牌。

中、德工程师培养模式的比较分析

崔 岩

摘 要：本文通过对中德工程师培养模式的对比分析，阐述了两国工程师培养的四大共性和六大差异，提出了我国实施"卓越工程师培养计划"应借鉴德国先进经验，在八大方面进行改革，以确保我国工程师培养质量的提高。

关键词：工程师；培养；比较分析；改革。

基金项目：全国教育科学"十二五"规划 2011 年度课题之教育部重点课题"高职教育集团化办学模式研究"（课题编号 DJA110293）阶段性教学成果；中国高等职业技术教育研究会"十二五"规划重点课题"职业教育与产业对话协作机制研究"（课题编号 GZYZD2011007）阶段性教学成果。课题组负责人：崔岩。

发表期刊：《天津职业大学学报》，2012（5）：58-61。

德国是全球屈指可数的工业强国，德国制造领先世界的根本原因之一，就是德国的工程教育对工程师的培养有其独到之处。与其他国家不同的是，德国的工程教育不是培养后备工程师的教育体系，而是直接培养成品工程师的高等工程教育系统，学生毕业即获得工程师文凭，其培养应用工程师的任务主要由应用科技大学承担。在世界范围内，德国工程教育和工程师培养模式也享有很高的声誉——德制工程师具备在国际上从业的资格，经德国工程专业论证机构论证的专业毕业生还可获得欧洲工程师的职称；德国工程师行业基本保持全就业，该行业的失业率仅为 2.4%。

从 2010 年起，我国学习德国等国家培养工程师的经验，开始实施"卓越工程师培养计划"（简称"卓越计划"）。该计划旨在培养造就一大批创新能力强、适应经济社会发展需要的各类高质量工程技术人才，为走新型工业化发展道路、建设创新型国家和人才强国战略服务。由于"卓越计划"发展时间短，办学经验不足，目前还存在诸多问题。通过对中、德两国工程师培养的共同点和差异进行比较分析，得出几点启示，以供我国培养工程师的高校借鉴。

一、中德工程师培养的共同点

（一）政府全力推动

自上世纪 60 年代以来，德国的职业技术教育在政府的推动下做过几次重大的调整：1968 年 10 月 31 日，德国政府在各州州长会议上签订了一个共同建立应用科技大学的协议；1971 年，德国各州开始将一部分中专学校，通过重组和充实高水平师资，改制成应用科技大学；1976 年和 1985 年由德国联邦会议通过的《高等教育法》，规定德国应用科技大学的文凭与综合大学文凭具有同等效力。德国大学传统的学位制度很特别，即实行两级学位制：硕士和博士学位，没有欧美通行的学士学位。上世纪 90 年代末期，德国在保留传统学位的基础上开始引进国际流行的学士—硕士—博士三级学位制，根据学制长短可分别获得不同的学位：学习 5~7 个学期考试合格获"学士"学位，之后再学 3~4 个学期可获"硕士"学位，应用科技大学的学生最高可以拿到"硕士"学位。从此可以看出，德国政府在工程师培养方面发挥了重要作用。

我国政府近年来不断推动工程教育改革。截至 2010 年，我国开设工科专业的本科高校 1003 所，占本科高校总数的 90%；高等工程教育本科在校生达到 371 万人，研究生 47 万人。由于这些工科院校重视理论的系统性，相对轻视或者缺乏实践环节，导致很多学生动手能力不强，企业及社会认可度差。为改变这种状况，我国借鉴德国应用科学大学的办学模式，从 2010 年开始实施"卓越计划"。

（二）培养目标相似

尽管都是培养工程师，但德国应用科技大学与双元制职业大学的培养目标略有不同。德国应用科学大学的培养目标是培养掌握科学的方法、擅长动手解决实际问题的工程技术专门人才，毕业生的工作岗位是企业的技术与管理工程师或中层管理者及产品技术开发骨干。双元制职业大学旨在培养在工程师和技术工人之间起桥梁作用的实用技术人才，毕业生的工作岗位是企业的助理工程师或一线的管理者及技术骨干。

根据"卓越计划"，我国工程师培养则以社会需求为导向，以实际工程为背景，以工程技术为主线，通过学校和企业的密切合作，统筹规划学生校内学习和企业学习所应达到的培养目标，着力提高学生的工程意识、工程素质和工程实践能力，从而培养一大批创新能力强、适应企业发展的多种类型优秀工程师，创建有中国特色的工程教育模式。

（三）专业相似

德国培养工程师的专业主要侧重于社会需要的工程技术和应用技术，也有少量的管理类专业；这些专业和学科既有新兴的，如生物工程、核技术等，也有传统的，如电子技术、环境保护等；但所有专业都与区域经济或者行业经济紧密结合，例如在机械制造业很发达的沃尔夫斯堡的奥斯特法利亚应用科技大学校区，就开设有汽车工程、机械等专业，而物流业发展迅速的汉堡的一些应用科技大学则主要开设物流工程等专业。

按照教育部的设想，我国工程师培养要借鉴世界先进国家高等工程教育的成功经验，创建具有中国特色工程教育模式。由于发展时间短，我国"卓越计划"的专业还达不到德国的先进程度，但多以工程技术类专业为主。

（四）人才培养模式相似

德国工程师的人才培养模式是工学结合，在企业中学习是应用科技大学学生整体学习环节中不可缺少的组成部分。德国企业以多种形式全方位深入参与教学，其中企业实习是主要形式，此外还有由企业出题目、解决实际问题、以项目形式进行的课程设计和毕业设计。例如，奥斯特法利亚应用科技大学有众多合作企业，企业可以提供项目，如机器人足球比赛，每个专业的学生都可以参加；此外，教师可以带着学生为企业做项目，如机电一体化研究所3位教授均具有企业经历，目前正在进行的多个项目均来自大众公司。

根据"卓越计划"，我国的工程师由企业和高校联合进行培养，培养过程包括在校内学习和在企业学习两部分，也具有工学结合的特征。本科学生和硕士研究生的工程实践时间（包括毕业设计）累计均要达到一年，培养方案由校企联合制订，对学生在企业学习阶段的培养目标、培养标准、培养计划（课程或环节）、工程实践条件、师资配备等方面均应做出具体明确的规定，体现可操作性。

二、中德工程师培养的差异

(一) 工程教育与工程师资质融合度不同

德国的工程教育实行"文凭工程师"制度,工程教育与职业资格是紧密连在一起的,培养出来的文凭工程师既是专业学位,又是职业资格。在应用科技大学学生拿到文凭和学位,社会就认可其为一名合格的工程师,有资格独立从业。

与德国相比,我国的工程教育与工程师资质之间严重脱节。在我国目前的人事管理制度下,"工程师"是职称而不是职业资格,工科院校培养的毕业生只能说是工程师的毛坯,毕业5~6年以后才能获得工程师资质。目前的人事管理对工程师执业水平没有规范,评出的职称与从业岗位之间缺乏必然联系。

(二) 生源及入学条件不同

从生源及入学条件看,德国接受工程教育的学生主要来自文理中学、完全中学、中等职业学校。如应用科技大学学历上要求入学者为文理高中或高级专业学校毕业;对接受双元制职业教育的中等毕业生,要通过补习文理高中课程一年,达到高中毕业水平,才可以申请进入应用科技大学;实践经历上要求未接受过职业教育的文理高中毕业生,必须有与所申请专业一致的实践经历,一般要求3个月,申请入学者要自己与企业签订协议,还要有带班师傅的鉴定。

我国"卓越计划"的生源与入学条件显然不同于德国。"卓越计划"招生院校录取新生,基本上只考虑参加全国高考的分数,没有专业基础要求,更无行业企业的实践经历要求。

(三) 社会认可度不同

职业教育在德国有着很高的社会地位。据统计,德国只有约30%的青年选择上综合大学,约70%的年轻人则选择不同形式的职业教育。这种状况首先与德国人的观念有关,人们普遍重视技能、尊重技工。从经济角度看,职业学校的学生每月可得到400至800欧元的生活费,基本不用花家长的钱就能完成学业。此外,从就业形势看,受过职业培训,获得工程师文凭的青年找工作相对容易,也有机会成为白领,甚至可能成为大企业的中、高层管理人员;当然,也有部分人独立创业当老板。

我国传统文化中缺乏对技术文化的认同，直至今日，社会上轻视技术的观念依然存在。这种观念反映在教育领域，表现为人们仍对传统的高等教育趋之若鹜，而工程教育则得不到社会的普遍认可。上海市质量协会用户评价中心2005年5月公布的《上海中小学生成长质量调查报告》显示，家长对孩子的期望也是走高不走低，14.4%的家长希望孩子将来成为工程师。社会对工程教育或职业教育的认同程度可见一斑。

（四）企业参与程度不同

在德国，企业普遍积极、严格遵守义务接收应用科技大学的学生实习和培训的法律规定，并把这种校企合作看作企业自身发展中重要的一部分，应用科技大学与企业联系十分紧密。人才培养由学校和企业共同承担，学校负责理论教学，企业负责实践教学，并为毕业生提供工作岗位，企业还是评价、考核学校实践教学成果的主体。学生在企业培训期间，其实习成绩的考核与评定主要由企业负责。实习结束时，企业培训师将为学生出具一份实习工作鉴定；学生要完成一份详尽的来自企业的实习报告。同时，学生毕业论文（设计）的题目70%来自企业的实际需要，并大多在企业中完成。

目前，国内也有部分高校聘请行业、企业第一线的专家来学校参与制订教学计划、编写教材、授课和指导实践环节教学，但与德国相比，我们工学结合的深度远远不足。对企业而言，校企合作收益有限，反而要承担很多风险，很多企业并不愿意接纳学生实习。但在这样的背景下，"卓越计划"前景堪忧。

（五）师资水平不同

根据德国《高等教育法》的规定，应用科学大学的教授必须具有博士学位。而德国高校博士的培养很严格：本科阶段就要经过团队科研项目、自选科研项目、毕业设计项目的锻炼，合格后才能毕业；硕士阶段就要跟教授做项目，在研究项目的基础上，从项目中撰写出的论文通过才能毕业；博士阶段一直跟教授进行项目研究，博士毕业需要7年左右，博士毕业已经做过很多项目，对企业、专业领域都相当熟悉，然后到企业做5~7年研发工作，再应聘教授时，企业经验、研究经验、社会资源都已经相当丰富。

在目前我国高校的职称评聘制度下，个人的学历学位、学术论文、课题等教科研成果的层次或者数量是支撑能否晋升的关键因素，因此，很多大学教授往往理论水平高但动手能力差，在以学科教育为主要任务的研究型或者教学型大学，基本能够满足教学要求，但在以实践动手能力为培养目标的工程教育中，由于教授企业实践经验匮乏，培养工程师的效果就要大打折扣。

（六）培养过程的精细程度不同

德国对工程师的培养过程非常严谨、认真、细致。例如，应用科技大学学制 7 个学期，其间安排 2 个完整学期的实习。培养过程相对于课程体系分基础学习阶段、专业学习阶段、专长学习阶段，2 个完整学期的实习是通过与企业密切合作进行的，学生平时的学习和实习也都是结合到项目中去的。实践题目由教授从企业拿到项目，经过设计后由学生来做，每个学生都有动手的机会，基本可以归纳为数学建模、控制器制作、设计目标实现、运行及结果分析四个步骤，学生要轮换做完这些步骤。此外，学生还参与项目的研究，项目的策划、设计、建模、制作、调试、运行，全部由学生完成。

与德国相比，我们的工程师培养仍停留在较为粗放的阶段。"卓越计划"虽然对培养不同的工程师有要求，规定学生在企业实习一年，但教授在企业拿到项目的较少，学生参与企业实际项目的也较少，基本的工程实习环节尚待完善。

三、启示

德国培养工程师的成功既有历史原因，也有政治、经济、制度等原因，其中许多条件是我们并不具备的，尤其是制度层面和文化传统上。但对于我国实施"卓越计划"，许多方面有借鉴意义。为使这一工程教育改革取得实效，可以考虑从以下方面进行改进。

（一）改革现有职称评聘制度

由于在传统的人事管理模式下，毕业 5~6 年以后才能获得工程师资质，而且"工程师"在我国是职称而不是职业资格，因此，工程教育培养出来的工程师在传统的人事管理模式下将不被政府和社会所认可，这样的局面比较尴尬。只有改革现有职称评聘制度，使工程教育与工程师资质融合，学生才愿意接受工程教育。在这一点上可以仿效会计师或者注册会计师制度，只要从业者考过了会计师或者注册会计师，就会在企业得到承认。

（二）搭建职业教育"立交桥"

由于我国现代职业教育体系构建正在探索之中，承担"卓越计划"的高校不得不以毫无职业经验的优秀高中毕业生作为培训对象。这些生源的质量不能说不高，但是否全部适合去做工程师则值得商榷。反观德国，职业教育的"立交桥"则搭建得很好。因此，搭建职业教育"立交桥"既是"卓越计划"的需要，更是工程教育和职业教育自身发展的需要。

（三）加大经费与设施投入

工程教育或者职业教育是一种与传统学科教育不同的教育类型，国内外的大量经验证明，由于对实验实训条件要求比较高，工程教育比传统的学科教育投入要更高。要想使"卓越计划"顺利实施，政府就必须在教学、管理、师资、实习基地建设和实习设备等教学基础建设方面加大投入，否则，将会使计划缩水。

（四）在有条件的高职院校进行试点

与德国相比，我国培养卓越工程师的责任由高校承担。在第一、二批"卓越计划"194所高校的名单中，不乏清华大学等名校。然而，一个值得思考的问题是：工程师是技能型人才，这与研究型大学的培养目标是否适应？与其这样，还不如将培养工程师的责任交由应用型本科院校承担，或者在有条件的国家示范性高职院校选择合适专业进行试点，从而开辟工程师培养的新途径。

（五）出台措施吸引企业积极参与

企业是追求利润最大化的组织，不是一个公益机构，因此，一定要让企业有利可图。德国企业参与职业教育实际上也是从降低劳动力成本、为企业培养员工、提高社会声誉等方面进行考虑的。工程教育或者职业教育离不开企业的参与，没有校企的深度融合，学生就没有条件在实践中提高实际操作技能。在这方面，应该出台一些实质性的优惠措施（如税收减免），以吸引企业参与工程教育或职业教育。

（六）聘任企业专家作为兼职教师

德国应用科技大学的教授都有企业工作经历，都在企业技术岗位工作过，具备较高的研究素质，教师在学校里自然与企业保持着密切联系，所以，企业很放心把项目交给教授来做。这一点，国内高校应大胆尝试，从社会上和企业中聘任一批学有专长、实践经验丰富的专家学者和工程技术人员作为兼职教师，建设一支实践经验丰富、具有较高教学水平、相对稳定的兼职教师队伍。

（七）在企业中完成实训项目

德国应用科技大学学生平时的学习和实习都是结合到项目中去的，学生的毕业设计都是在企业中做的，这是一种真正的以项目为导向的学习。这方面也非常值得我们学习。校内实训开发项目，要基于职业教育特色，将学生毕业设计与实际工作紧密联系起来；学生学业作品的内容和形式也可以多样化，如制作的实物、产品设计方案、加工工艺方案、调查分析研究报告、专题策划方案、商业计划书、应用性研究论文、参赛的作品等等。

（八）培养过程一定要扎实认真

过程决定结果，细节决定成败。工程教育在德国的成功离不开德国人的严谨作风。与德国工程师的培养计划相比，我国一些高校的"卓越工程师"人才培养方案则显得不够细致，如果在执行中再打上折扣，那么人才培养质量势必会受到影响。就像我国的研究生教育，数量已经达到全球首位，但与美国、德国培养出来的研究生质量相比，显然我们还存在较大的差距。"卓越计划"不应再次重复追求数量忽视质量的老路。

参考文献

［1］贝恩德·米勒. "德国制造"的工程师——来自德国的技术 [EB/OL]. http://www.kanton.diplo.de/.

［2］顾金良. 德国应用科技大学研究撷谈——兼论其对我国高职院校发展方向的启示 [J]. 职教通讯，2011（7）：50-52.

［3］卓越工程师教育培养计划简介 [EB/OL]. http://www.gx211.com/.

［4］张智钧. 试析高等学校卓越工程师的培养模式 [J]. 黑龙江高教研究，2010（12）：139-141.

［5］刘建强. 德国应用科学大学模式对实施"卓越工程师培养计划"的启示 [J]. 中国高教研究，2010（6）：50-52.

德国应用科技大学运行机制的分析研究

崔 岩

摘　要：本文通过对德国应用科技大学管理体制、招生制度、专业设置、教授选聘、教授治学、实验实习、资格准入、信息建设等运行机制的分析研究，从改革现行招生制度、培养学生创新能力、建立现代职业教育体系等方面进行深入思考，期望为高职教育快速健康发展探索有益经验。

关键词：运行机制；高职教育；职业教育体系。

发表期刊：《机械职业教育》，2013（2）：3-6。

德国的应用科技大学为其经济快速发展培养了充足的高端技能型人才资源，该类大学的运行机制表现出强大的生命力，其法律约束与民主决策的管理体制、不设入学门槛的招生制度、以就业和企业需求为导向的专业设置制度、严格的教授选聘制度、独立的教授治学制度、项目化导向的实验实习制度、行业协会主导的资格准入制度、快捷方便的共享资源信息平台建设等经验对我国建立现代职业教育体系具有积极借鉴意义。

一、德国应用科技大学现状

（一）德国高等教育体系

德国的工程师培养水平是世界一流的，特别是应用工程师的培养针对性更强，这主要得益于德国在70年代初创办了高等教育的一个新类型——应用科技大学。目前，德国的专业教育和高等教育分为综合大学（UN）、应用科技大学（FHS）、职业学院（BA）及双元制职业学校（中职），应用科技大学、普通综合大学和双元制职业大学共同构成德国高等教育体系。

（二）德国应用科技大学的办学历程

应用科技大学作为德国高等教育一个类型的建立，与德国产业结构转型升级的发展背景密不可分。上世纪 60 年代，德国的职业技术教育基本上还局限在中等教育的层次，并没有纳入高等教育的范畴。随着德国经济在 70 年代初的迅速崛起和科技的不断进步，德国面临从战后恢复到提升工业发展水平的转折点，中等教育层次的职业技术教育已经不能完全满足企业界的需要。德国人意识到，只有改变原来单一的高等教育体系，建立适应工业结构转型和社会经济发展需要的、系统的高等教育体系，组建专门培养工程师的应用科技大学，才能在激烈的国际竞争中独占鳌头。德国政府于 1968 年 10 月 31 日在各州州长会议上，签订了一个共同建立应用科技大学的协议。1971 年，德国各州开始将适合培养工程师的一些工科类中专学校，通过重新组合和充实高水平师资，改建成应用科技大学。图 1 展示了奥斯特法利亚应用科技大学的历史沿革与目前的组织机构。

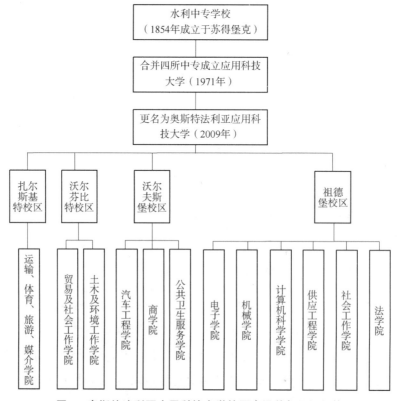

图 1　奥斯特法利亚应用科技大学的历史沿革与组织机构

（三）德国应用科技大学的定位

应用科技大学是一类以培养应用型高级人才为目标的高等学校，其培养目标和培养模式与我国的高等职业教育有不少相似之处，发展的历程与我国高职学院十分接近。该类学校也举办职业教育，上接综合大学，下接双元制职业学校，具有学士学位和硕士学位授予权，但没有博士学位授予权，又与职业学院一样同属高等职业大学，主要从事应用工程师的培养。

（四）德国应用科技大学的培养目标

应用科技大学的培养目标针对性很强，就业岗位明确，课程设计明确，全德200万在校大学生，72%在综合大学就读，其余的在应用科技大学就读，应用科技大学的双元制学生大概占到在校生的25%。近几年，应用科技大学以就业为导向，对学生的吸引力越来越强，招生形势很好，发展前景光明。

应用科技大学与综合大学虽然都是大学，但德国政府从高校类别设计上对这两类学校区分得很清楚。德国在高中阶段已经将学生分流了，综合大学只招收文理中学的学生，其他中学的学生只能根据毕业成绩申请应用科技大学或职业学院。对于综合大学来说，目标是把学生培养成科学家；对于应用科技大学来说，目标是把学生培养成工程师。

二、德国应用科技大学的运行机制

现代大学制度下的高校内部运行机制主要包括院系设置和内部运行两个方面，具体体现在以下八个方面。

（一）法律约束与民主决策的管理体制

（1）州政府直接管理学校，经费基本由州财政拨款。联邦政府不直接管理学校，由州政府管理学校，全德16个州都有自己的教育立法，尽管内容有差异，但对学校如何运行都有具体的法律规定。学校的公立属性及州政府财政拨款制度，确保了各类教育免费。但近几年有些学校也收费，比如，奥斯特法利亚应用科技大学的学费为每年1000欧元。

（2）学校实行分级管理的体制。学校分级管理主要指校务会及二级学院分级负责制和校、院两级议会约束机制。校长由州议会公开招聘,副校长由校务会选举产生,二级学院的议会决定该院专业设置、系主任及副主任推荐人选等重大事项。系主任由议会选举产生,议会成员三分之二不同意就可以换人。系主任不能参加二级学院议会的投票,不能改变议会决定,只能提出建议,多数人同意后才能采纳。

(3) 内部运转实行教授治校、治学制度。在教授负责制下,校领导只负责行政方面工作,比如教授出国,只需要校长批准就可以,经费由自己的科研经费支出,与学校无关。课程开设、教学组织、研究内容、学生实验课等,都由教授自主确定。虽然责任很大,但体现了学术自由。校长、副校长、系主任、副主任都必须在教授中产生,系议会也是教授占多数。教授治校、治学体现在学校的各级决策中,教授们不同意的事情绝对无法实施。

(二) 不设入学门槛的招生制度

(1) 招生数量依据教授人数确定。不同专业有一个计算公式来确定师生比,教授与新学生比例为1:6(三年即1:18)。学校及各系从自身发展考虑,必须保持一定的规模。目前,在德国生源减少的情况下,全校都有从国外吸引留学生的积极性。

(2) 招生形式多样,不受年龄限制。德国没有大学入学考试,可以通过个人申请来招收新生,有10种形式可以申请进入应用科技大学。招生不设门槛,有经过职业学校培训并经过行会认证的,有经过会考的高中毕业生(占25%),有一半由中等学校毕业进入。同时,由教授直接招生,例如奥斯特法利亚应用科技大学与同济大学进行"3+1"、与浙江科技大学进行"2+3"联合培养双学士,这些学生边读书边做科研,与西南交大联合培养硕士,这些学生边读硕士边做科研,研究生在读期间可以去企业或研究所。同济大学每年1800名卓越工程师计划(本科),其中有600人最后一年送到德国取得第二学位,一部分就在这所学校。尽管入学门槛低,但出口很严,有的专业学生毕业率只有50%。

(3) 双元制学生的招收。双元制学生首先需取得大学入学资格,然后与企业签订合同,才能到学校上课。如大众公司每年可以收到15000个双元专业申请,但只选300个,根据不同的专业送到不同的学校。企业每月给学生500~600欧元,给学校科研项目和经费。企业对进入双元制学习的学生要求很高,学生压力大,淘汰率大概有25%,但学生素质很高,毕业进入企业后可成为终身职员。

（三）以就业和企业需求为导向的专业设置制度

（1）以就业为导向设置专业。学校专业主要是为本地区企业服务的，所以，根据地区经济发展开发新专业。每个专业都要研究学生的就业情况，因为通过就业就可以知道人才培养是否合格，就业不好的专业及时调整。

（2）根据企业需求调整专业。与企业合作研究专业调整相关事宜，专业设置立足企业需求，具有良好的社会声誉，学生报考率较高。同时，可根据企业需求设置学制，但这是学校的权力，企业无权干涉。

（3）学生有权提出设置新专业。学校建设、州政府的财政支持都与专业相关，系上的经费预算与学生数也有关。所以，学校对开发、建设专业非常重视。学生不能转专业，但有权提出设置新专业。专业设置审查很严，要经过多个层次的讨论。

（四）严格的教授选聘制度

（1）德国没有职称系列，只有教授，其他人帮助教授做辅助性工作，教授是分级的，条件由州政府规定。应用科技大学的教授都在企业工作过，不需要其他资格证书。一般一个教授由应聘到宣誓（即聘任），大概需要一年或一年半时间，教授聘任后要宣誓。

（2）教授由州政府公开招聘，必须是博士，且要在企业工作5~7年。要成为教授首先要取得博士学位，德国高校博士的培养非常严格。学生本科阶段就开始经过团队科研项目、自选科研项目、毕业设计项目的锻炼，合格后才能毕业。到硕士阶段，跟随教授做项目，完成的论文通过后才能毕业。到了博士阶段，就会一直跟随教授进行项目研究，博士毕业需要7年左右的时间，博士毕业时已经做过很多项目，对企业、专业领域都相当熟悉，加之在企业从事5~7年研发工作经历，再应聘教授时，企业经验、研究经验、社会资源都已经相当丰富。一般情况下，聘为教授的年龄为38~44周岁，50岁未被聘为教授就不再雇用。

（五）独立的教授治学制度

（1）教授是顶尖人才，德国政府给予教授很高的地位和权力。教授很独立，属于州政府聘任的公务员，实行终身制。政府无权干涉教授授课的自由，学校也无权解雇教授，校长只能对教授考试出题提出相关建议，约束教授的只是学生对教授的评价。

(2) 教授必须上课。教授以上课为主，但有做科研的义务，课程内容由教授确定，教案都挂在网上。应用科技大学来的教授一周工作 40 个小时，有 18 个学时的授课任务，科研也有，但不是主要的。

(3) 对教授的基本教学规范。教授讲课应写讲义，教授在企业工作过，工业实践能力很强，知道应该做什么、哪些知识在什么地方用他们很清楚，通过自己的理解教给学生，他们将要讲的知识全部放在网上，需要个人去查。考试时教授把 7~8 年的考试题都放到网上，他们每次出题都是自己编题，与前边考的都不一样，这在国内很少见；考试题不难，教授都反复讲过，基本是学什么、考什么，不像国内，考什么、学什么。

(4) 传统与现代技术相结合的授课方法。如数学建模课程，授课过程中教授拿着教案，将一个数学模型的建立及数学公式的推导过程在黑板上一步一步用粉笔书写，边写边讲，用投影仪作为辅助手段展示图形，推导过程讲结束后提问学生，每堂课有多次提问，师生互动性强，课堂气氛热烈。

(5) 教授可以聘用助手和科技工作者。教授都有工业界经验，在企业拿到项目后，就能得到企业资金资助，学校不给经费。项目所有开支由教授负责，教授可以用自己的经费聘请人员，包括助教（在读博士或硕士）、其他科技人员、企业参与项目人员等。每个教授有数名助手，有科技人员，也有双元制学生，还有一些学生助教参与研究项目。

(6) 教授都有科研任务，有专门的工作室。工作室同时又是实验室，教授的研究项目就是在工作室进行的，科技人员和助手也都在一起办公，研究氛围相当浓厚。

(六) 项目化导向的实验实习制度

项目导向在应用科技大学有特定的含义，一是教授从企业拿项目让学生做，二是学生自己设计项目来做，三是教授设计好实习项目让学生来做。

(1) 学生平时的学习和实习都结合项目进行。实验题目由教授在企业承接项目，经过教授设计后由科技人员指导学生来做，每个学生都有动手的机会。如一个班 20 人，4 个题目，每 4~6 人一组，基本可以归纳为数学建模、设计制作、运行及结果分析四个步骤，学生要轮换做完这些步骤，同时还参与项目的研究。

(2) 学生的毕业设计，都是在企业进行的。学生毕业前都有毕业设计，必须在企业实习一学期,同时完成毕业设计,由企业选派一名工程师(企业培训师)指导,学校还有一名教授指导。

(3) 以项目为导向的学习。学生组成科技团队,参加世界、德国国内科技竞赛,有的是自己找赞助,有的由学校资助。项目的策划、设计、建模、制作、调试、运行全部由学生完成,财务也是学生自己管理。

(4) 双元制学生的实习。应用科技大学双元学生既学知识,又进行实践。在进学校之前,先在企业工作5个星期,开学后在学校学习。第一学期后半段和第二学期在企业工作,没有寒暑假,但有企业假期;第二学年在企业;第三学年第一学期在学校度过,年底要通过行业协会的资格考试;最后一年在企业作毕业设计。与普通学生不同的是,他们在企业已经工作很久了,理论与在企业的实践紧密相连,学习压力非常大,有25%的学生中途退出。

(5) 实验室承担研究任务。与综合大学不同的是,这些研究都是企业的项目,学生平时就参与到这些项目中来,每种仪器或设备只有一台。与国内的不同在于,不是验证型研究,而是科研型研究。为了保障每个学生在实验课堂上都有练习机会,德国人把学生分成组,一个项目用几种设备,几个组轮换着做,一次实验完成一个项目的整个过程,既锻炼学生的创新思维,又培养学生的团队意识。

(6) 所有研究所的研究项目都与企业合作进行。有些研究项目很超前,有些很实用。例如奥斯特法利亚应用科技大学的电气实验室与我国北京一家公司合作进行风能、太阳能转换为电能的贮存和利用研究,已经制造出电动汽车样车;机械系一个实验室研究的将废弃木块加工成小颗粒木丸,既环保又实用,已经推广应用;通信实验室正在和我国深圳一家企业合作研究下一代人工智能电子警察,目前还在研究没有服务器的网络电话、不同国家通用的网络语言平台、固定电话与网络电话的自动切换等世界前沿科研项目。

(七) 行业协会主导的资格准入制度

德国的行业协会由企业自发组成,具有很强的权威性,全德共有350个行业协会。行业资格证书的考取由行业协会出题,在企业进行考试,证书由行业协会统一颁发。学生毕业后先与企业签订2年合同,2年后表现好再签订无限期合同。

（八）快捷方便的共享资源信息平台

应用科技大学设有信息中心，构成学校共享资源信息平台，由内网和外网两大部分组成。信息中心保障内网所有信息不丢失，学生可以在网上查成绩、选课等，还可以与学生交换信息。外网铺设光缆时已经设置好了，每个人都有自己的用户名，每个部门都有自己的账户，服务器还为本地区的企业、学校提供服务，是一个区域共享的信息平台，不同的操作系统可以同时运行，一个服务器可以同时运行两个系统，采用虚拟技术还可以供许多用户使用。网络电话可以实现多人同时对话，网络打印机可以在网络覆盖范围内使用。学生使用校园"一卡通"，就可以实现在整个城区的消费，也可以在图书馆、食堂、教学楼等场所打印材料。

三、对我国高职教育的启示

我国应借鉴德国应用科技大学办学的成功经验，持续推进高职教育的改革与发展。

（一）借鉴招生经验，改革现行的招生制度

受长期形成的观念以及社会现实的影响，在我国，上高等职业学校是在考生进入本科无望时的一种无奈选择。2010年教育部已经开始在国家示范高职院校试点自主招生，但与德国应用科技大学不设门槛的招生制度还有很大差距。在我国高校招生生源逐年下降的情况下，除直接从高考生中录取新生外，更应实行形式多样的招生政策，如在中等职业学校选拔优秀毕业生直接进入高职院校上学，或对具有一定技能、又愿意继续深造的技术工人，经过选拔后进入高职院校学习。

（二）借鉴实验实习制度，培养学生的创新能力

从留学生反馈的信息得知，他们能把成绩考好，但不如德国学生动手能力强，没有德国学生知道的多；在德国什么事都要靠自己解决，选什么课、什么时候上课、如何学，全靠自己；学生实践有个人项目、团队项目、毕业设计，学生学习的目的性很强，对未来有规划，虽然实验条件不如国内，但实验效果比国内

好。留学生的这些感受应该引起我们的高度重视,应借鉴德国应用科技大学项目化导向的实验实习制度,鼓励学生创新和创造,提倡创新理念,建立鼓励学生创新的机制,增加新技术、新方法、新工艺的应用,培养学生的创新能力。

(三)借鉴培养工程师的成功经验,构建完整的现代职业技术教育体系

德国应用科技大学是在经济结构转型期适应产业发展应运而生的,我国目前也正处于产业结构调整的关键时期,教育部已于2010年在一些工科类本科院校实施"卓越工程师"计划,但一些"研究型"大学建设目标与企业的需求具有一定的距离。如果借鉴德国培养工程师的经验,在工科类国家示范高职院校选择应用性强、技术内涵要求高、有良好行业背景的专业进行试点,培养可以获得学士、甚至硕士学位的工程师,把培养工程师的高职院校作为我国高等教育体系的另一个类型,试行建立现代职业教育体系,可以预期,目前我国工程师培养的尴尬局面可望得到有效改观。

参考文献

[1] 顾金良. 德国应用科技大学研究摭谈——兼论其对我国高职院校发展方向的启示 [J]. 职教通讯, 2011 (7): 50-52.

[2] [美] 罗伯特·伯恩鲍姆. 大学运行模式——大学组织与领导的控制系统 [M]. 别敦荣, 译. 青岛: 中国海洋大学出版社, 2003.

高职特色专业建设途径的探析

崔岩　张碧　蒋平江　段东旭

摘　要：高等职业教育作为高等教育发展中的一个类型，已由初期的规模扩张转变到以特色求发展的内涵建设上来，专业建设是内涵建设的核心，而特色专业是高职院校的名片。高职特色专业建设可以通过实践基地建设、教学团队建设、质量保障体系建设、课程建设与改革、以校企合作和工学结合为主要内容的人才培养模式改革等途径来实现。

关键词：高职；特色专业；建设途径。

发表期刊：《新疆职业大学学报》，2009（2）：7-8。

专业是高职高专院校服务社会主义建设的载体，也是高职高专院校联系社会的纽带。专业的改革与建设关系到高职高专院校服务于经济建设和社会发展的方向性和有效性，也关系到学校能否满足学生择业的需要，从而吸引到更广泛的生源以保持专业的协调、可持续的科学发展。

《教育部关于全面提高高等职业教育教学质量的若干意见》（教高〔2006〕16号）指出，"高等职业院校要及时跟踪市场需求的变化，主动适应区域、行业经济和社会发展的需要，根据学校的办学条件，有针对性地调整和设置专业"。"对基础条件好、特色鲜明、办学水平和就业率高的专业点进行重点建设"。

由此可见，高职院校的建设重点已由初期的规模扩张转变到以特色求发展的内涵建设上来，创建品牌、建设特色专业成为高职院校面临的共性问题。

一、特色专业建设的必然性

根据马丁·特罗对高等教育精英化、大众化和普及化所做的毛入学率分别在15%以下、15%~50%和50%以上的概念性划分原则，目前，我国的高等教育已进入大众化发展阶段。当高等教育进入大众化以后，教育的性质已发生了实质性变化。高等教育更多的是作为谋生和就业的一种准备而为个体所选择。即大众化教育主要以培养大量职业应用型、技能型专门人才为主旨。可见，高等职业教育的属性与高等教育大众化进程的本质特征和要求最为吻合，这是高等教育大众化发展趋势为高职院校带来的历史性机遇。但由于受区域经济的发展和行业历史变革的影响，并非所有的高职院校都能担此重任，必然会优胜劣汰。所以，高职院校必须根据自身的办学条件，分析行业发展的变化、区域经济的走向，适时调整专业建设的方向，走特色之路，才能有广阔的发展空间和光明灿烂的前景。

二、特色专业的建设途径

（一）实践基地建设

加强实训、实习基地建设是高等职业院校改善办学条件、彰显办学特色、提高办学质量的重点。要按照教育规律和市场规律，本着建设主体多元化的原则，多渠道、多形式筹措资金；要紧密联系行业企业，厂校合作，不断改善实训、实习基地条件；要积极探索校内生产性实训基地建设的校企组合新模式，由学校提供场地和管理，企业提供设备、技术和师资支持，以企业为主组织实训；要加强和推进校外顶岗实习力度，使校内生产性实训、校外顶岗实习比例逐步加大，提高学生的实际动手能力；要充分利用现代信息技术，开发虚拟工厂、虚拟车间、虚拟工艺、虚拟实验；要力争进入建设优质资源共享的高水平高职教育校内生产性实训基地的重点专业领域。

（二）教学团队建设

高等职业院校教师队伍教学团队建设是实现特色专业建设的重要条件，特别要做到"六个要"：要按照开放性和职业性的内在要求，改革人事分配和管理制度；要增加专业教师中具有企业工作经历的教师比例，安排专业教师到企业顶岗实践，积累实际工作经历，提高实践教学能力；要大量聘请行业企业的专业人才和能工巧匠到学校担任兼职教师，逐步加大兼职教师的比例，逐步形成实践技能课程主要由具有相应高技能水平的兼职教师讲授的机制；要重视教师的职业道德、工作学习经历和科技开发服务能力，引导教师为企业和社区服务；要重视中青年教师的培养和教师的继续教育，提高教师的综合素质与教学能力；要加强骨干教师与教学管理人员培训，争取成为在高职教育领域有突出贡献的专业带头人和骨干教师，重视建设优秀教学团队，提高教师队伍整体水平。

（三）教学质量保障体系建设

高等职业院校的教学质量保障体系是建设特色专业的关键环节，尤其要重视过程监控，并逐步完善以学校为核心、教育行政部门引导、社会参与的教学质量保障体系。高职院校质量管理保障体系的建设着力点体现在：要着力于提高毕业生的就业率与就业质量、"双证书"的获取率与获取质量；要致力于学生的职业素质养成、顶岗实习落实；要着力于加强生产性实训基地建设、专兼结合专业教学团队建设；要致力于能很好地接受教育行政部门的人才培养工作水平评估。

（四）课程建设与改革

课程建设与改革是提高教学质量的核心，也是特色专业建设的重点和难点。高等职业院校要紧抓10个方面的工作：①积极与行业企业合作开发课程；②根据技术领域和职业岗位（群）的任职要求，参照相关的职业资格标准，改革课程体系和教学内容；③建立突出职业能力培养的课程标准，规范课程教学的基本要求，提高课程教学质量；④加强课程建设，建设精品课程；⑤改革教学方法和手段，融"教、学、做"为一体，强化学生能力的培养；⑥加强教材建设，参与国家规划教材建设，与行业企业共同开发紧密结合生产实际的实训教材，确保优质教材进课堂；⑦重视优质教学资源和网络信息资源的利用；⑧把现代信息技术作为提高教学质量的重要手段；⑨不断推进教学资源的共建共享；⑩提高优质教学资源的使用效率，扩大受益面。

（五）以校企合作和工学结合为主要内容的人才培养模式改革

人才培养模式是建设特色专业建设的重要突破口，要以人才培养模式改革为切入点，带动专业调整与建设，引导课程设置、教学内容和教学方法的改革。当前，高职教育人才培养模式改革的重点是实现真正的校企合作、工学结合，突出教学过程的实践性、开放性和职业性，实验、实训、实习是三个关键环节。做到"五要"：一要重视学生校内学习与实际工作的一致性，校内成绩考核与企业实践考核相结合，探索课堂与实习地点的一体化；二要积极推行订单培养，探索工学交替、任务驱动、项目导向、顶岗实习等有利于增强学生能力的教学模式；三要加强学生的生产实习和社会实践，保证在校生至少半年时间到企业等用人单位顶岗实习；四要按照企业需要开展对企业员工的职业培训，与企业合作开展应用研究和技术开发；五要使企业在分享学校资源优势的同时，参与学校的改革与发展，使学校在校企合作中创新人才培养模式。

三、结论

目前，加强内涵建设成为引导高等职业教育发展的风向标。高职院校要根据行业的发展变化和区域经济的特征，在"特"字上做文章，有针对性地调整和设置专业，突出实践基地、教学团队、质量保障体系建设，加强课程建设和培养模式的改革，不断探索高职院校表现独特优质风貌和生存发展能力以及创新人才培养模式的新途径，才能实现高职教育又好又快的科学发展。

参考文献

［1］翟轰. 高等职业技术教育概述［M］. 西安：西安电子科技大学出版社，2002.

［2］教育部高教司. 高职高专教育改革与建设——2000年高职高专教育文件汇编［M］. 北京：高等教育出版社，2001.

［3］关于全面提高高等职业教育教学质量的若干意见（教高〔2006〕16号）［Z］. 2006.

［4］范唯，马树超. 关于加快建设示范性高职院校的思考［J］. 教育发展研究，2006（10A）：27-31.

［5］周济. 在国家示范性高等职业院校建设计划视频会议上的讲话［Z］. 2006-11-13.

创新校企合作培养模式
推进高职教育内涵建设

崔 岩

摘 要：针对目前高职院校校企合作普遍存在的"校主企辅"式的初级阶段模式，以陕西铁路工程职业技术学院长期探索形成的搭建咨询决策、共享型实训、互利型服务三个平台，形成浅、中、深三度纵深，全方位构建多形式校企合作的有效模式为例，提出建立一种全方位、多途径、多形式的"融通式"校企合作模式，推进高职教育内涵建设。

关键词：高职教育；校企合作；内涵建设。

发表期刊：《科学时代》，2007（11）：6-7。

高职教育的校企合作模式，是学校按照企业对人才培养规格、技能、素质等质量要求，结合高职教育特点而安排实施的、工学交替进行课堂教学和企业实践操作培训的一种教育模式，也是高职教育区别于一般学术型高等教育的核心特点。目前，我国现有的高职教育校企合作模式大多是一种"校主企辅"式的初级阶段模式。其共同特点是，企业处于"配合"的辅助地位，只是根据学校提出的要求，提供相应的条件或协助完成部分培养任务。笔者认为它恰恰偏离了制定高职教育校企合作制度的初衷——培养出符合企业实际需要的合格劳动者。有效的高职教育校企合作模式应该是一种全方位、多途径、多形式的"融通式"模式。我院通过多年的实践探索，走出了一条适合学院特点、体现企业特色、培养学生特长的"三特"式校企合作模式，取得了显著的办学效益。

一、搭建三个平台，形成三度纵深，全方位构建校企合作的有效机制

我院自2003年建院以来，不断探索创新校企合作的全新途径和方式，先后与34家国有大型工程施工企业建立了65个校外实训基地，联合共建了4个实验

室，积极实施订单式培养、带薪顶岗实习和企业冠名特色班等多形式的工学结合办学模式，提升了毕业生岗位适应能力，推动了学院的可持续快速发展，学院被评为人才培养水平评估优秀学校，毕业生连续5年就业率达到96%以上，真正形成了校、企、生"三赢"的良好局面。

（一）搭建三个平台，为校企合作提供厚实的基础

面对铁路建设大发展、运输大提速、一线施工技术人才紧缺的形势，我院把握机遇，强化服务意识，积极适应企业需求，主动走出校门，多形式、多层次与企业合作，在校内搭建了咨询决策平台、实训平台和服务平台，为校企合作奠定了良好的基础。

一是搭建咨询决策平台。学院成立了校企合作工作领导小组，统筹安排、研究决定校企合作的重大事项。各专业也成立了专业建设指导委员会，聘请企事业单位一线工程技术人员和管理人员担任委员会成员。制定了《校企合作管理办法》《学生顶岗实习管理办法》等指导性文件，定期组织召开"企业人才需求与培养暨校企合作研讨会"，聘请54名能工巧匠作为学院的兼职教师，为每个专业聘请1名企业高工和1名高校教授担任兼职专业带头人，形成了组织决策的有效机制。

二是搭建共享型实训平台。学院通过新建、改建或扩建，相继建成校企密切合作的"共建、共享型"校内实训基地12个、实验实训室48个，生均仪器设备值达到5800元。同时根据人才培养规格和培养目标，多渠道、多形式联系企业，选择专业对口、设备先进、技术力量雄厚、管理水平高、生产任务充足、人才需求潜力大的企业开展校企合作，先后和中国铁路工程集团、中国铁道建筑集团等大型国有企业和部分民营企业建立了校外实训基地65个，与企业共建实验室4个，丰富了学生的毕业实习、顶岗实习、技能强化训练的内容，使学生真正融入施工现场，实现了开放式实践教学的目的，为培养高素质技能性实用人才提供了良好的支撑条件。

三是搭建互利型服务平台。校企合作是合则两利、分则两害，事关高职教育内涵建设的大事。作为校方，关键是要优先考虑企业利益，把"服务"二字真正落实到自身的具体工作中。一是为企业培训职工。近年来，我院相继完成了对企业1000余人次的培训任务，有效地服务了企业的技术更新和增产增效需求。二是提供技术服务。近年来学院先后组织教师和学生承担或参与了北京地铁项

目、310 国道商丘段 12 标段和 17 标段、西合铁路、铜黄高速公路、渭南师院新校区等工程的测量和部分施工管理任务；在国家重点工程广州大学新校区工地，由我院教师和学生组成的技术服务组受到了企业和甲方的一致好评。三是实施毕业生"召回制"，打造诚信教育品牌。学院已连续 5 年共召回 23 名毕业生并"回炉成钢"。此举解决了企业聘人的后顾之忧，给企业吃了一颗"定心丸"，得到了企业的广泛好评，增强了合作的主动性。

（二）形成三度纵深，为校企合作合理归类定位

考虑学院专业的调整和企业主导产品的更换双重因素，把校企合作放在一个平台显然不现实。我院的做法是按照合作的深度，把校企合作分为三个层面的模式：一是浅层次合作模式。学院专业方向按企业所需确定，并在企业建立实习基地，建立专业实习专家指导委员会。聘请行业（企业）的专家、高级技师等为指导委员会成员，与企业签订专业实习协议，逐步形成产学合作体。目前学院建立的 65 个校外合作基地首先达到了浅层次合作要求。二是中层次合作模式。学院为企业提供咨询、培训等服务，建立横向联合体，争取相关行业支持学院发展，并建立由企业知名专家参加的专业指导委员会，制订切实可行的专业教学计划，按岗位群的分类，确定专业能力结构和非专业能力素质的群体要求，根据企业的需要进行人才培养。如学院举办的企业冠名的"特色班"均达到中度合作水平。三是深层次合作模式。企业与学院相互渗透，学院针对企业的发展需要设定科研项目，并将研究成果转化，提高整体效益。企业也可主动向学院投资，建立利益共享关系，真正实现"教学—科研—开发"三位一体。目前学院的深层次校企合作模式也是刚刚起步。

二、以提升能力为核心，创新校企合作培养模式

我院坚持以就业为导向，不断创新校企合作培养模式，推进"教学与生产的零距离接轨、专业核心能力与职业岗位的零距离接轨、毕业与就业的零距离接轨"，积极实行工学交替、订单培养、带薪顶岗等运行机制，探索形成了"两段三结合"等符合专业特色的人才培养模式，从而确保学生入学即就业、毕业即可上岗、上岗即可顶岗。

（一）"三结合"式校企合作培养模式

"两段"即按各专业人才培养目标，将学生在校学习分为两个阶段。"三结合"，即理论与实践结合、职业资格证书与毕业证书结合、顶岗实习和就业结合。第一阶段是指一、二年级（2年），理实并重，学做交融，突出培养学生的基本能力和专业技术应用能力，素质教育与专业教育相结合，资格证书与毕业证书相结合；第二阶段是三年级（1年），主要是强化技能岗前培训，顶岗实习与就业相结合，突出培养学生的就业能力。

（二）订单式委培模式

目前，订单式委托培养已经是我院校企合作的重要内容之一。用人单位提前到学院预定毕业生，同时在学院培养过程中根据企业特殊需求，提出具体的人才培养要求，学院依据此要求制订有针对性的人才培养方案，强化专业技能，使学生的综合能力符合用人单位的要求。学院先后与中铁九局订单委培32人、与中铁四局五公司订单委培101人、与中铁一局三公司订单委培29人，累计订单式委培学生259人，实现了校企合作、互惠双赢的效果。

（三）企业冠名特色班模式

在订单式委培模式的基础上，学院还积极探索，选择需求量大或者岗位人才培养要求比较集中的单位开办企业特色班，集中管理，强化培训。不但加强基本素质、基本能力的培养，而且针对企业特点，渗透企业文化教育，培养学生的主人翁责任感和企业自豪感。如与中铁一局桥梁公司合作开办"桥定班""物流班"，由企业在学院不同专业的学生中挑选组成新的班级，校企合作，共同培养，两班共定向培养86人；与中铁一局物贸公司合作开办"物贸桥建班"，采用企业和学院共同授课的形式，共培养专业人才54人。

（四）带薪顶岗实习模式

为强化学生的实践动手能力，学院利用与企业建立的65个产学研合作基地，积极开展学生的顶岗实习锻炼。一是结合分段教育，利用课程实习的机会，让学生到工程一线实践操作，具备真设备、真环境、真氛围、真生产的特性，提高了课程实习的效果；二是在专业课程结束后，集中安排为期半年的顶岗实习，提高熟练运用知识解决实际问题的能力；三是利用参与的生产任务，让学生去有目的顶岗，实现人才培养目标，实现了课堂与实习地点的一体化、教学和现场的零距离对接。每年都有 70% 左右的签约同学能够提前 6~10 个月的时间奔赴各种岗位进行实习。在准就业顶岗实习的同时，企业一般会给学生发放 1000 元左右的实习工资。若工程结束或任务不紧的情况下，根据实际情况学生还可以回到学校继续学习，参加毕业设计、毕业答辩等，真正实现了工学交替、半工半读。

（五）短期培训模式

开展短期培训是职业教育的一大任务。近年来，我院先后为中铁一局、四局、九局、物流公司、物贸公司等铁路工程企业承担短期培训任务 10 多项，累计培训学员千人次。

三、对校企合作培养模式的思考

教育部部长周济曾说，产学研结合不是做好高职教育的一般性举措，而是一条必由之路、根本之路。只有产学研结合的发展模式才能解决当前中国高等职业教育突出存在的办学条件差、育人模式单一、就业水平低这三大瓶颈问题。由此我们认为，"融通式"校企合作模式也是推进产学研结合的一条必由之路。

一是要继续深化"融通式"校企合作模式，解决内涵问题。变学校热、企业冷为"双热双赢"，互惠互利。不要停留在依靠企业建立实习基地，希望企业给予学校一点资助、捐助一些教学设备、为员工培训等的浅层次合作，可以在多元化办学机制方面积极探索，由双向合作变为双向介入，最终达到双向融合。

二是要建立有效的引入导向及规范运作机制，解决政策问题。国家可以出台相应的校企合作制度，特别是对企业实行制度约束及激励机制，建立校企合作协调机构，成立协会等社团组织，解决合作过程中出现的新问题，推进合作向良性和有序化发展。

三是尝试打破学校界限，依靠国家大型企业，以相关专业为纽带，建立多校、多企共享型合作平台，实现资源共用，减少重复投资，集中优势资源办大事、办好事、多办事、办成事。

高职院校人才培养模式创新研究

崔 岩

摘 要：本文根据大众化高等教育阶段面临的就业问题，提出了以就业为导向、实施高职院校人才培养模式的创新，并结合高职院校教育教学改革的探索与实践，着重讨论了教育制度创新、教学模式的创新、创建专业特色、产学合作机制的创新、试行召回返读制等教育教学方面的创新问题。

关键词：高职院校；人才培养；模式；创新。

发表期刊：《当代文化与教育研究》，2008（1）：1-4。

我国从1999年实施扩招政策以来，高等教育迅速实现了从精英阶段到大众化阶段的跨越式发展，目前正在走向以结构调整和质量提升为内涵的发展阶段，同时面临在大众化阶段的就业问题。检验高职院校核心竞争力的标准，是社会及用人单位对学校和学生的认同度，其中一个重要指标就是毕业生就业率，它直接反映了学校人才培养的质量和社会声誉。坚持以就业为导向，实施高职院校人才培养模式的创新，是树立科学发展观的重要体现，对我国高等职业教育的健康发展具有深远的意义。高职院校人才培养模式的创新实际上是高职院校教育教学改革的一种探索与实践，应从以下几个方面进行着手：

一、教育制度创新

高职教育以就业为导向，面向市场办学，就必须坚持制度创新。任何教育制度都是会过时的，教育制度绝不是一劳永逸地都是有利于人的自由发展和教育发展的。如果我们不与时俱进，不对过时的高职教育制度进行改革创新，就会阻碍高职教育的进一步发展。因此，以就业为导向，坚持制度创新，是高职教育新一轮发展的生命力所在。

以就业为导向，坚持制度创新，第一，就是要严格实施就业准入制度，从根本上推动高职院校实行学业证书和职业资格证书并重制度。这对于增强高职院校毕业生的实践能力、创新能力和就业创业能力具有重要意义。"双证"书并重，有助于真正培养既具有必要的理论知识，同时又掌握职业操作的基本技能，熟悉本行业管理和运行过程，并具有一定的解决现场问题，综合能力较强的技能型、复合型的高层次人才。只有推行"双证书"制度，才能从根本上推动高职院校的人才培养模式创新。

第二，要深化高职教育办学体制改革，形成政府主导、依靠企业、充分发挥行业作用、社会力量积极参与投资的多元办学格局。

第三，要扩大高职院校的办学自主权，增强自主办学和自主发展的能力。要依法保障高职院校在专业设置、招生规模确定、学籍管理、教师聘用及经费使用等方面享有充分的自主权。

第四，要坚持教学制度创新。现行的高职高专院校学制多半是三年制，高职院校可以进行一些学制探索，根据市场需要和不同专业，实行二年制或三年制等，而不必一刀切，探索出一条不同学制下高级职业技术人才培养之路。

第五，要面向市场，坚持人才培养模式创新。积极推行"订单教育"培养模式，以人才市场需求为导向，紧紧依托企业，开创出一条培养"适销对路"高职人才的新路，取得明显办学成效。

只要我们本着与时俱进的精神，以就业导向，面向市场，坚持制度创新，就一定会促进高职教育健康持续发展。

二、教学模式的创新

就业是民生之本，事关学生及家长的切身利益。高职教育作为高等教育的一个组成部分，实质是一种特色教育，它以就业为导向，培养生产、建设、管理和服务第一线的高等技术应用型人才。这就决定其在教学指导思想、课程体系、教学内容、教学方式及考核方式上与普通高等教育有着显著的区别。注重职业素质和职业能力培养，强化实践性教学，加强与企业的合作，是以就业为导向的高职教育教学的主要特征。为实现学校培养与市场需求的接轨，就必须不断根据市场的需求，实施人才培养模式的不断创新。

我们学院在教育教学模式改革方面做了一些探索。通过社会和市场调研，我们摸清了建筑企业对各类工程技能型人才的旺盛需求。企业特别缺乏既有一定理论水平又有一定实践经验的工程施工管理、工程测量、材料检验、工程造价等方面的人员。经过分析研究,我们认为提高毕业生就业率的根本途径就是要适应这种不断变化的市场需求,在全院深入开展教育思想观念的大讨论,彻底破除传统的学科教育的思想观念,用高职教育的基本特征统一思想、统一认识,真正树立高职教育的人才观、质量观、教学观,对专业设置、课程内容和教学方法进行改革,主动与企业合作,对我院的人才培养模式进行改革,创建以就业为导向的教育教学新模式。教育教学新模式创建的过程实际上是一个解放思想、适应市场、大胆创新的过程。在进行毕业生就业市场调研的基础上,我们对企业用人的实际情况进行了认真的分析研究,认为要使企业对毕业生完全放心,在加大校内实训的基础上,必须保证足够的现场实训时间,在企业急需用人时能立即顶上去,而且毕业生不能只有较窄的上岗能力,还应使自己的知识结构具有较强的适应性。基于这种分析,我们在保证现行学制不变的基础上,尝试推行"2+2+1"(五年制高职)和"1+1+1"(三年制高职)的教育教学新模式,即构建五年制高职(2年的基础教育、2年的专业配套教育和1年的专业技能实践训练)三段式人才培养模式和三年制高职(1年的文化课和专业基础教育、1年的专业配套教育和1年的专业技能实践训练)三段式人才培养模式,并相应地对教学计划进行了调整。在2004届和明年毕业的2005届学生中试行这两种新的教育教学新模式,取得了比较满意的效果:学生感受到从专业技能实践训练中学到了真本领,就业有保障;企业认为这些学生能真枪真刀地实干,用着放心。

三、创建专业特色

解决就业问题的基础环节是专业设置要适应市场要求。部分高职学校、专业之所以能保持较高的毕业生就业率,最重要的一个因素就是办学有特色,就业受欢迎。特色,就是区别于其他普通高校的一种以社会需求为目标、以就业为导向的办学定位,人才培养模式是全新的形态,教学体系改革的目标是能力本位的方向。这种不可替代的特殊类型的高等教育,解决或正在解决着因经济与产业结构调整而带来的生产、建设、管理、服务一线的技术、工艺、技能性专门人才匮乏的需求矛盾。专业特色体现高职院校的办学特色,反映了所设置的专业在人才培养方面独特的个性和明显的优势,而且解决就业问题的基础环节是专业,其设置要适应市场要求。因此,加强专业建设,创建鲜明的专业特色,是增强高职院校竞争力的关键环节。

专业设置目标要瞄准经济与产业结构调整的走向，在广泛调研的前提下，组成由行业、企业、学校参加的专业指导委员会，对人才需求预测、产业发展前景分析、人才培养目标、教学计划安排、主干课程设置、能力结构要素、专业开办条件以及专业建设的社会可利用资源等方面进行评议、论证、审核，在此基础上，决定该专业设置与否，这是保持较高就业率的一个必备的前提条件。

通过这种产销链接的形式，学校专业设置的定向是明确的，专业建设的目标是清楚的。同时，由于社会需求的不确定性，进行专业调整、改造，同样需要这种产销链接的形式，给予专业建设以新的内涵。

我们学院在开发新专业时，没有盲目求全、求多，而是根据铁路工程建设行业经济发展的需要，针对工程技术的相关岗位群，设置针对性强、具有明显职业性和行业性的专业，形成了铁道工程和桥梁与隧道、公路与桥梁、工业与民用建筑为主的三个专业群。尤其是铁道工程、桥梁与隧道、公路与桥梁等三个特色专业，是铁道部的重点建设专业，在全国铁路高职教育中独领风骚，已成为全国铁路工程施工企业公认的品牌专业，毕业生一直供不应求。新开发的测量工程、物流管理等专业，在全国铁路工程系统同类学校毕业生中也成为佼佼者，在毕业前夕学生已基本被企业预定。这些专业之所以能保持较高的毕业生就业率，最重要的一个因素就是专业有特色，就业受到企业的欢迎。由于我们在专业设置上体现了行业性、实用性和灵活性，企业欢迎、毕业生满意、家长放心，逐步形成了具有自身特色的专业品牌，以特色专业的开发和建设，带动了办学特色的形成。

四、产学合作机制的创新

高等职业教育是以培养生产、建设、管理、服务一线的高等技术应用型人才为目标，离不开产业、企业的需求导向，需要行业、企业的深层次参与，而行业、企业具有高等职业教育的巨大可利用资源。要通过积极打通产学合作的途径，拓展技术与技能培养的教育资源，提高毕业生对职业岗位能力的适应程度。

要建立一种机制，吸引企业介入高职教育的办学过程，参与新专业设置论证、教学计划开发、课程开发、毕业设计与论文指导等环节，同时招收毕业生实习训练，这对高职高专毕业生就业工作具有推动与促进的作用。

积极推动互动性的产学合作。这种深层次的合作，是将学生培养全过程的绝大部分内容由学校、企业合作完成，企业已经成为"育人主体"的一部分；学校主动参与企业新产品开发、技术改造等企业发展活动，协助企业完成营造"学习型企业"的任务。在尽可能大的范围内做到校企双方资源的有效共享。这种形式在一些高职高专院校与企业的合作中已初见端倪，并赋予了合作双方更积极、更有活力的合作空间。当然，这种形式目前只是在少数一些学校和具有行业主管隶属关系的学校内能够实施，但它无疑会在更大程度上推动订单培养方式的实施。

采用推荐毕业设计、岗位训练和就业安置相结合的方法。将以往的毕业设计方法用毕业设计、岗前训练和就业安置相结合的"三合一"方式取代。毕业设计环节放到企业中去进行，同时进行上岗前的训练，企业通过这一环节，了解毕业生并作为企业接收的考察过程。

整合资源，建设一流高职实训基地。同时，采取自建、共建等方式，建立与专业配套、和生产同步的校内外实训基地。整合和建立职业技能鉴定中心、高技能人才交流中心、面向社会的培训中心等高职服务体系。

我们学院在探索产学合作机制的创新过程中，修订了实习实训基地建设规划，在院内建成了配套齐全的测量实训场所和工种实训场所，教学、演练、实习十分方便。与中铁一局集团公司桥梁公司、桥建公司、第一工程公司、第二工程公司等34家国有大型企业签订了实习、合作办学的协议。这些校内外实验实训基地的建立和实验实训设备数量的增加，为我们试行"2+2+1"和"1+1+1"的教育教学新模式、使学生在校最后一年强化技能训练奠定了基础。

在一年的专业技能强化训练中，我们用半年时间主要针对工程施工企业对工程测量、工程造价软件的应用、建筑材料试验、CAD软件的应用等专业技能的要求，分阶段进行专项训练，然后再用半年时间到施工工地顶岗锻炼，大多数学生在顶岗实习的过程中就被企业预录用，预录用期间大部分企业给学生每月发放800~1000元的工地津贴。这样，既锻炼了学生，又为企业补充了技术力量，学校又为学生找到了就业单位，三个方面都满意，使这种实训具有了生命力。

各种技能证书是检验实验实训成效的一个重要标志，也是毕业生就业必不可少的。在近几年毕业生双向选择中，我们发现施工企业特别欢迎能顶岗（胜任一定的工作岗位）的毕业生。企业除要求毕业生有毕业证书，还要求毕业生有相关的专业职业资格证书和技术等级证书。根据企业的这种用人要求，我们规定学生在校期间至少必须通过一种专业职业资格的考核并拿到证书，鼓励学生同时拿到几个技能资格证书，使学生既具备第一岗位的任职能力，又有转换岗位的适应能力。

为了帮助学生取得专业职业资格证书和技术等级证书，我们把各类岗位技能的培养、考核和取证纳入教学计划，千方百计确保教学质量和考试通过率。按照教学围着就业转的思路，积极探索将专业技能考试鉴定、工种等级鉴定、全国计算机等级考试、全国英语等级考试、全省造价员资格培训考试、制图员考试等社会考核与这些课程的校内教学、实验、实训考试和考核相结合的途径，并将这些考核、考试的内容与课程教学内容有机结合，使学生朝着身怀多种技能的方向发展，为学生的就业创造必要的条件。我们还与一些大型企业的人力资源部门合作，建立考核与就业相结合的高职教育考核机制。为了方便学生考核取证，我们与政府有关部门联系，在我院设立了国家职业技能鉴定所、全国计算机等级考试考点、NIT考试考点、全国制图员考试考点、全国英语等级考试（PETC）考点、陕西省造价员培训考试点。我院职业技能鉴定所近几年来先后培训并鉴定了7000余人次，鉴定的主要工种有15种，其中专业职业资格证工程测量工与建筑材料试验工深受工程施工单位欢迎，并且逐步成为学生就业的通行证。职业技能鉴定工作在全省高职院校职业技能鉴定方面处于领先地位，在今年8月召开的全省职业技能鉴定工作会议上被评为陕西省职业技能鉴定先进单位。

五、试行召回返读制

我院从2003年10月份开始实施毕业生"召回返读制"。该项制度规定，凡本学院毕业生在工作中自感知识和技能需要充实和更新的，可向学校申请返读；用人单位根据工作需要，要求毕业生进修提高的，也可直接和学校联系让毕业生返读。召回返读的毕业生回母校后可跟班就读，也可专修一、两项技能，时间可长可短，返读结束后再回到企业工作。

在人才培养的"出口处"实行"召回返读制"，作为学校对于毕业生这种特殊的"产品"质量控制的必要延伸，事实上是高职院校对教育质量的一种承诺，从而使用人单位和学生都有了一个质量保证。不言而喻，高等院校只有对毕业生负责，培养出具有真才实学的有用人才，才能赢得用人单位的信任，更能确保学校培养出的学生能够真正适合工作岗位的需要。

我院试行"召回制"以后，在学生中引起了很大的震动，也受到用人企业的充分肯定。我院勇于承担起后续的"补课"责任，充当毕业生的强大后盾，有针对性地去弥补毕业生自身所存在的"不足"，同时也给用人企业一个的良好的信誉。多年来，我院培养的学生知识扎实、动手能力强，而且能吃苦、不跳槽、专业思想稳定。"进得去，靠得住，能吃苦，干得好"，已经成为各个用人单位对我院毕业生的一致评价，同时也正在成为毕业生就业的品牌效应。在中国铁路建设总公司系统，我院的一大批优秀毕业生，已经成为学院特色的一道道亮丽风景。连续6年毕业生96%的一次就业率，是市场对我院新的教育教学模式的认可。

高职教育以就业为导向，就必须要不断进行人才培养模式的创新，这是注重内涵发展、创办特色的必由之路，有利于准确把握学校的发展观和质量观，有利于促进高职教育面向经济建设的主战场和加强与企业的合作，有利于推动高职院校的教育教学和管理制度改革。随着学校为适应不断变化的市场需求与企业紧密结合，学校就需要对专业设置、课程内容和教学方法进行改革，使高职教育与市场和企业密切结合，从而把人才培养模式与社会对高职院校毕业生的认同度密切联系，培养学生的创业能力，提高毕业生的就业率，以推动高职教育健康发展。

参考文献

[1] 吴启迪. 大力发展以就业为导向的高职教育 [N]. 光明日报，2004-04-01.

[2] 加强教师队伍建设，提高核心竞争能力 [N]. 陕西日报，2004-04-13.

[3] 关于创新教育的思考 [N]. 陕西日报，2004-06-02.

[4] 李萍. 大学文化内核与创新人才培养 [J]. 中国高等教育，2006（Z2）：19-21.

就业畅通是高职院校赖以生存和发展的前提

崔岩　王晖

摘　要：就业畅通是高职院校赖以生存和发展的前提，也是高职教育最大的特色，要保障高职院校毕业生的就业畅通，就要围绕就业，从专业、产学合作、师资、培养模式、评价体系等环节加大改革力度。

关键词：高职院校；就业畅通；前提。

发表期刊：《陕西教育》，2006（12）：4+7。

我国从1999年实施扩招政策以来，高等教育迅速实现了从精英阶段到大众化阶段的跨越式发展，目前正在走向以结构调整和质量提升为内涵的发展阶段。而高等职业教育长期处在高等教育的薄弱和边缘位置。随着经济建设的发展以及高等职业教育自身作用的凸显，高等职业教育越来越受到党和国家的重视并逐步赢得社会的广泛认可。就业是否畅通成为检验高职教育兴衰和高职院校有无特色及其核心竞争力的根本标志。

从教育外部来看，失业已成为严峻的经济问题、社会问题、政治问题，成为引发恶性社会事件的火药桶。家长举债供子女读书，最低的愿望是毕业能找到一份有保障的工作，如果学生毕业就失业，不仅家长失望，还会造成以家长为中心的社会负面效应，这个效应将使学校处于被动的难以为继的局面。相反，高职毕业生毕业能就业，学校就会吸引到优质的生源，优质的生源必将提高人才培养的基础，从而提高职院校的竞争力。从高职教育自身来看，就业畅通不仅是高职院校发展的关键，而且是高职院校的最大特色；其区别是不同的高职院校就业的方向和领域不同。正是基于这个特点，"以服务为宗旨，以就业为导向"才是一个长期政策，而非临时的过渡措施。

一、就业畅通是高职院校改革的出发点和落脚点

高等教育在大众化阶段面临的严峻问题是就业问题。就业是民生之本，事关

学生及家长的切身利益。高职教育作为高等教育的一个组成部分，承受着学历教育和就业教育的双重压力：既要保证学历教育的质量，又要保证比较高的就业率，比较而言，难度之大无与伦比。而决定高职院校能否生存的核心要素不是学历，而是稳定的就业率。这既是国家对举办高职教育的院校的希望，也是家长和社会对高职院校的最低要求。高职院校必须要面对这个无可回避的严峻挑战，坚决推进"以服务为宗旨，以就业为导向"的高职教育教学改革，并通过行之有效的改革举措不断提高毕业生的就业质量和就业率，扩大就业领域，为社会用人单位提供更好更多的综合素质高的应用性专门人才，以此来保障高职院校的健康发展。

就高等职业教育性质而言，其本质是一种技能型人才培养的就业教育。高职学生是大学生就业的弱势群体，随着高等教育的大众化发展，高职学生的就业问题日益突出。据教育部2005年7月27日统计，全国共有普通高等学校1731所，其中高职（专科）院校1047所。扩招以来的几年，相比普通本科生招生年均增长速度，高等职业教育要高13.12个百分点；相比普通本科在校生年均增长速度，高等职业教育要高10.21个百分点。教育部公布的有关数据显示，截至2004年9月1日，全国普通高校毕业生平均就业率为73%，其中研究生就业率达到93%，本科生为84%，高职高专生仅为61%。据互联网消息，2006年全国大学生就业率仅为63%，这一信息后来虽然被质疑，但大学生就业率下降却是不争的事实。高职院校每年培养数百万毕业生，如果不把就业作为办学的出发点和落脚点，高职院校的生存势必会发生危机，而且每年会给社会增加150万~200万的青年失业人口，不但会进一步造成更加严重的社会问题，与构建和谐社会背道而驰，高职院校的发展也会受到社会质疑。

高职教育无论怎么发展，无论怎么改革，无论是校企结合还是产学合作，或者是订单式培养，其根本目的是满足经济社会发展对人才的需求，实现高职毕业生就业的最大化。就业畅通是高职院校一切工作的前提和基础，当然，有些工作是直接关系就业的，有些工作是间接关系就业的。但必须明白，高职院校的全部工作最终都要通过就业来检验；没有畅通的就业渠道，高职院校的所有改革都是空中楼阁。因此，就业既是检验高职院校人才培养水平的试金石，又是考核高职院校领导智慧和执政能力的现实课题。

二、如何构筑就业通道

就业畅通是高职院校生命力的体现，也是高职院校办学特色的根本标志。如何构筑就业通道，我们的做法是：

（一）按照市场需求，创建就业畅通的特色专业，形成独有的办学特色

特色专业体现高职院校的办学特色，反映该专业在人才培养方面独特的个性和明显的优势。因此，加强专业建设，创建鲜明的专业特色，是建设特色高职院校的主要内容，是增强高职院校竞争力的关键环节。我院根据铁路建设行业经济发展的需要，针对工程技术的相关岗位群，设置针对性强、具有明显职业性和行业性的专业，形成了以铁道工程和桥梁与隧道、公路与桥梁、工业与民用建筑为主的三个特色专业群。尤其是铁道工程、桥梁与隧道、公路与桥梁等三个特色主干专业，在全国铁路高职学院中独领风骚，已成为全国铁路施工企业公认的品牌专业，毕业生一直供不应求。新开发的测量工程、物流管理等专业，在全国铁路工程系统同类学校毕业生中也是佼佼者。这些专业之所以能保持较高的毕业生就业率，最重要的一个因素就是专业有特色，服务对象很明确，课程设置与技能培养有针对性，学生欢迎、企业满意、家长放心，逐步形成了具有自身特色的专业品牌。

（二）按照特色专业创建师资队伍特色

就业畅通的基础是专业设置要适应市场要求，而要培养出专门领域的高技能型人才则需要一支与特色专业相适应的特色师资队伍。这是高职院校从学科型向技能型转型期的薄弱环节，也是高职院校教育教学改革的重点和难点。高职教育界现在公认的特色师资队伍是"双师"型。"双师"型教师能把学术与技术结合，能将学校定位与就业岗位接轨，能把社会与学校拉近，是实现毕业与就业零距离对接的核心要素。

周济部长指出："当前职业院校教师队伍专业结构不适应需要和实践能力较弱的情况必须迅速改变，提升学历很重要，更重要的是建设一支'双师型'教师队伍。一是要建立专业教师定期轮训制度，支持教师到企业和其他用人单位进行见习和工作实践，重点提高教师的专业和实践教学能力。二是要花大气力，下

大决心，聘请一批生产和服务第一线的高级技术人员和能工巧匠充实教师队伍。"

我院在建设"双师"型师资队伍过程中，采取了多种办法：一是修订学校研究生培养的管理办法，对在职攻读硕士学位和博士学位的成才者，用更加优惠的政策予以鼓励。目前已与兰州交通大学研究生院联合培养了 26 名硕士，今年已与长安大学研究生院合作培养 36 名硕士研究生，还有 2 名在读博士，力争用 3 年的时间，使我院教师队伍中硕士和博士研究生的比例达到 30%。二是以培养"双师"型教师为目标，制定教师带学生下工地顶岗锻炼的管理办法。建立专业教师定期轮训制度，鼓励教师带任务、带学生、有计划地到生产单位进行工作实践，重点提高教师的专业能力和实践教学能力，逐步提高教师队伍中"双师"型教师的比例。三是提高教师及专业技术人员的学术水平和科研能力，同时孵化一批部省级科研项目。学院设立的院内科研基金，资助院内专业技术人员对职业教育课题和自然科学课题的研究，鼓励教师参与各种教学研究活动，积极撰写教研论文，广泛开展学术交流。四是在津贴分配方案中明确了对科研成果、专著、教材、论文的奖励办法，还从办学经费中拿出一定数额的资金，资助教师参加省内、外的教学和学术交流会议，同时采取走出去，请进来的办法，加强校际学术交流，不断提高我院教师的专业业务水平和科研水平。五是强化对职业技能鉴定考评教师的培训，为他们提供目前最先进的教学实验实训仪器，制定对取得职业技术资格证书的教师的奖励政策。目前我们培训的 50 多名担任职业技能鉴定考评员的教师既能课堂讲授，又能从事实际工程的技术管理工作。几年来我院先后承担或参与了武汉长江二桥、310 国道商丘段 12 标段和 17 标段、西康铁路灞河特大桥、西合铁路、神朔铁路、铜黄高速公路、渭南师院新校区等工程的测量和部分施工管理任务。在国家重点工程广州大学新校区工地，由我院教师和学生组成的项目部受到了企业和甲方的一致好评。六是采取特殊政策招聘急需的专业课教师，规定新教师上课前必须先到现场挂职锻炼一年，取得实践经验后方能上课。这样，一方面锻炼了新教师的才干，另一方面也掌握了现场生产的新技术和新工艺，为学院的教材更新提供翔实准确的资料。

（三）产学合作要有特色

企业具有高等职业教育的巨大可利用资源，高等职业教育的每一步发展，都离不开企业的支持，同样，企业的发展也离不开高素质劳动者与技能性人才的支撑，产学合作一定要有特色。

企业为高职院校提供人才需求信息，为高职院校提供岗位实习实训基地，直接参与高职院校的人才培养过程，为高职院校学生提供工学交替或者半工半读的岗位，为高职毕业生提供就业岗位；高职院校为企业提供技术服务，为企业提供职工技术培训，为企业提供劳动力资源。双方通过签订具有法律效力的协议保证这种合作的长期有效，实现互利双赢、共同发展。

我院与全国百强企业中铁工程总公司与中铁建筑总公司旗下的34家国有大型企业签订了实习、工学交替、半工半读等合作办学的协议，大多数学生在工学交替的过程中就被企业预录用，预录用期间大部分企业给学生每月发放800～1000元的工地津贴。这种特色的产学合作，既锻炼了学生，又为企业补充了技术力量，学校又为学生找到了就业单位，三个方面都满意。我们还在学院设立了国家职业技能鉴定所，帮助学生取得相关专业的职业资格证书和技术等级证书，并将这些考核、考试的内容与课程教学架通，使学生朝着"一专（专业）多能（多种技能）"的方向发展，为学生的就业创造必要的条件。

（四）实践性教学主体地位的高职教育模式特色

在高职教育教学中，理论教学与实践教学的比例问题始终是一个模糊的问题。长期以来，学科性理论教学始终是"一统天下"，实践性教学则处于从属地位。必须明确的是，高职教育的实践教学与普通本科院校的实践教学地位不同，高职教育的实践教学在高职院校居于主体地位，普通本科的实践教学在本科高校中处于从属地位。这是因为二者培养的目标不同：前者培养的是技能型实用性人才，后者培养的是学科型人才；二者的培养模式不同，前者是培训模式，后者是理论型模式；二者目的不同，前者以直接就业为目的，后者以研究再研究为目的。二者虽然都强调实践教学的重要性，但前者强调的是理论为实践服务，后者则是实践为理论服务。

为了突出实践教学的主体地位，我们将理论教学与实践教学课时比由过去的6∶4逐步转为4∶6，压缩了理论课时，打破了公共课、技术基础课、专业课的界限，按照岗位需要设置课程，增加了学生进入施工现场实习的时间。同时，聘用了一批铁路施工企业的技术专家为客座教授，适时为学生讲授高速铁路、城市轨道工程、高速公路交通工程施工等现代化施工技术和方法，增强了教学环节的现场感和实战性。

中国石油大学（北京）校长张来斌在谈到建立创新型大学时指出："实践教

育是推动学校改革发展，提高办学水平的重要举措。当前，实践教育更重要地体现在大学人才培养全过程中，贯彻实践教育的思想，通过课堂内外各个实践环节，全面构建完整的实践教育体系，提高大学的人才培养质量。"

（五）"下得去、留得住、用得上、干得好"的品牌特色

中铁一局集团干部处负责人说："陕铁院的毕业生综合素质一直较好，许多已成为我集团公司各个工程项目上的优秀经理人和主管工程师，在现场挑大梁，所以是我们每年招聘人才的首选之地。"多次到陕铁院选聘人才的中铁隧道局集团人事部负责人说："陕铁院敢于承诺对毕业生实行'召回制'，是对自己教育实力有信心，对培养出的学生质量有信心的表现，反映了该院对学生负责、对社会负责的市场意识。"

多年来，我院培养的学生以"下得去、留得住、用得上、干得好"而成为全国铁路建设企业和铁路行业人才市场的品牌毕业生，成为现代化铁路建设战场的技术生力军。"下得去、留得住、用得上、干得好"既是我院毕业生品牌特色，也是我院毕业生就业率连续6年超过96%的秘诀。《中国青年报》《中国教育报》《人民铁道》《陕西日报》等媒体都对我院就业作了整版报道。

（六）教育教学质量评价体系要突出就业特色

教学质量评价是教学管理的最重要的杠杆，其导向作用不可替代，直接影响教师的"教"和学生的"学"，检验高职人才培养质量的最高标准只有一个：就业畅通。建立以就业为标准的教学质量评价体系，从职业道德素质到职业技能到心理适应能力都能得到比较准确的检验，有利于培养学生运用所学知识和技术分析问题和解决问题的能力。我们对传统的闭卷笔试考核方式进行改革，采取多样化的考核方法，如问卷、开卷笔试、问卷笔试与口试相结合，口试、笔试与技能操作相结合，论文、设计、制作、撰写调研报告与答辩相结合等方式；也可以采用无标准答案试题，着重考核学生的思维方法、思路等。这种考核方式既检验学生获取知识、信息的能力，又有利于加强学生的实际工作能力，同时，客观上也起到将学生平时学习着眼点引向实践技能培养上来的作用。

在省教育工委、教育厅的正确领导下，我院从实际出发，坚持以就业为导向，以培养高技能技术应用性人才为目标，以铁路施工专业岗位群为专业特色，强化学生操作技能培养，在办学实践中逐步形成鲜明的办学特色，毕业生就业率

连续6年保持在96%以上,毕业生基本流向全国大型铁路工程建设企业,在人才市场占据了明显优势,应届毕业生不仅签约率高,而且就业质量高,目前呈现出企业预订毕业生的趋势,学生还未毕业离校,签约企业就提前把学生接回单位半工半读。可以说,就业通、职教兴,就业畅通是高职院校生命力的根本体现。

参考文献

[1] 吴启迪. 大力发展以就业为导向的高职教育 [N]. 光明日报,2004-04-01.

[2] 加强教师队伍建设,提高核心竞争能力 [N]. 陕西日报,2004-04-13.

[3] 关于创新教育的思考 [N]. 陕西日报,2004-06-02.

[4] 李萍. 大学文化内核与创新人才培养 [J]. 中国高等教育,2006(Z2):19-21.

[5] 吴岩. 高等职业教育发展定位中的几个问题 [J]. 教育研究,2005,26(5):31-34.

附录一　其他公开发行刊物、网站发表的高职教育研究论文目录

1. 崔岩. 试点引领 分类实施 全面推进高职"诊改"工作 [C]//高等职业院校教学工作诊断与改进实操导引. 北京：高等教育出版社，2018：28-31.

2. 崔岩. "双高计划"：打造中国高等职业教育品牌 [EB/OL]. 中国高等教育学会官网，2019-11-11.

3. 崔岩. 把握"双高计划"建设大方向，修改完善好建设方案 [C]//中国特色高水平高职学校和专业群建设研究与实践（方案篇）. 西安：西北大学出版社，2020：283-291.

4. 崔岩. 努力开创大学生思想政治教育工作新局面 [C]//高职教育教学研究论文集. 北京：中央文献出版社，2007：1-8.

5. 崔岩. 抢抓机遇求发展，奋力拼搏建职院 [C]//高职教育教学研究论文集. 北京：中央文献出版社，2007：38-42.

6. 崔岩. 关于加强党的先进性建设的思考 [C]//高职教育教学研究论文集. 北京：中央文献出版社，2007：23-27.

7. 崔岩，王晓江，刘向红，等 [C] /陕西装备制造业职业教育集团办学的探索与实践. 北京：外语教学与研究出版社，2014：83-89.

8. 崔岩. 高职院校人才培养模式创新研究 [C]//高职教育教学研究论文集. 北京：中央文献出版社，2007：60-62.

9. 崔岩. 突出办学特色，强化技能培训，创建以就业为导向的教育教学新模式 [C]//陕西高等教育论坛（第一辑）. 西安：西北大学出版社，2005：261-270.

10. 崔岩，王晖. 以就业为导向，建设特色高职学院 [C]//陕西高等教育论坛（第二辑）. 西安：西北大学出版社，2007：281-290.

11. 崔岩，王晖. 创新校企合作培养模式 推进高职教育内涵建设 [C]//陕西高等教育论坛（第三辑）. 西安：西北大学出版社，2008：307-311.

12. 崔岩. 强化特色专业建设 打造高职知名品牌［C］//陕西高等教育论坛（第四辑）. 西安：西北大学出版社，2009：365-371.

13. 崔岩，王晖. "两段三结合"人才培养模式的研究与实践［C］//陕西高等教育论坛（第五辑）. 西安：西北大学出版社，2010：310-315.

14. 崔岩. "后示范"高职院校改革与发展的思考［J］. 西北职业教育研究，2013（1）：1-2.

15. 崔岩. 德国应用科技大学的运行机制及其对我国高职教育的启示［J］. 陕西高职动态，2012（1）：3-4.

16. 崔岩. 校企合作共育高素质技能人才 助推高端装备制造业快速发展［J］. 陕西高职动态，2012（8）：2-3.

17. 崔岩. 做优做强高等职业教育 提升服务经济转型升级能力［J］. 陕西高职动态，2012（10）：3-4.

18. 崔岩. 提高思政课教学质量的有力抓手——陕西高校思政课教师"大练兵"现场展示活动观后感后感［J］. 陕西职业教育动态，2018（10）：3.

19. 崔岩，刘永亮. 谈提高职工教育培训质量［J］. 陕西中专教育，1999（1）：2-3.

20. 崔岩. 非计算机专业计算机课程实践教学初探［J］. 水利职业技术教育，1991（1）：30-32.

21. 崔岩. 水利水电高职教育的探索［J］. 水利职业技术教育，1999（2）：21-22.

22. 崔岩. 中专计算机应用专业特色的探讨［J］. 陕西中专教育，1999（10）：337-338.

附录二 公开出版的专著目录

1. 崔岩. 网络技术［M］. 西安：西安电子科技大学出版社，2003.
2. 崔岩. 农业信息化组织体系研究［M］. 杨凌：西北农林科技大学出版社，2007.
3. 崔岩. 高等职业教育集团化办学研究［M］. 北京：高等教育出版社，2012.
4. 崔岩. 高等职业技术教育研究论文集［M］. 北京：高等教育出版社，2017.
5. 崔岩. 高等职业教育集团化办学典型案例［M］. 西安：西安电子科技大学出版社，2014.
6. 崔岩. 陕西高职教育校企合作典型案例汇编［M］. 北京：北京理工大学出版社，2014.
7. 崔岩. 陕西高职教育创新创业案例汇编［M］. 北京：北京理工大学出版社，2017.
8. 蔡钊利，李明福，崔岩. 职业教育集团化办学专项研究［M］. 北京：外语教学与研究出版社，2015.
9. 蔡钊利，李明福，崔岩. 职业教育集团化办学试点项目实施方案［M］. 西安：西安电子科技大学出版社，2013.
10. 蔡钊利，李明福，崔岩. 陕西省国家教育体制改革探索职业教育集团化办学试点项目概览［M］. 西安：陕西画报社，2012.
11. 刘建林，崔岩. 高等职业院校教学工作诊断与改进实操导引［M］. 北京：高等教育出版社，2018.
12. 刘建林，崔岩. 陕西省2018年度高职教育国家教学成果奖汇编［M］. 西安：西北大学出版社，2019.
13. 刘建林，崔岩. 高等职业院校教学工作诊断与改进实践探索［M］. 西安：西北大学出版社，2019.

14. 刘建林，崔岩. 高等职业院校教学工作诊改与改进案例汇编［M］. 西安：西北大学出版社，2020.

15. 刘建林，崔岩. 高等职业教育现代学徒制探索与实践［M］. 西安：西安电子科技大学出版社，2020.

16. 刘建林，崔岩. 高等职业教育国家 1+X 证书制度试点案例汇编［M］. 西安：西北大学出版社，2020.

17. 刘建林，朱晓渭，崔岩，等. 陕西高等职业教育改革创新实践研究［M］. 北京：北京理工大学出版社，2020.

18. 朱晓渭，崔岩，中国特色高水平高职学校和专业群建设研究与实践［M］. 西安：西北大学出版社，2020.

19. 刘建林，崔岩. 中高职衔接贯通——"3+2"人才培养方案的开发与应用［M］. 西安：西安交通大学出版社，2022.

20. 全国职业院校教学工作诊断与改专家委员会. 高等职业院校教学工作诊断与改进文件选编与实践研究［M］. 北京：高等教育出版社，2018.

附录三 自然科学、社会科学期刊发表的研究论文目录

1. 崔岩,赵德怀. 野生动物定位监测数据处理方法研究 [J]. 西北农林科技大学学报(自然科学版),2001(5):51-55.

2. 赵德怀,崔岩,余玉群. 野生动物资源定位监测标准化方法研究 [J]. 西北大学学报,2001(9):76-79.

3. 崔岩,郝红科,张志昌,等. U形渠道自动测流仪数据处理方法研究 [J]. 水土保持学报,2002(5):149-151.

4. 崔岩,郝红科,等. U形渠道自动测流仪原理的研究 [J]. 西北农林科技大学学报,2004(3):89-91.

5. 崔岩,郑少锋. 农业信息化及其对农业产业化的影响 [J]. 西北农林科技大学学报,2002(5):51-55.

6. 崔岩. 农业信息采集与发布技术集成策略研究 [J]. 电子科技大学学报,2006(5):44-47.

7. 崔岩. 关于陕西电子农务体系创新的思考 [J]. 中国农业科技导报,2006(6):61-65.

8. 崔岩. 构建电子农务信息服务新体系的研究研究 [J]. 电子科技大学学报,2007(1):54-58.

9. 崔岩. 新农村建设中的农村信息化研究 [J]. 中国农业科技导报,2007(2):107-111.

10. 郑少锋,崔岩. 发展中国家的贫穷与保护(译文)[J]. 陕西农业科学,1999(10):35-37.

11. 崔岩,邓俊锋. 农业可持续发展的金融需求 [J]. 陕西农业科学,2000(2):43-45.

12. 崔岩. 农科教结合的效益分析 [J]. 杨凌职业技术学院学报,2002(1):

22-25.

13. 崔岩. 农业产业化的组织模式 [J]. 杨凌职业技术学院学报, 2003 (1): 47-49.

14. 惠聪, 尚瑶, 崔岩. 杨凌农民收入增长有几招？[J]. 当代陕西, 2002 (4): 33.

15. 崔岩, 尚遥. 杨凌农业产业化的五种模式 [N]. 农业科技报, 2002-01-28 (2).

16. 崔岩. 农业信息技术扩散与传播模式研究 [J]. 渭南师范学院学报, 2006 (6): 29-31.

17. 崔岩. 农村信息化的制约因素与对策研究 [J]. 杨凌职业技术学院学报, 2007 (1): 32-34.